Shane Claiborne & Tony Campolo

Die Jesus-Revolution

Über die Autoren

Shane Claiborne ist Bestseller-Autor, christlicher Aktivist und Redner. Er schreibt viel und intensiv über Friedensinitiativen, soziale Gerechtigkeit und Jesus. Außerdem ist er als Redner auf der ganzen Welt unterwegs.

Tony Campolo ist Professor emeritus und Autor von mehr als 35 Büchern. Als vielfach gefragter Redner bereist er Länder rund um den Globus. Außerdem ist er als Medien-Kommentator und engagierter Blogger (redletterchristians.org) aktiv.

SHANE CLAIBORNE // TONY CAMPOLO

WAS
PASSIERT,
WENN WIR
IHN
BEIM WORT
NEHMEN

DIE JESUS REVOLUTION

AUS DEM ENGLISCHEN VON FRED RITZHAUPT

GerthMedien

MIX
Papier aus verantwortungsvollen Quellen
FSC® C014496

Verlagsgruppe Random House FSC® N001967
Das für dieses Buch verwendete FSC®-zertifizierte Papier
Classic 95 liefert Stora Enso, Finnland.

Die amerikanische Originalausgabe erschien unter dem Titel
„Red Letter Revolution" im Verlag Thomas Nelson, Inc.,
Nashville, Tennessee.
Published by arrangement with Thomas Nelson,
a division of HarperCollins Christian Publishing, Inc.

1. Auflage 2014
Bestell-Nr. 817030
ISBN 978-3-95734-030-6

Umschlaggestaltung: Björn Steffens
Umschlagfoto: Shutterstock
Lektorat: Karoline Kuhn, Kai S. Scheunemann
Satz: Uhl + Massopust, Aalen
Druck und Verarbeitung: GGP Media GmbH, Pößneck
Printed in Germany

Stimmen zum Buch

„Dieses Buch, von einem jungen Wilden und einem altersweisen Christen geschrieben, wird Sie neu dafür begeistern, wie wir Christen diese Welt verändern können, wenn wir Jesus beim Wort nehmen.“

Jimmy Carter, Ex-Präsident der USA

„Wenige Menschen haben das Gewissen meiner Gemeinde, aber auch mein Gewissen und das meiner Familie, so berührt wie Tony Campolo und Shane Claiborne. Sie werden getrieben von der Leidenschaft Jesu für die am Rand Stehenden und Armen. Ich bin dankbar für dieses Buch, ihre Gedanken und ihr Leben.“

John Ortberg, Autor und Pastor

„Shane Claiborne und Tony Campolo, die bekannt sind für ihre klare evangelikale Botschaft und ihren leidenschaftlichen Einsatz gegen Armut, Ungerechtigkeit und Diskriminierung, sprechen mit diesem Buch eine großzügige Einladung an uns aus, uns an diesem Gespräch zu beteiligen. Ein adrenalinproduzierendes Gespräch mit prophetischem Biss!“

Eugene H. Peterson, Professor und Verfasser von *The Message*

„Richtungsweisend für Jesusnachfolger im 21. Jahrhundert! Kurzweilig und prägnant packen die Autoren viele heiße Eisen an. Ihre Beiträge fordern uns dazu auf, althergebrachte Antworten zu überdenken, speziell bei Themen wie Himmel, Hölle und Zukunft,

Homosexualität, Islam und dem Nahostkonflikt. Und weil sich dabei die Autoren ganz auf die Worte und das Wirken von Jesus stützen, wirkt ihr Dialog kraftvoll.“

Christian Schneider, 13 Jahre Slumbewohner und Autor von „Himmel und Straßenstaub“

„Shane und Tony sprechen offen und ehrlich über die heißesten Themen unter der Sonne? Echt?! Also, das ist ein Buch, das ich meinen Freunden schenken werde.“

Rob Bell, Autor und Pastor

„In diesem mutigen Buch finden wir den Weg zurück zu den Grundaussagen des Evangeliums, geschrieben von zwei Christen, die dieses Evangelium erst gelebt und dann darüber gesprochen haben.“

Richard Rohr, Autor und Priester

„Dies ist so ein spannendes und brillant geschriebenes Buch, dass es von Menschen jeder Glaubensrichtung und von säkularen Humanisten gelesen werden sollte.“

Michael Lerner, Rabbi und Herausgeber des *Tikkun*-Magazins (tikkun.org)

„‚Was, wenn Jesus wirklich gemeint hat, was er sagte?‘ – Ich kenne kein Buch, das diese Frage so aufrichtig und selbstkritisch stellt wie dieses – und das mit seinen Antworten so weit in die Gesellschaft, Wirtschaft und Politik hineinreicht. Auf allen Seiten pulsiert die Vision eines Christentums, das sich nicht zurückzieht und gemütlich einrichtet, sondern mitten in der Realität dieser Welt Jesus nachfolgt. Shane und Tony bringen damit eine Diskussion ins Rollen, die auch und gerade in Europa ihre lebendige Fortsetzung finden muss.“

Manuel Schmid, Senior Pastor ICF Basel

„Ich kann dieses Buch nicht empfehlen. Zumindest nicht dem, der seine bisherige Sicht fundiert bestätigt bekommen will. Ach, Sie würden lieber elektrisiert, kampfeslustig und neu entzündet werden? Dann empfehle ich es sehr!"

Pfarrer Stefan Pahl, Leiter „Marburger Kreis e. V."

„Ich habe sofort angefangen, in einem Neuen Testament alle Jesus-Worte rot zu markieren. Dieses Buch regt an, wirklich alle Lebensbereiche an den Worten Jesu und somit an Jesus selber zu messen. Ich stimme nicht mit allen Positionen überein. Aber ich will jesusmäßig leben. Und das heißt: hören, lernen, unterwegs bleiben. Claiborne und Campolo helfen dabei gut auf die Sprünge."

Ansgar Hörsting, Präses Bund Freier evangelischer Gemeinden Deutschland

„Shane Claiborne und Tony Campolo nehmen in ihrem Dialog kein Blatt vor den Mund. Sie sind und bleiben Evangelikale, aber gehören einer wachsenden Gruppe an, die ‚evangelikal' neu definieren wollen. Dieses Buch hat das Potential, ein kleines Erdbeben unter den Frommen in Deutschland auszulösen. Aber dieses Erdbeben ist gut und überfällig."

Rolf Krüger, Journalist und Blogger (www.aufnkaffee.net), Gründer der Plattformen jesus.de und amen.de

Dieses Buch ist allen gewidmet,
die sich wünschen, so zu leben,
dass man Jesus in ihnen erkennt

Inhalt

Vorwort der deutschen Ausgabe 13
Einführung 17
Warum es dieses Buch gibt 17

Teil I: Die „Worte Jesu"-Theologie 23

1. Die Geschichte 25
2. Die Hölle 37
3. Der Islam 46
4. Gemeinschaft 58
5. Die Kirche 68
6. Liturgie 79
7. Heilige 92
8. Reich und Arm 99

Teil II: Die Worte Jesu leben 107

1. Familie 109
2. Schutz ungeborenen Lebens 118
3. Umweltschutz 123
4. Frauen 130
5. Homosexualität 137
6. Immigration 148
7. Ziviler Ungehorsam 154
8. Geben 163

Teil III: Die Worte Jesu und die Öffentlichkeit 173

1. Politik 175
2. Krieg und Gewalt 182
3. Staatsverschuldung 191
4. Der Nahostkonflikt 198
5. Ökumene 210
6. Versöhnung 224
7. Mission 232
8. Das Leben nach dem Tod 241

Ein abschließendes Wort 249

Anmerkungen 253

Vorwort der deutschen Ausgabe

Dürfen wir das veröffentlichen? Dürfen wir das sagen? Dürfen wir sagen, was wir glauben? Jede Gemeinschaft, jede Gruppe hat bestimmte Grundüberzeugungen – was „man" tut und was „man" lässt. Dazugehören kann nur, wer diese Grund-Sätze vertritt und im Wesentlichen nichts sagt oder lebt, was dem widerspricht. Das ist so in Parteien und Vereinen, in Milieus und Zeitungsredaktionen.

Und wie ist das in der christlichen Gemeinde? Ohne mich jetzt lange mit denen aufzuhalten, die wirklich felsenfest davon überzeugt sind, dass es (nur) so, wie sie es sehen, richtig ist, weil es (ihr) Gott schließlich genauso sieht, will ich klar sagen: Auch christliche Gemeinden kennen diese Grund-Sätze – achten auf das, was „man" sagt oder tut oder eben nicht sagt oder tut. Abweichungen führen zu Irritationen, hartnäckige Verletzungen der Grund-Sätze zum Ausschluss – entweder offiziell oder durch inoffizielles „Geschwistermobbing".

Viele unserer Konfessionen und Denominationen fußen auf solchen Grund-Sätzen und viele Baptisten könnten sich nicht vorstellen, Methodisten zu sein, viele Landeskirchler wollen nie und nimmer Freikirchler werden und „katholisch werden" geht für Protestanten schon mal gar nicht – und jeweils umgekehrt genauso!

Aber so gut und wichtig uns unsere eigenen Leit-Sätze sind, manchmal, manchmal empfinden wir ein Innehalten und vielleicht sogar eine tiefe Dankbarkeit dafür, dass der Leib Christi, das Reich Gottes größer ist als unsere eigenen Überzeugungen. Das macht demütig, lernbereit, barmherzig – und neugierig.

Auch sogenannte „Evangelikale", quer durch Konfessionen und Denominationen, haben ihre Leit-Sätze, oftmals eben das, was sie von anderen unterscheidet. Und das ist gut so. Profil gewinnt eine Bewegung dadurch, dass man sie erkennen und benennen kann. Aber was ist „evangelikal“? Woran erkennt man „evangelikale Christen“? Die Diskussion darüber ist in den vergangenen Jahren immer heftiger geworden und sie könnte die evangelikale Bewegung zerreißen. Davon singen Tony Campolo und Shane Claiborne ein vielstrophiges Lied in diesem Buch.

Ganz eindeutig sind sie nicht damit einverstanden, dass die evangelikale Bewegung nur mit einem einseitigen gesellschaftlichen Profil wahrgenommen wird, und sie versuchen, durch eine neue Konzentration auf die in den Bibeln oftmals rot und fett gedruckten Jesuszitate etwas an dieser einseitigen Profilbildung zu verändern, die allerdings weit über gesellschaftliche Fragen hinausgeht. Wobei derartige „Rote Buchstaben“-Christen im evangelikalen Bereich auch ganz schnell zu „Rote Tuch“-Christen werden können.

Wenn jemand einen Standpunkt gegen Abtreibung vertritt: gut.

Aber sich als männliche Feministen zu bezeichnen, die gegen Umweltzerstörung sind? Klassisch evangelikal: nicht gut.

Für das uneingeschränkte Existenzrecht Israels: gut.

Aber Kritik an israelischer Politik? Schwierig.

Eine differenzierte Sicht auf den Islam: momentan gaaaaaanz schlecht.

Unterschiedliche Standpunkte im Umgang mit Homosexualität zulassen und alles in Liebe? Autsch.

Ich könnte so weitermachen und verstehe, warum sowohl Verlage als auch Einzelpersonen im evangelikalen Bereich sich dreimal überlegen, ob und wie sie mit derartigen Positionen an die Öffentlichkeit gehen. Ist das noch „evangelikal“? Ist das nahe an Jesus, also „roter Buchstabe“, oder nahe am Abfall vom rechten Glauben, also „rotes Tuch“?

Um es deutlich zu sagen: Ich habe dieses Buch mehrmals in einem Rutsch und mit „hohem Herzschlagfaktor“ gelesen. Das bedeutet gerade nicht, dass ich in allen Themenfeldern mit den Autoren einer Meinung wäre. Teils finde ich es – typisch deutsch – theologisch etwas dünn, manchmal überzeugen mich die Argumente einfach nicht. Aber ich stehe dafür ein, dass wir über diese Fragen innerhalb der evangelikalen Bewegung offen und unvoreingenommen sprechen. All diese Positionen werden längst unter uns vertreten – wir sollten fragen, welche Leit-Sätze dahinter stehen und wie viel wir davon teilen. Wir brauchen die Diskussion über diese Fragen und ich vermute: wir brauchen dieses „Rote Buchstaben-Profil" als essenziellen Teil (!) einer voneinander lernenden und aufeinander hörenden evangelikalen Bewegung.

Besonders verheißungsvoll stimmen mich dabei das Gespräch der Generationen, welches Shane und Tony praktizieren, und die Tatsache, dass dabei einer ihrer wesentlichen Leitbegriffe der der Gemeinschaft ist. Von Jesus lernen – in Gemeinschaft: das will auch ich.

Laut Widmung ist dieses Buch für alle geschrieben ist, die sich wünschen so zu leben, dass man Jesus in ihnen erkennt – mindestens das müsste uns aufmerksam hinhören und vieles ganz neu beherzigen lassen.

Dr. Michael Diener,
erster Vorsitzender der Deutschen Evangelischen Allianz

Einführung

Warum es dieses Buch gibt

Christen in Deutschland wie in den USA stecken in einem Namensdilemma. „Evangelikal", dieses Wort hat man ursprünglich einmal eingeführt, um Christen zu benennen, die sich besonders ernsthaft und engagiert an der Bibel orientieren. Inzwischen ist es aber schon beinahe ein Schimpfwort geworden und steht vielerorts, besonders in den Medien, für übertrieben strenggläubige, engstirnige Fanatiker mit rechten Tendenzen. Leider gibt es die tatsächlich, und verständlicherweise möchten besonders junge Christen nicht mit diesen Leuten in einen Topf geworfen werden, auch wenn die Mehrzahl der Christen, die sich selbst als Evangelikale sehen, natürlich keineswegs in eine solche Richtung tendiert. Ein neuer Name für Christen müsste her, die die Bibel ernst nehmen und sich nicht durch eine „Dagegen-Haltung", sondern durch „Engagement für" ihre Mitmenschen und ihre Umwelt auszeichnen. In den USA bilden diese „neuen evangelikalen" Christen mittlerweile eine sehr lebendige Bewegung, die sich als „Red Letter Christians" bezeichnet.

Was aber sind „Rote-Buchstaben-Christen"? 1899 begann man in den USA, die Bibeln zweifarbig zu drucken: den normalen Text schwarz, die Worte Jesu rot. Diese Bibeln sind uns Amerikanern von klein auf bekannt, darum weiß auch jeder sofort, was mit „Red Letter Christians" gemeint ist.

Wir haben uns den Namen „Red Letter Christians" nicht nur zugelegt, um uns von den gesellschaftlichen Wertvorstellungen derer zu unterscheiden, die man normalerweise „evangelikal" nennt, sondern vor allem, um deutlich zu machen, dass wir die Worte von Jesus radikal ernst nehmen wollen. Was er gesagt hat, möchten wir im alltäglichen Leben ohne Abstriche umsetzen.

Seit mehr als 40 Jahren haben unter anderem der Buchautor Ron Sider, Jim Wallis, der Gründer der „Sojourners" (eine christliche Kommunität in Illinois) und auch ich immer wieder betont, dass jeder, der Jesus nachfolgen will, den Armen und Unterdrückten in ihren Nöten dienen *muss*.

Irgendwann hat dann eine neue Generation den Stab übernommen, und diese jungen Leute haben unser Anliegen der sozialen Gerechtigkeit in einer frischen, sehr effektiven Weise aufgenommen. Einer, der aus dieser Gruppe besonders hervortritt, ist der Co-Autor dieses Buches, Shane Claiborne. Sein Buch „Ich muss verrückt sein, so zu leben"[1], seine Vorträge und vor allem sein Leben haben ihn zu einem Vorbild für junge Christen werden lassen, die mehr wollen als nur ein Glaubenssystem. Und diese jungen Christen gibt es: Sie halten Ausschau nach einem authentischen Lebensstil, der dem Vorbild von Jesus folgt.

Shane war vor längerer Zeit einer meiner Studenten an der Eastern Universität. Und er engagiert sich bei „Simple Way", einer sehr aktiven Gemeinschaft, die sich unserer gesellschaftlichen und ökologischen Verantwortung bewusst ist, und, was vielleicht das Bedeutendste ist: Jeder in der Gemeinschaft bemüht sich, die Worte Jesu in die Tat umzusetzen, vor allem im Hinblick darauf, wie wir mit unserem Geld umgehen.

Shane und ich haben angeregte Diskussionen darüber geführt, wie wir die Worte Jesu in unserem Leben umsetzen können; immerhin trennen uns fast vier Jahrzehnte. Als wir unsere Gemeinsamkeiten, aber auch unsere Unterschiede entdeckten, kamen wir zu der Überzeugung, dass unsere Gespräche vielleicht auch für andere Christen hilfreich und interessant sein könnten. Nur um ein Beispiel zu nennen: Diejenigen von uns, die in den 1950er- und 1960er-Jahren aufwuchsen, dachten nicht im Traum daran, in einer anderen als einer ehelichen Gemeinschaft zu leben. Aber in den darauffolgenden turbulenten Jahrzehnten kamen die unterschiedlichsten Kommunenformen auf. Zuerst waren da die

Hippies, die leider die positiven Aspekte des Lebens in einer Gemeinschaft durch den exzessiven Gebrauch von Drogen und freizügigem Sexualverhalten diskreditierten. Diese Erfahrungen und Assoziationen hielten die Christen meiner Generation lange davon ab, überhaupt ernsthaft über das Leben in einer verbindlichen Gemeinschaft nachzudenken.

Die „Kommunen", in denen junge Christen heute leben, sind von einer ganz anderen Art. Wenn Sie Shane und die anderen, die den gemeinschaftlichen Lebensstil für sich gewählt haben, kennenlernen würden, dann würden Sie sicher bald verstehen, dass viele in seiner Generation auf der Suche sind. Auf der Suche nach einem Weg, die Art von liebevoller Gemeinschaft zu bilden, die im zweiten Kapitel der Apostelgeschichte beschrieben ist.

Man könnte den Eindruck gewinnen, dass Shane und die anderen „Red Letter"-Christen sich aus politischen Prozessen heraushalten. Doch tatsächlich ist es einfach so, dass sie einen anderen Weg wählen, um Gerechtigkeit direkt und unmittelbar dem Einzelnen zuteilwerden zu lassen. Als der zweite Golfkrieg ausbrach, flogen Shane und andere junge Christen nach Jordanien und fuhren von dort durch die Wüste in den Irak, um in den Krankenhäusern von Bagdad den Menschen zu dienen, die bei amerikanischen Militäraktionen verletzt worden waren.

Meine Generation versuchte auf der anderen Seite, in unserem Land ein Gespür dafür zu wecken, dass Krieg generell unmoralisch ist, besonders aber dieser. Unsere Hoffnung war dabei, dass diejenigen, die etwas zu sagen haben, durch den Widerstand in der Bevölkerung den Krieg doch noch verhindern würden. Beide Generationen „Red Letter"-Christen waren sich in ihrer Ablehnung des Krieges an sich absolut einig, aber die Art, wie wir diese Ungerechtigkeit angingen, war total unterschiedlich.

Als wir zum Thema „Kirche" kamen, bemerkten wir, dass sich in den letzten 40 Jahren doch einiges zum Besseren verändert hat. Meine Generation stammt noch aus der Zeit vor dem Zweiten Vatikanischen Konzil – und damit auch vor der Wende, mit der dieses Konzil den Katholizismus öffnete, hin zu mehr Gemeinschaft mit anderen Christen und stärkerer biblischer Ausrichtung. Wir älteren Evangelikalen hatten noch ziemlich verdrehte und negative Vorstellungen von den Katholiken. Wir waren uns sicher, dass diese Kirche die Rechtfertigung allein durch Glauben irgendwie verpasst hat und auch noch einige reichlich abwegige Dinge glaubte und lehrte. Daher wollten wir eigentlich nichts mit Katholiken zu tun haben, und umgekehrt sie wahrscheinlich auch nicht mit uns. Allein die Idee, wir könnten von ihnen etwas in Sachen Spiritualität lernen, war für uns undenkbar, und der Vorschlag, mit Katholiken einen gemeinsamen Gottesdienst zu feiern, wäre revolutionär gewesen.

Die jüngere Generation der „neuen Evangelikalen" oder „Red Letter"-Christen kann sich überhaupt nicht mehr vorstellen, dass solche Feindseligkeiten zwischen Katholiken und Protestanten geherrscht haben. Shane hat nicht die geringste Hemmung, zusammen mit Katholiken Gott anzubeten. Viele „Red Letter"-Christen sind Mitglieder der katholischen Kirche. Diese Generation schätzt die katholische Liturgie und viele beschäftigen sich intensiv mit den geistlichen Erfahrungen der Heiligen. Für uns Ältere ist das alles sehr, sehr neu.

Jüngere „Red Letter"-Christen führen uns ältere so an völlig neue Dimensionen des Glaubens heran, die aus Zeiten weit vor der Reformation stammen. Und es gibt eine wachsende Bewegung von Christen wie Shane, die wahrnehmen, dass Gott etwas ganz Frisches und Neues tut, gleichzeitig aber auch in die großen Fußstapfen derer treten, die schon früher einen revolutionären Pfad beschritten und für uns erleuchtet haben. Darum ist dieses Gespräch zwischen den Generationen so unverzichtbar.

Unser Ziel war es nicht, unsere Träume zu homogenisieren, sondern zu harmonisieren. Schließlich sagt schon die Heilige Schrift: „Junge Männer werden Visionen haben und alte Menschen bedeutungsvolle Träume" (Apostelgeschichte 2,17b).

Darum haben wir dieses Buch als einen Dialog geschrieben. Wir wünschen uns, dass Sie die Wege nachvollziehen können, auf denen jeder von uns vom anderen lernt und gleichzeitig auch kritisch hinterfragt (vgl. Phil 2,12), wie wir jeweils die Worte Jesus verstehen und umsetzen.

Unsere Hoffnung ist, dass unser Gespräch Sie zu Ihrer ganz eigenen Interpretation der Lehren Jesu inspiriert. Wir laden Sie ein, sich an diesem Dialog aktiv zu beteiligen (www.redletter-christians.org). Doch bedeutend wichtiger: Wir laden Sie ein, sich der „Jesus-Revolution“ anzuschließen.

Tony Campolo

Teil I

Die „Worte Jesu“-Theologie

1. Die Geschichte

„Ein Mensch, der mir vertraut, wird nicht nur das tun, was ich getan habe, er wird sogar noch größere Dinge tun, denn ich bin bereits auf meinem Weg zum Vater."

Johannes 14,11–13

Shane: Tony, warum glaubst du, dass wir nach Bezeichnungen wie „Fundamentalisten" oder „Evangelikale" einen neuen Begriff brauchen, wie „Red Letter"-Christen?

Tony: Engagierte Christen haben während des letzten Jahrhunderts eine Reihe von verschiedenen Namen angenommen, um verschiedene Schwerpunkte und Ausrichtungen auszudrücken.

Gegen Ende des 19. Jahrhunderts begannen Wissenschaftler in Deutschland, die Texte der Bibel kritisch zu lesen und kamen zu Ergebnissen, die den traditionellen Glauben zu gefährden drohten. Sie gingen der Frage nach, wer eigentlich die Autoren der Bibel waren und vermuteten, dass ein Großteil des Alten Testaments nichts anderes sei als eine Sammlung alter, vielleicht sogar babylonischer Mythen und Moralvorstellungen. Männer wie Friedrich Schleiermacher, Albrecht Ritschl, Ernst Tröltsch, um nur einige zu nennen, entwickelten aus dieser historisch-kritischen Herangehensweise eine Theologie, die auch die Fundamente des christlichen Glaubens in Zweifel zog, etwa die Göttlichkeit Jesu oder die Auferstehung.

Das erzeugte einigen Aufruhr. Unter anderem setzte sich eine Gruppe von Wissenschaftlern und Bibelforschern aus England und Amerika zusammen und veröffentlichte eine zwölfbändige Reihe, die sie „Die Fundamente des Christlichen Glaubens" nannte. Diese Bücher waren eine intelligente Verteidigung der traditionellen Lehren der Kirchen, so wie wir sie im apostolischen Glaubensbekenntnis vorfinden.

Auf diese Bücher reagierte wiederum ein bekannter liberaler Prediger in New York, Harry Emerson Fosdick. Seine Predigt „Sollen die Fundamentalisten gewinnen?!" wurde gedruckt und in ganz Nordamerika verbreitet. Auf diese Weise kam das Wort „Fundamentalismus" auf die Welt.

Die Bezeichnung „fundamentalistisch" hatte zunächst einen durchaus guten Klang (ein solides Fundament ist ja nichts Schlechtes) und sorgte bis zu den Jahren 1928/29 für mehr Klarheit. Doch dann kam der aufsehenerregende Scopes-Prozess vor einem Gericht in Dayton, Tennessee im Jahr 1925. In diesem Prozess ging es um ein im selben Jahr verabschiedetes Gesetz, welches verbot, Theorien zu lehren, die der Bibel in Bezug auf die Entstehungsgeschichte der Menschheit widersprechen. Weil der Lehrer John Thomas Scopes die Evolutionstheorie an öffentlichen Schulen gelehrt hatte, wurde er im Scopes-Prozess zu 100 Dollar Bußgeld verurteilt. In den daraus resultierenden Diskussionen geriet der Fundamentalismus in den Verdacht, antiintellektuell und naiv zu sein. Zusätzlich zu diesem wenig schmeichelhaften Image schlich sich in fundamentalistische Kreise immer mehr ein Geist der Verurteilung ein. Man verachtete nicht nur die, die von der „richtigen Glaubenslehre" abwichen, sondern gleich auch noch alle diejenigen, die sich dem sehr gesetzlichen Lebensstil nicht bedingungslos anschließen wollten. Für einen Fundamentalisten waren Tanzen, Rauchen und Alkoholkonsum absolut verdammungswürdige Verhaltensweisen.

Von da an bis in die 1950er-Jahre war der Begriff „Fundamentalist" mit allen Arten von negativen Vorstellungen überfrachtet. Genau in diesen Jahren brachten Billy Graham und Carl Henry (der spätere Herausgeber der Zeitschrift „Christianity today") die Bezeichnung „evangelikal" auf. Das schien zunächst ein recht guter Begriff für die überzeugten, aktiven Christen zu sein. Doch

Mitte der 1990er-Jahre verlor auch dieser Begriff seine Neutralität in der Öffentlichkeit. Über weite Strecken erschien es nun, als wären die Evangelikalen der USA eine Ehe mit der religiösen Rechten, ja sogar mit dem rechten Flügel der sowieso schon konservativen Republikaner eingegangen.

Wenn Theologen wie du, Shane, und ich vor Studenten in Harvard oder Stanford sprechen sollen und als „Evangelikale" angekündigt werden, gehen sofort die roten Fahnen hoch und die Leute sagen: „O je, ihr gehört also zu diesen reaktionären Christen, die gegen alles sind! Ihr habt etwas gegen Frauen, erst recht gegen Schwule, ihr mögt keine Umweltaktivisten, aber dafür setzt ihr auf Krieg, wollt Einwanderung stoppen und so weiter." Wenn wir überhaupt noch dazu kommen, uns zu verteidigen, dann würden wir sagen: „Einen Moment! Genau das sind wir nicht!" Es gibt natürlich viele Gründe dafür, dass sich dieses Bild von „den Evangelikalen" entwickelt hat, unter anderem durch solche, die sich wirklich so negativ verhalten haben, aber auch durch die Medien, die die Evangelikalen und die religiöse Rechte undifferenziert in einen Topf geworfen haben.

Es war also wieder einmal notwendig, nach einem Namen zu suchen, der noch unbelastet beschreibt, wer und was wir sind. Und so entstand der Begriff „Red Letter Christians". Wir wollten, dass Leute sofort wissen sollten, mit wem sie es zu tun haben: Christen, die das leben wollen, was Jesus gesagt hat, soweit es ihnen nur möglich ist. Wir sind keine politische Bewegung, doch uns liegt sehr daran, die Politik unseres Landes so zu beeinflussen, dass mehr Gerechtigkeit für Arme und Unterdrückte erreicht wird. Dabei spielt es für uns überhaupt keine Rolle, welche Partei diese Anliegen unterstützt. Hauptsache, sie tut es!

Wir wollten, dass Leute sofort wissen sollten, mit wem sie es zu tun haben: Christen, die das leben wollen, was Jesus gesagt hat, soweit es ihnen nur möglich ist.

Die Zeitschrift „Christianity today" veröffentlichte einen Artikel, der diesen Namen aufs Korn nahm: „Ihr tut ja gerade so, als wären die roten Buchstaben in der Bibel bedeutender als die schwarzen!" Darauf können wir nur antworten: „Ganz genau!

Nicht nur wir sagen, dass die roten Buchstaben in der Bibel wichtiger sind als die schwarzen – Jesus selber hat dies gesagt!“ Jesus hat zum Beispiel in seiner Bergpredigt immer und immer wieder klargestellt, dass seine Lehre – vorsichtig ausgedrückt – die des Mose sozusagen ablöst; denken wir nur an seine Aussagen über Scheidung, Ehebruch, Töten, selbst über den Umgang mit fremder Schuld oder mit Geld. Überall hat Jesus einen wesentlich höheren moralischen Standard angelegt.

Als Jesus gesagt hat, dass er uns ein neues Gebot geben würde, war es wirklich *neu*. Sein Gebot übersteigt mit Sicherheit alles, was wir im Alten Testament lesen. Außerdem können wir eigentlich nicht wirklich verstehen, was die schwarzen Buchstaben der Bibel uns zu sagen haben, wenn wir nicht zuerst verstanden haben, was Jesus uns durch seine eigenen Worte offenbart hat. Das heißt in keiner Weise, dass wir die übrigen Texte der Bibel abwerten; wir glauben, dass der Heilige Geist die Schreiber der biblischen Texte inspiriert hat, also auch all das „um die Worte Jesu herum“.

Shane, immer, wenn ich dir in den letzten Jahren zugehört habe, war klar, wie wichtig es dir ist zu betonen, dass die Zeit reif ist für uns Christen, die Lehren Jesu wirklich ernst zu nehmen, vor allem auch die Bergpredigt!

Shane: Wir zerreden die Worte Jesu, erklären sie weg, möbeln sie auf oder verwässern sie, als ob sie nicht für sich selber sprechen könnten. Ich hörte einmal jemanden sagen: „Ich ging ins Seminar, um zu lernen, was Jesus mit dem, was er sagte, wirklich gemeint hat. Und dann lernte ich, dass Jesus das, was er gesagt hat, nicht wirklich gemeint hat.“ Das ist traurig! Dabei brauchen wir eigentlich nur wie ein Kind an die Sache heranzugehen, wie Jesus gesagt hat: mit Unschuld und Einfachheit.

Wir zerreden die Worte Jesu, erklären sie weg, möbeln sie auf oder verwässern sie, als ob sie nicht für sich selber sprechen könnten.

Der dänische Theologe Søren Kierkegaard schrieb bereits Mitte des 19. Jahrhunderts: „Die Bibel ist sehr leicht zu begreifen. Doch wir Christen sind ein Haufen ränkevoller Schwindler. Wir tun so, als ob wir unfähig seien, sie zu verstehen. Wissen wir doch sehr genau, dass wir von dem Augenblick an, in dem wir sie verstehen, entsprechend handeln müssen."[2]

Wir müssen zur Unschuld zurückkehren. Das heißt, die Bibel wieder ohne all die vielen Kommentare im Kopf zu lesen und uns nur zu fragen: „Was bedeutet das alles wirklich für mich persönlich?" Ich finde es nicht sonderlich interessant, mir zu überlegen, was für theologische Fragen die Stelle aufwirft. Viel mehr interessiert mich, wie ich mein Leben so leben kann, wie Jesus es gemeint hat. Wenn ich heute etwas offener dafür bin als gestern, meinen Nachbarn zu lieben, für meine „Feinde" zu beten und mir wenig Sorgen zu machen, dann lebe ich gut.

Wenn ich heute etwas offener dafür bin als gestern, meinen Nachbarn zu lieben, für meine „Feinde" zu beten und mir wenig Sorgen zu machen, dann lebe ich gut.

Christen, die sich auf die Worte Jesu konzentrieren, sind keineswegs, wie mir jemand einmal sagte, „überzogen christozentrisch", indem sie Christus so betonen, dass für den Rest der Dreieinigkeit kein Raum mehr ist. Nun gut – mir hat man schon ganz andere und wesentlich üblere Sachen vorgehalten, als „christozentrisch" zu sein. Aber trotzdem muss klar sein, dass wir uns nicht so verstehen.

Wir glauben, dass der Gott, der sich in Jesus geoffenbart hat, auch der Gott der hebräischen Bibel ist. Zusammen mit allen Glaubenden früherer Zeiten wissen wir, dass unser Gott ein dreieiniger ist – Vater, Geist, Sohn. Trotzdem kann es beim Lesen des Alten Testaments passieren, dass einem verwirrende Dinge begegnen. Man muss ja nur mal die Geschichte in Richter Kapitel 19 lesen, wo die Leichenteile einer vergewaltigten Frau an elf Stämme Israels verschickt wurden, ganz zu schweigen von den mörderischen Folgen … Das kann einen schon gehörig irritieren. Aber genau das ist der Grund, warum Jesus so einzigartig ist: Jesus kam, um uns zu zeigen, wie Gott ist, und das in einer Art und Weise, dass wir ihn förmlich berühren und ihm nachfolgen können. Jesus ist für uns auch so etwas wie eine Brille, mit der wir die Bibel und unsere Welt erst richtig sehen können. Alles ist in Jesus Christus erfüllt. Es gibt eine Menge Dinge, die ich immer noch ziemlich schockierend finde, aber wenn ich dann auf Jesus schaue, bekomme ich eine tiefe Gewissheit, dass Gott dennoch durch und durch gut ist, voller Gnade – und gar nicht so weit weg ...

Tony: Ja, es ist ein ganz anderes Gefühl, das wir von Gott bekommen, wenn wir vom Alten Testament hinüberwechseln ins Neue. Natürlich glauben wir daran, dass auch das Alte Testament von Gott inspiriert ist, aber ebenso müssen wir eingestehen, dass man den Kontrast, den das alttestamentliche Gottesbild zum neutestamentlichen bildet, schlecht übersehen kann. Manche Menschen verwirrt es total, wenn sie erst im AT lesen und dann zu den Aussagen Jesu wechseln. Aus diesem Grund dachten manche der ersten Christen, sie würden zwei verschiedene Götter kennen. Natürlich gibt es die nicht, aber es ist nur zu verständlich, dass Christen in der Vergangenheit immer wieder so dachten.

Shane: Genau das ist es, was die Menschwerdung Jesu so wunderbar macht. Jesus zeigt uns, wie Gott „sich anfühlt" – mit einem Mal ist er jemand, den man sehen, berühren, spüren, dem man folgen kann. Meine spanisch sprechenden Freunde haben mir beigebracht, dass das Wort Inkarnation vom Ursprung her „ins Fleisch", *en carne*, als auch *con carne*, „mit Fleisch", heißen kann. Ein Gott „mit Fleisch", das ist Jesus für uns.

Wir können Gott durch die gesamte Geschichte an den unterschiedlichsten Orten wirken sehen, aber der Höhepunkt der gesamten Menschheitsgeschichte ist Jesus und das, was er uns in seinen Worten mitgegeben hat.

Tony: Noch einmal: Das bedeutet nicht, die übrigen Texte der Bibel seien nicht göttlich inspiriert – sie sind es! Der Theologe G. Ernest Wright hält fest, dass wir alles, was wir über Gott wissen, in dem erkennen können, was er in der Geschichte getan hat. In seiner kleinen Schrift „Ein Gott, der handelt" (1952) stellt er klar, dass Gott keiner ist, der auf die Erde kam, um Wort für Wort die

Bibel zu diktieren (im Gegensatz zum Koran oder dem Buch Mormon). Stattdessen hat sich Gott in dem offenbart, was er *tat*. So ist die Bibel vor allem ein Bericht von seinen mächtigen Taten. Die Art, wie er handelt, gibt uns Menschen eine erste Ahnung davon, wer unser Gott ist.

Aus dem griechischen Denken stammen Wörter wie „allmächtig, allwissend, allgegenwärtig". Mit ihnen versuchte man, Gott zu beschreiben, doch diese Worte kommen im Alten Testament nicht vor. Das Volk Israel hat niemals in solch abstrakten Begriffen von Gott geredet. Wenn du jemanden aus dem frühen Judentum bitten würdest, Gott zu beschreiben, würdest du Antworten bekommen wie diese: „Unser Gott ist der Gott, der die Welt erschaffen hat, der unser Schreien gehört hat, als wir versklavt waren, und der uns aus Ägypten in das Land der Verheißung geführt hat. Unser Gott hat die Streitkräfte des Feindes besiegt. Er, den wir verehren, machte uns fähig, uns gegen die drohenden Mächte zu erheben, die uns vernichten wollten. Wir beten einen Gott an, der sich im Leben von Abraham, Mose und Jakob gezeigt hat." Was das Volk Israel über Gott wusste, erfuhr es durch das, was Gott *tat*.

Was das Volk Israel über Gott wusste, erfuhr es durch das, was Gott *tat*.

Im Neuen Testament lesen wir, dass Gott, der sich in früheren Zeiten an verschiedenen Orten und auf die unterschiedlichste Weise zu erkennen gegeben hatte, sich nun endgültig und ganz in seinem Sohn Jesus Christus offenbart hat (vgl. Hebr 11,1 f.). Die Bibel ist der zusammenfassende Bericht aller geschichtlichen Ereignisse, durch die wir einen immer tieferen Einblick in die Natur Gottes gewinnen können. Aber letztendlich haben wir erst in Jesus die ganze Offenbarung Gottes vor uns.

Die Evangelien beschreiben, wie wir als Volk in seinem Reich leben sollen, wie wir mit dem Heiligen Geist zusammen Menschen auf ihrem Weg zu ihm begleiten können. Jesus hat sehr deutlich ganz klare Erwartungen an uns ausgesprochen, wie wir uns als seine Nachfolger gegenüber anderen zu verhalten haben und welche Opfer es kostet, schon jetzt in seinem Königreich leben zu dürfen.

Shane: In den letzten Jahrzehnten waren wir Christen geradezu versessen darauf festzustellen, was wir zu *glauben* haben, statt danach zu fragen, wie wir *leben* sollen. Wir haben sehr viel über Lehrmeinungen gesprochen, aber sehr wenig über die praktische Umsetzung. Doch bei Jesus finden wir keine Präsentation irgendwelcher Theorien, sondern die Einladung, sich auf eine Beziehung mit ihm einzulassen, die Gottes Güte für die Welt erfahrbar macht.

Diese Art, den Glauben eher als Lehre zu verstehen, hat sogar schon unsere Sprache infiziert. Auf was zielen wir, wenn wir fragen: „Bist du gläubig?" Interessanterweise hat Jesus ja seine Jünger nicht aufgefordert, die Menschen zu „Glaubern" zu machen, sondern zu *Nachfolgern*. Du kannst Jesus wie einen Rockstar verehren, ohne irgendetwas von dem zu tun, was er sagt. Wir können an ihn glauben und ihm doch nicht nachfolgen. Einige Verse im Brief an die Korinther machen das deutlich (1 Korinther 13,1–3):

Interessanterweise hat Jesus ja seine Jünger nicht aufgefordert, die Menschen zu „Glaubern" zu machen, sondern zu *Nachfolgern*.

„Wenn ich alle Sprachen der Menschen und sogar der Engel spreche, aber keine Liebe habe, dann bin ich nichts als ein dröhnender Gong oder ein schepperndes Becken. Und wenn ich die Gabe der Prophetie und der Erkenntnis habe und alle Geheimnisse kenne, wenn ich die Glaubenskraft besitze, Berge zu versetzen, aber in mir keine Liebe ist, dann bin ich ein Nichts. Selbst wenn ich alles hergebe, was ich besitze, und sogar noch mein Leben (worauf ich eigentlich stolz sein könnte) – wenn das alles ohne Liebe geschieht, nützt es mir gar nichts."

Wir haben in den vergangenen Jahren viel in den spirituellen Aufbau des Einzelnen investiert. Doch genau aus diesem Grund haben wir jetzt eine Kirche, die voll ist mit kopflastigen Gläubigen, in der sich aber kaum wirkliche Nachfolger Jesu finden lassen.

Tony: Die Evangelien vermitteln uns vor allem Leitlinien für einen Lebensstil, der dem Reich Gottes entspricht. Die anderen Bücher des Neuen Testaments versorgen uns mit einer soliden Theologie. Wir brauchen beides. Wir wollen auf keinen Fall die Rechtfertigung allein durch den Glauben gering achten. Es ist für uns sonnenklar, dass wir nur durch Gnade errettet sind und nicht durch das, was wir leisten, damit sich kein Mensch vor Gott rühmen kann (vgl. Eph 2,8). Wir vertrauen unser Leben Jesus Christus an und vertrauen nicht auf unsere eigene Leistung. Was Jesus am Kreuz für uns auf sich genommen hat: Das ist unsere Rettung. Aber im gleichen Moment sehen wir auch sehr deutlich, dass Christus uns zu einem Lebensstil auffordert, der besonders klar in der Bergpredigt beschrieben ist, sich aber auch in anderen Worten Jesu wiederfindet.

Genau so, wie wir gehalten sind, die Aussagen des Paulus, die er in seinen Briefen unmissverständlich formuliert hat, absolut ernst zu nehmen, so sind wir auch dazu berufen, den Lebensstil zu leben, den Jesus uns in den Evangelien vor Augen gestellt hat.

Shane: Vor einigen Jahren führte die *Willow Creek Community Church* in der Nähe von Chicago (übrigens eine der einflussreichsten Megagemeinden der Welt) eine faszinierende Studie durch. In dieser Studie versuchten sie herauszufinden, ob ihre immer wieder beschworene Vision, Kirchendistanzierte zu hingegebenen Nachfolgern Jesu zu formen, bei ihren Mitgliedern Wirklichkeit geworden war[3]. Dabei steht außer Frage, dass diese Gemeinde außerordentlich gut darin ist, völlig kirchenferne Menschen in eine Beziehung zu Gott zu bringen. Die Frage in dieser Studie war: Sieht der Lebensstil dieser Christen anders aus als der ihrer Umgebung? Haben sich, als sie Christen wurden, ihr soziales Netzwerk und ihre Verhaltensmuster (auch im Hinblick auf Konsum und Umgang mit Geld) verändert?

Was sie herausfanden, war wohl für die meisten schockierend. Die Leitung von Willow Creek veröffentlichte diese Studie unter dem Titel „Reveal" (Enthüllung), die eher so etwas wie ein Bekenntnis war, zu dem es nicht nur Mut, sondern auch eine gehörige Portion Demut brauchte. Untersuchungen wie diese (sie sind allerdings selten) zeigen uns, dass der Fluss des Christentums in weiten Teilen zwar sehr breit ist, aber nur ein paar Zentimeter tief.

Dabei möchte ich klar herausstellen: Ich habe tiefen Respekt vor Willow Creek. Dort wird unermüdlich daran gearbeitet, das Verständnis davon, was Mitgliedschaft in einer Gemeinde bedeutet, zu vertiefen. Ich habe in dieser Gemeinde ein Jahr lang gearbeitet und wir hatten unseren Spaß daran, wenn sich jemand über irgendetwas beschwerte. Diese Person wurde nämlich stets im selben Moment zum ehrenamtlichen Mitarbeiter ernannt, der sich um das angesprochene Problem kümmern durfte. Ich erinnere mich an ein geflügeltes Wort bei Willow Creek, das ich in dem Jahr oft zu hören bekam: „Neunzig Prozent Hingabe sind immer noch zehn Prozent zu wenig.“[4]

„Neunzig Prozent Hingabe sind immer noch zehn Prozent zu wenig."

Was Willow Creek durch Reveal so mutig aufdeckte, geht uns alle an. Wir werden in den meisten unserer Gemeinden sehr viel zu tun haben, wenn wir beginnen, völlig hingegebene Nachfolger Jesu zu formen, statt nur Leute zum Glauben zu bringen.

Wenn wir alles einzig und allein auf die persönliche Rettung setzen, dann ist das schlichtweg unvollständig. Aber auch das Gegenteil gilt: Wenn wir nur soziale Verbesserungen anstreben und den Menschen nicht helfen, den Gott persönlich kennen- und lieben zu lernen, der selbst die Haare auf ihrem Kopf zählt, dann ist unsere Botschaft genauso unvollständig.

Tony: Weil ich immer noch nicht wirklich das lebe (und vermutlich auch nie leben werde), was Jesus vorgelebt hat und was ich durch seine Worte erkannt habe, definiere ich mich gerne als jemand, der durch Gottes Gnade gerettet wurde und der auf dem Weg ist, ein Christ zu werden. Hierbei hilft mir Paulus: „Ich vergesse, was hinter mir liegt, und strecke mich umso mehr nach dem aus, was vor mir liegt. Ich tue wirklich alles, um den Siegespreis zu erringen: in Ewigkeit bei ihm zu sein“ (Phil 3,13 f.). Gerettet zu sein bedeutet, auf das zu vertrauen, was Christus für uns getan hat; wie wir mit unserem Leben darauf antworten, das macht uns zu Christen.

Shane: Da gibt es doch diesen alten Spruch: „Ich bin nicht errettet, weil ich gut bin, aber ich versuche gut zu sein, weil ich errettet bin.“

Wir können uns die Errettung nicht mit guten Werken verdienen, sondern unsere Taten beweisen und zeigen auch nach außen, dass wir errettet sind. Wenn wir Gnade erfahren haben, werden wir dadurch zu Menschen, die gnädig mit anderen umgehen. Gnade verändert einen Menschen. Wenn wir wirklich eine „neue Schöpfung in Christus" sind, dann verändert das auch die Art und Weise, wie wir uns verhalten, mit wem wir unsere Zeit verbringen und wie wir mit unserem Geld umgehen. Ja, es verändert auch unseren Blick darauf, was Krieg und Politik angeht und warum wir überhaupt auf dieser Erde sind. Es ist schon so: Alle Dinge werden neu.

> „Ich bin nicht errettet, weil ich gut bin, aber ich versuche gut zu sein, weil ich errettet bin."

Ich sehe noch eine große Herausforderung. Wenn alles irgendwie christlich ist, ist nichts mehr wirklich christlich. Wir leben zwar in einer ehemals christianisierten Zivilisation, in der man theoretisch überall etwas über Gott hören oder lesen kann, aber gerade deswegen kommt die Rede kaum auf den Gott, der Mensch wurde. Man weiß ja alles und irgendwie ist all das Christentümliche langweilig. In den deutschsprachigen Ländern sind es die Gottesdienste, die oft genug junge Menschen gegen Gott regelrecht immunisieren. In den Vereinigten Staaten ist es der Dollar, auf dem groß steht: „In God we trust", mit dem Drogen, Waffen, Bomben und Pornografie finanziert werden. Bei Menschen, denen Gott systematisch als bedeutungslos, langweilig und unverständlich vorgestellt wurde, kommt ein Gespräch über Gott oder eine Erfahrung seines wirklichen Wesens oft gar nicht mehr an. Sie ist bestenfalls eine Information wie viele andere, aber sie berührt nicht mehr – diese Menschen sind vielfach resistent gegen die Wirklichkeit des Glaubens. Kaum einer hat mehr ein Interesse am Christentum, weil er oft nur ein winziges (und wenig reizvolles) Stück davon mitbekommen hat.

> Bei Menschen, denen Gott systematisch als bedeutungslos, langweilig und unverständlich vorgestellt wurde, kommt ein Gespräch über Gott oder eine Erfahrung seines wirklichen Wesens oft gar nicht mehr an.

Tony: Es gibt da eine wundervolle Geschichte, in der der große dänische Philosoph Søren Kierkegaard erzählte, wie er Schwimmunterricht bekam: Sein Vater stand am Rand des Beckens und drängte ihn, doch loszulassen und dem Wasser zu vertrauen, dass es ihn trägt. Und der Kleine fuchtelte mit seinen Armen im Wasser herum, strampelte mit einem Fuß und schrie seinem Vater zu: „Guck mal, ich schwimme! Ich schwimme!" Doch dabei stützte er sich mit dem großen Zeh des anderen Fußes auf dem Boden des Beckens ab.

Das beschreibt genau mich. Ich möchte rufen: „Schau nur, wie toll ich dir gehorche! Siehst du, wie ich deinen Willen erfülle? Ich habe doch losgelassen!" Aber in Wirklichkeit stütze ich mich immer noch – bildlich gesprochen – auf meinen großen Zeh. Da ist etwas in uns, das uns an den Dingen dieser Welt festklammern lässt. Wir leben mit der Hoffnung, dass wir endlich loslassen können, damit Jesus durch uns wirken kann, aber die meisten von uns bekommen das einfach nicht hin, sosehr wir es auch möchten.

Shane: Wir bräuchten also eine Art Lackmus-Test, um festzustellen: Ist etwas christlich oder ist es das nicht. Vielleicht ist eine ganz einfache Frage dieser Test: „Sieht das mehr und mehr nach Jesus aus?" Es gibt eine Menge Leute, die von sich behaupten würden, dass sie Christen sind, aber in ihrem Verhalten werden sie Jesus nicht ähnlicher oder sogar zunehmend unähnlicher. Und dann gibt es Menschen, die gar nicht so sehr darauf pochen, dass sie Christen sind, doch ihr Herz und ihre Leidenschaft kommen langsam, aber sicher dem Herzen Jesu immer näher. Zum Glück ist es allein Gottes Sache, das alles auseinanderzuhalten.

Mehr wie Jesus zu werden, das ist unser höchstes Ziel. Das ist es, woher wir kommen und wohin wir gelangen wollen.

Mehr wie Jesus zu werden, das ist unser höchstes Ziel. Das ist es, woher wir kommen und wohin wir gelangen wollen.

2. Die Hölle

Nur durch eine sehr enge Tür könnt ihr in das Reich Gottes kommen.
Der Weg zur Hölle dagegen ist breit und hat ein weites Tor.
Viele entscheiden sich für diesen scheinbar bequemen Weg.
Matthäus 7,13 (Hoffnung für alle)

Tony: Gleich vorweg: Ich bin kein Allversöhner (Vertreter einer theologischen Richtung, die annimmt, dass bei Gottes großem Erbarmen auch der brutalste Schwerstverbrecher schlussendlich Aufnahme im Himmel findet). Ich bin überzeugt davon, dass es Menschen gibt, die, wie im 3. Kapitel des Hebräerbriefes beschrieben, so hart geworden sind, dass sie Christus auch dann noch zurückweisen, wenn sie ihm gegenüberstehen. Das sind Menschen, die sich so in Sünde verstrickt haben und dermaßen viel Böses getan haben, dass sie völlig unansprechbar für alles geworden sind, was zu ihrer Rettung führen könnte.

Die Gerechtigkeit fordert also, dass ich kein Allversöhner sein kann, aber ich bin nicht derjenige, der zu entscheiden hat, wer wo landet. Das Gericht ist allein Sache Gottes, so wie es das Wort Gottes selbst sagt (vgl. Deuteronomium 1,17). Für mich ist Christus der einzige Weg zur Erlösung, aber ich muss für die Möglichkeit offen sein, dass Gott auch außerhalb von dem wirkt, was ich für das wahre Christsein halte. Ich kann und will nicht ausschließen, dass auch Menschen gerettet werden, die nicht zu allen meinen Glaubensüberzeugungen Ja sagen (vgl. Römer 2,14–16).

Shane: Für mich ist die Existenz der Hölle Realität. Ich weiß nur nicht, wer dorthin geht. Und die gute Nachricht dabei ist: Ich muss es auch gar nicht wissen.

Mutter Teresa hat einmal gesagt: „Wenn wir einmal in den Himmel kommen, werden wir vermutlich sehr überrascht sein, wer alles da ist." Jesus hat das mit seinen eigenen Worten bestätigt (vgl. Matthäus 25).

Für mich ist die Existenz der Hölle Realität. Ich weiß nur nicht, wer dorthin geht. Und die gute Nachricht dabei ist: Ich muss es auch gar nicht wissen.

Ich kenne den Weg zum Himmel, deshalb rede ich darüber. Es ist doch so: Wenn du ein Heilmittel gegen Krebs gefunden hättest, würdest du ja auch nicht herumgehen und ständig nur über Krebs reden, sondern du würdest allen sagen, wie Krebs geheilt werden kann.

Ich weiß nicht, wann das Christentum so „höllenbesessen" geworden ist. Jesus hat zwar auch über die Hölle gesprochen, aber ungleich mehr über das Reich Gottes. Allerdings ist es sehr interessant, was er zur Hölle gesagt hat. Da ist zum einen die Geschichte vom reichen Prasser, der sich nicht im Geringsten um den Bettler vor seiner Tür gekümmert hat (vgl. Lukas 16); dann sein Bild vom Gericht, bei dem Gott die Schafe von den Böcken trennt, und zwar ausschließlich nach dem einen Kriterium, ob sie sich um die gekümmert haben, die auf dieser Erde zu kurz gekommen sind (vgl. Matthäus 25). Die härteste Höllenfeuer-Rede, die Jesus gehalten hat, findet sich im 23. Kapitel des Matthäusevangeliums. Und sie bezieht sich nicht auf Homosexuelle oder Säufer, sondern auf die religiöse Elite. Seine schärfsten Worte hat sich Jesus für die Gesetzeslehrer reserviert, die überzeugt waren, die Torwächter der Moral zu sein. Doch hören wir ihn selbst: „Ihr Nattern, ihr Schlangenbrut! Wie wollt ihr der Höllenstrafe entgehen?" (Matthäus 23,33; Gute Nachricht). Diese Worte galten den selbstgerechten, religiösen Leuten. Und sein aggressivster Auftritt war, als er Tische umwarf und Ordnung machte. Nicht etwa in einer Schwulenbar, sondern im heiligen Tempel. Das ist doch interessant …

Die härteste Höllenfeuer-Rede, die Jesus gehalten hat, bezieht sich nicht auf Homosexuelle oder Säufer, sondern auf die religiöse Elite.

Aber ich denke, es gibt einen Grund dafür, dass die Evangelien „Gute Nachricht" heißen. Vielleicht sollten wir einmal den Vers neu anschauen, der in der evangelikalen Welt so etwas wie ein Eckstein geworden ist: Johannes 3,16: „Denn Gott hat die Welt so sehr geliebt, dass er seinen einzigen Sohn opferte, damit jeder, der sein Vertrauen auf ihn setzt, nicht verloren geht, sondern das ewige Leben hat." Und unmittelbar danach sagt Jesus: „Gott hat seinen Sohn nicht in die Welt gesandt, damit er die Welt richtet, sondern damit sie durch ihn gerettet wird. Wer auf den Sohn vertraut, der kommt gar nicht erst ins Gericht." Das klingt doch wirklich nach einer guten Nachricht, oder?

Ich erinnere mich noch, wie ich als Jugendlicher eine charismatische Gemeinde in Ost-Tennessee besuchte. Es war toll. Aber ich werde eine Sache nie vergessen: Jedes Jahr wurde das Stück „Heaven's Gate and Hell's Flames" (Himmelstor und Höllenflammen) aufgeführt. Es war ein Theaterstück, allerdings ein absolut schreckliches. Da sitzt zum Beispiel eine Gruppe von Kids in einem Bus und es kommt zu einem schweren Unfall, bei dem alle Kinder sterben. Dämonen kommen und schleifen die Kinder, die Jesus nicht kannten, in die Hölle. Und während sie abtransportiert werden, schreien sie ihren Freunden zu: „Warum habt ihr uns das nicht gesagt?!"

Der Vater meines Freundes spielte immer den Teufel – und er war wirklich gut. Danach machten wir einen Bekehrungsaufruf und so ziemlich alle gingen nach vorn und wurden „gerettet", inklusive dem Pastor. Das Stück hat den Zuschauern buchstäblich höllisch Angst gemacht.

Was ich im Nachhinein nicht nachvollziehen kann, war, dass wir wenig über Jesus, aber viel über die Hölle gehört haben. Hier wurde das Evangelium verfälscht, die Verhältnisse stimmten nicht mehr. Es ist ein bisschen so, wie wenn einer seine Geschichte erzählt, der ein übles Leben geführt hat. Neunzig Prozent seines Berichtes handeln von der wilden Zeit vor seiner Bekehrung, dann kommt meistens der Satz: „Ja, und dann habe ich mein Leben Jesus anvertraut." Und das war es dann. Irgendwie fragst du dich: Warum hat er nicht mehr über sein Leben mit Jesus zu erzählen? Schließlich hat er doch ein so spannendes Leben zurückgelassen, um Jesus nachzufolgen, da muss der doch wirklich was zu bieten haben, oder?

Ein Freund von mir besuchte einmal ein Musik-Festival, eines von den ganz großen mit -zig Bands und Tausenden von Leuten. Mein Freund ist Christ, aber der Kumpel, mit dem er dort war, hatte keine Ahnung vom Christsein. Als sie den Festivalplatz betraten, stand da eine Reihe ernst dreinblickender, hundertzwanzigprozentiger Christen, die mit ihren Schildern eine Gasse bildeten. Da konnten alle lesen: „Bob Marley ist in der Hölle", „Janis Joplin brennt im Höllenfeuer" und so weiter. Der Kumpel sah meinen Freund an und sagte: „Also, ich weiß ja nicht viel über die Hölle, aber es sieht so aus, als ob die da unten ziemlich gute Musik hätten." Ich bin mir nicht sicher, ob die Leute mit ihren Schildern *diese* Botschaft weitergeben wollten.

„Also, ich weiß ja nicht viel über die Hölle, aber es sieht so aus, als ob die da unten ziemlich gute Musik hätten."

Ich persönlich habe mich nicht für Jesus entschieden, weil ich Angst vor der Hölle hatte. Ich habe auch nicht ein Leben mit Jesus gewählt, damit ich ein schickes Anwesen und goldene Straßen im Himmel bekomme. Ich habe mich für Jesus entschieden, weil er wunderbar ist, einfach absolut wunderbar. Wir können ohne Angst leben. Nichts kann uns von der Liebe Gottes trennen (vgl. Römer 8,38 f.). Absolut gar nichts!

Tony: Was am Tag des Gerichts geschieht, hat schon Bedeutung für mich, aber selbst wenn es weder einen Himmel noch eine Hölle gäbe, würde ich mein Leben dafür einsetzen, dass die Menschen Gott kennenlernen, so wie heute. Die meiste Zeit bin ich unterwegs, um Menschen von Jesus zu erzählen und sie einzuladen, ihm zu begegnen. Ich mache das nicht nur, weil es ihnen ein Ticket in den Himmel garantiert, sondern vor allem aus zwei Gründen. Erstens weil wir, die wir uns mit Jesus verbunden haben, um in seinem Reich zu arbeiten, ganz selbstverständlich wünschen, dass sich andere dieser Mission anschließen, nämlich die Welt so zum Besseren zu verändern, wie Gott das möchte. Evangelisation, so wie ich sie verstehe, ist die Suche nach Mitarbeitern für Gottes Pläne mit dieser Welt. Zweitens bin ich überzeugt, dass Menschen den ultimativen Sinn für ihr Leben finden, wenn wir sie mit Jesus zusammenbringen und sie bei seiner großen Weltrettungsaktion mitmachen. Viktor Frankl, der große Psychologe, der die Logotherapie entwickelt hat, war überzeugt, dass das größte Problem von Menschen mit seelischen Nöten das Fehlen von Sinn in ihrem Leben ist.[5]

Die Fragen nach dem Sinn meines Lebens ist von entscheidender Bedeutung. Meine Antwort darauf ist: „Du bist hier, weil Gott mit dir zusammen daran arbeiten möchte, Liebe und Gerechtigkeit in diese Welt zu bringen." Jeder von uns soll auf seine spezifische Art ein „Beauftragter" sein, der sich für die Rettung, Heilung und Veränderung dieser Welt einsetzt. Es geht um eine Welt, in der es gerechter und friedlicher für alle Menschen zugeht. Gott ruft jeden von uns, auf seine Weise an dieser großen, revolutionären Bewegung teilzuhaben: die Welt ein Stück besser zu machen, die Verzweifelten zu retten und die Verlorenen zu finden.

„Du bist hier, weil Gott mit dir zusammen daran arbeiten möchte, Liebe und Gerechtigkeit in diese Welt zu bringen."

In deinem Buch „Ich muss verrückt sein, so zu leben" hast du wunderbar beschrieben, wie das alles läuft. Du erklärst, wie es einen auf faszinierende Weise erfüllt und glücklich macht, wenn man sich ganz Jesus anvertraut und seinen Lebensstil zu dem eigenen macht. Es ist genau dieses „Leben in Fülle" (vgl. Johannes 10,10), wie es Jesus uns versprochen hat. Keine Versprechungen, in denen es um oberflächlichen Spaß geht, sondern die Erfahrung, dass Gott die ungeahnten Möglichkeiten, die in jedem Menschen stecken, zum Leben erweckt. Das ist Leben in Fülle, mit einem großartigen Sinn. Sozusagen Leben auf einem anderen Level.

Wenn ich mir vor Augen halte, wie viel Erfüllung und Sinn ein Mensch mit Jesus erleben kann, treibt mich das jedes Mal neu an, wieder loszugehen und alle dazu anzuspornen. Für mich ist das eine ganz starke Motivation, weiter Menschen mit der befreienden Kraft Gottes bekannt zu machen, der uns ewiges Leben schenkt.

Shane: Junge Leute sind heute in einem pluralistischen Umfeld aufgewachsen. Sie haben das Gefühl, wir Christen sollten offener für andere Weltanschauungen sein. Das hat viel Schönes, aber die Gefahr ist, dass wir die Dinge, die uns tatsächlich von der Welt unterscheiden, zu billig verkaufen, wenn wir sagen: „Hauptsache, wir vertragen uns alle." Es ist natürlich schon herausfordernd und exklusiv, dass Jesus selbst sagt, er ist der einzige Weg zu Gott. Und doch ist es einer der Punkte, in dem ich keinerlei Kompromisse eingehen kann und werde. Es gibt noch spannendere Fragen in dieser Richtung, zum Beispiel ob das Christentum der einzige Weg zu Christus ist. Karl Barth wurde an der Universität in Princeton einmal gefragt: „Würden Sie sagen, dass das Christentum der einzige Weg zu Gott ist?" Seine Antwort war: „Nein, keine Religion ist der Weg zu Gott. Aber ich sage, dass Jesus der Weg zu Gott ist."[6] Ich weiß: Jesus ist der Weg.

Es ist natürlich schon herausfordernd und exklusiv, dass Jesus selbst sagt, er ist der einzige Weg zu Gott. Und doch ist es einer der Punkte, in dem ich keinerlei Kompromisse eingehen kann und werde.

Ich begegne immer wieder Menschen, die mit dem Christentum nichts zu tun haben wollen. Doch wenn ich eine Weile mit ihnen gesprochen habe, wird klar, dass sie von Jesus sogar sehr viel halten. Nur die Christen, denen sie bisher begegnet sind, haben sie eher abgeschreckt.

Tony: Ich stimme dir voll zu, dass die Worte Jesu in der Bibel eine ganz klare Botschaft vermitteln. Bei Johannes (14,6) finden wir die Aussage Jesu: „Ich bin der Weg und die Wahrheit und das Leben. Niemand kommt zum Vater außer durch mich." Das ist deutlich. Und jemand, der das für eine extreme Sichtweise hält, wird wahrscheinlich sagen: „Schaut her, was Jesus gesagt hat. Und ihr wollt seine Worte wirklich ernst nehmen?"

Meine Antwort darauf ist: „Ja, sehr ernst!" Ich bin absolut überzeugt davon, dass Jesus der einzige Weg zu Gott ist. Worin ich mir allerdings nicht mehr so sicher bin, ist, dass die Gnade Gottes, die wir durch Jesus und seinen Tod am Kreuz erfahren haben, einzig und allein von denen erlebt werden kann, die in der Kirche sind. Glaube ich, dass Leute auch außerhalb der Kirche durch Jesus gerettet werden können? Darüber kann ich mir kein Urteil erlauben. Ich verstehe die Bibel aber nicht so, dass wir durch die Gruppe gerettet werden, der wir – mehr oder minder zufällig – angehören, oder durch den Namen, den man sich verpasst, sondern durch Jesus allein. Er ist der einzige Weg zum ewigen Leben. Menschen werden durch das gerettet, was Jesus für sie am Kreuz auf sich genommen hat.

Glaube ich, dass Leute auch außerhalb der Kirche durch Jesus gerettet werden können? Darüber kann ich mir kein Urteil erlauben.

Ich behaupte, dass beim Jüngsten Gericht, wie wir auch bei Matthäus lesen können, eine Menge Leute, die in keiner Gemeinde waren, mit einem Mal entdecken, dass sie sehr wohl eine Beziehung zu Christus hatten (vgl. Matthäus 25,41–46). Es gibt gute Gründe anzunehmen, dass beim Jüngsten Gericht Leute von Gott angenommen werden, die keine bewusste Entscheidung für Jesus getroffen haben – ihn aber auch nicht zurückgewiesen haben. Was sie nicht annehmen konnten, war das verzerrte Bild von Jesus, das ihnen nicht selten gerade durch uns Christen vermittelt wurde. Darum müssen wir uns immer fragen, ob jemand wirklich Jesus abgelehnt hat oder nur eine sehr missverständliche Interpretation von ihm. Die Bibel hält fest, dass es keinen anderen Namen unter dem Himmel gibt, durch den wir gerettet werden. Daran führt kein Weg vorbei. Aber es bleibt immer noch Gottes Sache, wen er durch Jesus zu retten gedenkt und wie.

Bei der „Urbana Missionskonferenz" 1987 erzählte Billy Graham, wie er einmal in ein buddhistisches Kloster in China ging, um dort mit den Mönchen zu sprechen. Als er dort ankam, sah er einen Mönch, der tief in seine Meditation versunken war. Graham fühlte sich vom Heiligen Geist gedrängt, zu dem Mönch zu gehen und mit ihm zu reden. Mit der Hilfe seines Übersetzers und mit der Bibel in der Hand erklärte er das Wichtigste über Jesus, seinen Weg ans Kreuz und seine Auferstehung. Er endete damit, dass jemand, der sein Leben Jesus anvertraut, von ihm das ewige Leben geschenkt bekommt.

Billy Graham hatte den Eindruck, dass der buddhistische Mönch sehr gefesselt und gleichzeitig so bewegt war, dass er Tränen in den Augen hatte. Darum sagte er zu dem Mönch: „Möchtest du Jesus in dein Leben aufnehmen, gleich hier und jetzt, wenn wir zusammen beten?"

Der Mönch schaute ihn bedauernd an: „Das würde ich ja gerne tun, aber du musst wissen, dass er schon längst in mir ist. Er ist schon seit sehr langer Zeit in mir. Ich wusste vieles von dem noch nicht, was du eben gesagt hast, aber dieser Jesus, über den du gesprochen hast, den kenne ich. Während du geredet hast, hat sein Geist alles in mir bestätigt, was du gesagt hast. Ich glaube alles, was du gesagt hast, denn sein Geist hat mich überzeugt, dass diese Botschaft wahr ist. Ich würde ihn sofort in mein Leben aufnehmen, wenn er nicht schon in mir wäre."

Diese Geschichte lässt einige Fragen zu: War Christus in dem Mönch lebendig, bevor Billy Graham ihm begegnete? Und wäre der Jesus, den er aus seiner inneren Gegenwart kannte, für ihn auch ohne Billy Graham der Weg zum Vater gewesen – obwohl der Mönch nichts vom Kreuz und der Auferstehung wusste? Ich bin nicht in der Lage, solche Fragen zu beantworten. Darum lasse ich lieber noch einmal Billy Graham zu Wort kommen: „Meine Aufgabe ist es, Gott zu bezeugen; das Überzeugen ist die Aufgabe des Heiligen Geistes. Und über einen Menschen zu urteilen ist Gottes Aufgabe."[7]

> „Meine Aufgabe ist es, Gott zu bezeugen; das Überzeugen ist die Aufgabe des Heiligen Geistes. Und über einen Menschen zu urteilen ist Gottes Aufgabe."

Im Römerbrief (vgl. 2,13–15) beschäftigt sich Paulus ja mit dem gleichen Thema. Er stellt die Frage, ob Gott wohl eine Ausnahme macht für die Menschen, die sein Gesetz nicht gekannt haben, aber die dennoch etwas in ihre Herzen geschrieben hatten, das sie dazu brachte, Gutes zu tun. Muss nicht Gott für solche Menschen auch einen Platz im Himmel haben?

Meine Frau Peggy erzählt gern folgende Geschichte: Petrus hat ja dem Volksglauben nach den Job, am Himmelstor zu stehen und alle einzuchecken. Paulus dagegen ist immer noch der große

Verwalter, als der er sich hier auf der Erde erwiesen hat. Seine Aufgabe ist es, die Leute im Auge zu behalten, die im Himmel sind. Es machte ihm allerdings seit einiger Zeit zu schaffen, dass im Himmel immer mehr Leute waren, als laut Petrus' Liste hineingelassen wurden. Diese Diskrepanz plagte beide gewaltig. Doch eines Tages kam Paulus zu Petrus gerannt: „Jetzt habe ich herausgefunden, was da los ist! Es ist Jesus! Er hilft den Leuten, weiter hinten heimlich über die Mauer zu klettern."

Während die Kirchen meinen, sie wüssten, wer in den Himmel kommt und wer nicht, arbeitet Jesus hinter den Kulissen, liebt die Menschen einfach und hilft ihnen über die Mauer.

Peggy liebt diese Geschichte, weil sie davon überzeugt ist, dass sie eine Wahrheit enthält: Während die Kirchen meinen, sie wüssten, wer in den Himmel kommt und wer nicht, arbeitet Jesus hinter den Kulissen, liebt die Menschen einfach und hilft ihnen über die Mauer.

3. Der Islam

„Niemand kommt zum Vater außer durch mich."
Johannes 14,6

Tony: Zurzeit wird viel über das Verhältnis der Religionen zueinander diskutiert und die Feindseligkeit besonders zwischen Christen und Muslimen wächst. Eine der heißen Fragen ist zum Beispiel, ob Christen und Muslime denselben Gott anbeten. Christliche Medien haben sich dieser Frage angenommen, im Radio wird darüber gestritten, selbst Fernsehshows beschäftigen sich damit. Mittlerweile sind eine Menge Artikel und Bücher über diese Frage geschrieben worden.

Bevor wir auf diese Frage eingehen, müssen wir zuerst eine andere Frage beantworten: Glauben auch nur zwei von uns Christen an denselben Gott? Denk mal einen Moment darüber nach. Ist deine Vorstellung von Gott wirklich dieselbe wie meine? Viele Soziologen und Psychologen sind der Ansicht, dass zum Beispiel den Eindruck, den der irdische Vater bei einem Menschen hinterlassen hat, einen ziemlich großen Einfluss auf dessen Vorstellung von Gott hat. Dann kommen noch der soziale Hintergrund und die Prägung durch eine Gemeinde dazu, die der Person wiederum ihr spezielles Bild von Gott vermittelt haben. Unser Denken über Gott wird in hohem Maß von der Kultur, in der wir groß wurden, und ihren Werten bestimmt. Zum Beispiel sehen viele Amerikaner ganz unbewusst Gott als Amerikaner. Es sind also viele Kräfte, die das Gottesbild jedes einzelnen Menschen formen. Daher müssen schon wir

Glauben auch nur zwei von uns Christen an denselben Gott?

Christen uns ehrlich fragen, ob wir wirklich die gleiche Vorstellung von Gott haben.

Die Autorin Anne Lamott schreibt: „Du kannst mit Sicherheit annehmen, dass du dir einen Gott nach deiner eigenen Vorstellung geschaffen hast, wenn sich herausstellt, dass dieser Gott dieselben Leute hasst, die auch du hasst.“[8] Wie oft ist es so, dass unser Gottesbild unsere eigenen Werte und Vorurteile widerspiegelt? Bevor wir uns also der Frage widmen, ob Christen und Muslime den gleichen Gott anbeten, ist also wirklich die Frage berechtigt, ob wir Christen tatsächlich alle den gleichen Gott anbeten.

> „Du kannst mit Sicherheit annehmen, dass du dir einen Gott nach deiner eigenen Vorstellung geschaffen hast, wenn sich herausstellt, dass dieser Gott dieselben Leute hasst, die auch du hasst."

Letztlich weiß ich nur das über Gott, was ich in Jesus entdecke. Die Bibel sagt, dass sich in Jesus die „Fülle der Gottheit“ offenbart hat (vgl. Kolosser 1,19). Und was ich von Jesus weiß, das habe ich aus der Bibel. Bei der „Red Letter“-Bewegung geht es auch darum, unsere durch unser Umfeld geprägten Sichtweisen von Gott mit den Worten und dem Wirken von Jesus abzugleichen (siehe zum Beispiel Hebräer 2).

Bevor wir ein Urteil darüber fällen, welche Gottesvorstellungen ein Muslim hat, sollten wir bedenken, dass es viele Muslime gibt, die Jesus sehr ernst nehmen und deren Sichtweise von Gott stark von dem beeinflusst ist, was sie von den Lehren Jesu kennen. Der Koran hat einiges über Jesus zu sagen, zum Beispiel, dass er von einer Jungfrau geboren wurde, sündlos war, von den Toten auferweckt wurde und einmal wiederkommen wird. Der Koran berichtet, dass Jesus, im Gegensatz zu Mohammed, Wunder gewirkt hat. Es gibt Muslime, die zu Jesus beten, wenn es um Heilung geht, denn sie sehen in ihm den großen Wundertäter. Der Gründer der Sufi-Sekte innerhalb des Islam liebte Jesus so sehr, dass andere Muslime ihm drohten: „Wenn du diesen Jesus so liebst, dann werden

> Tatsache ist, dass der Koran einige wirklich orthodoxe Dinge über Jesus bezeugt, die viele Christen heute nicht mehr akzeptieren.

wir dich ans Kreuz hängen, damit du so sterben kannst, wie er gestorben ist." Und das taten sie auch. Tatsache ist, dass der Koran einige wirklich orthodoxe Dinge über Jesus bezeugt, die viele Christen heute nicht mehr akzeptieren.

Ich habe von verschiedenen Denominationen und Theologen sehr widersprüchliche Vorstellungen über Gott zu hören bekommen. Nur dann, wenn ich auf Jesus schaue und das lese, was er gesagt hat, bin ich in der Lage zu sagen: „Ah, das ist ein klares Bild von Gott. Gott ist wie Jesus! Jesus ist Gott!" Was ich über Gott weiß, ist das, was Jesus gelebt hat, und wenn irgendetwas von der Offenbarung Gottes abweicht, die ich in den Worten und Taten von Jesus finde, kann es nicht zum wahren Charakter Gottes gehören. Ich bin ständig dabei, die Vorstellungen von Gott, die ich in mir trage, mit dem zu vergleichen, was ich in der Bibel finde. Ich gehe regelmäßig zu dem Jesus zurück, den ich in den Evangelien finde, und ich frage mich immer wieder: Passt mein Denken über Gott zu dem, was ich bei Jesus finde?

Shane: Gott hat sich in Jesus ganz offenbart. Wenn wir Gott sehen wollen, müssen wir auf Jesus schauen.

Eine meiner Lieblingsstellen in der Bibel ist der Moment, in dem der Tempelvorhang zerriss. Das geschah in dem Augenblick, als Jesus am Kreuz starb. Und der Vorhang war kein dünnes Tuch, sondern eine riesige schwere Stoffbahn, mehrere Zentimeter dick und so groß wie ein Basketballfeld, die nur von mehreren Priestern bewegt werden konnte. Die Bundeslade, das Zeichen der Gegenwart Gottes im jüdischen Tempelkult, stand mit einem Mal sozusagen im Freien. Das ist wie ein Statement: Gott kann nicht eingesperrt werden. Gott ist größer als unsere Vorstellungen, Ikonen und Tempel. Gott braucht keine Mediatoren oder Fürsprecher und er ist nicht auf das „Allerheiligste" begrenzt. Gott lebt mitten in der Welt und ihren Straßen. Gott

Gott ist größer als unsere Vorstellungen, Ikonen und Tempel. Gott braucht keine Mediatoren oder Fürsprecher und er ist nicht auf das „Allerheiligste" begrenzt. Gott lebt mitten in der Welt und ihren Straßen.

kann Menschen mit Dreck und Spucke heilen. Gott kann Fisch braten. Gott ist bei uns. Wir müssen nicht mehr in den Tempel gehen, um Gott zu finden. Gott ist gekommen und hat uns gefunden – in Jesus.

Jesus bestätigt alle diejenigen, die sich für andere Menschen einsetzen, egal, ob sie an alle „richtigen“ Dinge glauben oder nicht. Man denke nur mal an die für damalige Ohren skandalöse Geschichte vom barmherzigen Samariter. Jesus erzählte, kurz zusammengefasst, Folgendes: „Ich habe da eine Geschichte für euch. Da wurde ein Mann auf dem Weg nach Jericho zusammengeschlagen. Zunächst kam ein Priester auf dem Weg zum Gottesdienst vorbei und ging einfach weiter. Dann ein Levit, auch ein frommer Kerl, aber der eilte auch vorbei, denn der war schon spät dran fürs Leitertreffen. Und dann kam ein Samariter (jetzt bitte vorstellen, wie die Leute die Augen verdrehen, denn Juden mieden jeden Kontakt mit den Samaritern). Doch der Samariter kümmerte sich um den Mann im Graben.“

Diese Geschichte ist eine einzige Herausforderung: Wer ist drinnen und wer ist draußen? Die ach so „richtige“ Religiosität der ersten beiden Männer hat sie in keiner Weise zu Mitgefühl oder Hilfsbereitschaft bewegt. Aber der Samariter, der vieles von dem Zeug, was die Juden als lebenswichtig betrachteten, gar nicht glaubte, zeigte Mitgefühl und ist bis heute der unvergessene Held dieser Geschichte.

Ich bin mir sicher, dass das vielen Zuhörern überhaupt nicht gefallen hat. Denn für die religiöse Elite war klar, dass die Samariter weder das einzig wahre Gesetz einhielten noch hatten sie die „richtigen“ Gottesvorstellungen. Doch Jesus machte unmissverständlich deutlich: Echter Glaube muss für zusammengeschlagene Menschen, die im Straßengraben liegen, eine „Gute Nachricht“ bedeuten. Gott kann sich natürlich auch in einem Priester zeigen, aber es ist nicht unwahrscheinlicher, dass er durch einen Samariter wirkt. Es ist genau diese Herausforderung, die wir immer und immer wieder bei Jesus sehen. Zu den religiösen Leuten seiner Zeit (aller Zeiten!) sagt er: „Ich versichere euch, dass Gauner und Huren noch vor euch in das Reich Gottes gelangen“ (Matthäus 21,31).

Echter Glaube muss für zusammengeschlagene Menschen, die im Straßengraben liegen, eine „Gute Nachricht“ bedeuten.

Die Bibel ist voll von Beispielen, dass Gott alle möglichen Leute gebrauchen kann, von einer lügenden Hure namens Rahab bis zu einem ehebrecherischen König David. Einmal sprach Gott sogar durch einen Esel! Wenn Gott also uns auswählt, um durch uns zu wirken, sollten wir dankbar sein, aber uns auch nicht zu viel darauf einbilden. Und wenn wir glauben, dass Gott eine bestimmte Person niemals für seine Ziele einsetzen würde, dann sollten wir uns nicht so sicher sein. Wir könnten eine „heilige Ruhestörung“ unserer Überzeugungen erleben, wer so alles „richtig“ oder „falsch“ ist, und gleichzeitig eine Einladung, uns daran zu freuen, wenn jemand Gottes Werk tut – ob derjenige nun Gott exakt genauso sieht wie ich oder nicht.

Die Bibel ist voll von Beispielen, dass Gott alle möglichen Leute gebrauchen kann, von einer lügenden Hure namens Rahab bis zu einem ehebrecherischen König David. Einmal sprach Gott sogar durch einen Esel!

Versteh mich nicht falsch: Es gibt Dinge, von denen ich zutiefst überzeugt bin und von denen ich mir wünsche, dass andere sie auch glauben. Etwa, dass Jesus Gottes Sohn ist, dass er am Kreuz gestorben ist, um unsere Schuld und Scham von uns zu nehmen, dass er vom Tod auferstand und lebt. Aber das ist doch kein Hinderungsgrund, um mit Andersdenkenden zusammenzuarbeiten oder befreundet zu sein?! Ganz im Gegenteil: Als Christen sollten wir die besten „Zusammenarbeiter“ der Welt sein. Und wir sollten jederzeit offen für überraschende Verbündete und rebellische Freunde sein – genauso wie Jesus.

Als Christen sollten wir die besten „Zusammenarbeiter“ der Welt sein. Und wir sollten jederzeit offen für überraschende Verbündete und rebellische Freunde sein – genauso wie Jesus.

Es gibt da eine wunderbare Stelle in den Evangelien, in der die Jünger sich bei Jesus (frei übertragen) beschweren: „Herr, wir sahen einen Mann, der deinen Namen benutzte, um Dämonen auszutreiben. Wir haben es ihm verboten, denn immerhin gehört er ja nicht zu unserer Gruppe.“ Jesus ließ sie daraufhin wissen, wie falsch ihre Sichtweise war: „Haltet ihn doch nicht auf! Denn wenn er nicht euer Feind ist, dann ist er euer Verbündeter“ (Lukas 9,49 f.).

Tony: Dann ist da der Moment, in dem Petrus predigen soll, und dann öffnet er den Mund und sagt: „Freunde, begreift ihr, was das alles bedeutet? Gott hat heute ein ganz klares Zeichen gesetzt, dass er weder auf die Person noch auf irgendeine Volkszugehörigkeit sieht, sondern dass ihm aus jedem Volk jeder willkommen ist, der ernsthaft mit ihm leben will und bereit ist, seinen Willen im Leben umzusetzen" (Apostelgeschichte 10,34 f.). Das ist ziemlich „allumfassend"! Und Johannes schreibt in seinem ersten Brief: „Meine Freunde! Lasst uns einander lieben, denn die Liebe kommt von Gott. Wer seinen Bruder liebt, beweist damit, dass er ein Kind Gottes ist und Gott wirklich kennt. – Niemand hat Gott jemals gesehen. Doch wenn wir einander lieben, wird sichtbar, dass Gott in uns lebt und wir von seiner Liebe erfüllt sind" (1 Johannes 4,7.12; Hoffnung für alle). Das ist es: Wer liebt, in dem lebt Gott, selbst wenn es ein Samariter ist oder sonst jemand, von dem wir es nicht erwartet hätten.

Das ist es: Wer liebt, in dem lebt Gott, selbst wenn es ein Samariter ist oder sonst jemand, von dem wir es nicht erwartet hätten.

Jitsuo Morikawa, der längere Zeit für den Bereich Evangelisation in der amerikanischen Baptistenkirche zuständig war, erzählte davon, wie er im Zweiten Weltkrieg in einem Internierungslager in Arizona war[9]. Seine Mutter war Buddhistin, und sie lehrte ihn, die zu lieben, die sie für das „Verbrechen" eingesperrt hatten, dass sie Japaner waren. Sie ermahnte ihn, denen zu vergeben, die ihrer Familie großes Leid zugefügt hatten. Morikawa sagte, er sei sicher, dass in seiner Mutter der Geist Gottes lebte, obwohl sie nie Christin wurde. Es gibt nicht wenige Evangelikale, die das bezweifeln würden, aber für ihn bestand daran nicht der geringste Zweifel.

Shane, du hast doch auch schon Erfahrungen damit gemacht, dass dir von ganz unerwarteter Stelle Gutes getan wurde.

Shane: Eine der stärksten Erfahrungen meines Lebens machte ich im Irak, im März 2003. Das war sozusagen eine moderne Version der

Geschichte vom barmherzigen Samariter. Auf dem Weg von Bagdad nach Amman hatten meine Freunde und ich in der Wüste einen schlimmen Autounfall – und Iraker haben uns das Leben gerettet. Ich habe die Geschichte schon oft erzählt.[10]

Erst vor Kurzem bin ich mit denselben Freunden noch einmal nach Rutba im Irak gereist, um unsere Retter von damals zu besuchen. Als wir dort waren, sprachen sie von der Rettungsaktion, als wäre es nichts Besonderes gewesen, einfach eine liebevolle menschliche Geste. Einer der Ärzte sagte: „Als wir euch da blutend und verletzt vorfanden, sahen wir keine Amerikaner oder Christen oder Moslems; wir sahen euch als unser eigenes Fleisch und Blut, als unsere Schwestern und Brüder."

„Als wir euch da blutend und verletzt vorfanden, sahen wir keine Amerikaner oder Christen oder Moslems; wir sahen euch als unser eigenes Fleisch und Blut, als unsere Schwestern und Brüder."

Darauf sagte ich: „Das ist doch genau das, was Jesus lehrt. Ihr alle habt das getan, was gute Christen tun sollten." Darauf entgegnete einer von ihnen: „Wir haben das getan, was gute Muslime tun sollten."

Schließlich hatten wir auch Gelegenheit, mit dem Oberhaupt der Muslime in diesem Ort ein langes Gespräch zu führen. Wir redeten mehrere Stunden, bis es Zeit war für das Gebet der Muslime. Wir sagten: „Es ist völlig in Ordnung, wenn du jetzt zum Gebet gehen möchtest." Darauf sagte er: „Das hier ist Gebet. Ich bleibe gern hier und rede weiter mit euch."

Während wir in Rutba waren, besuchten wir auch eine Schule und erzählten den Schülern von unserer Beziehung zum irakischen Volk und von unserem Glauben. Danach sagte der Schulleiter zu uns: „Die Kinder waren noch nie so still. Wir hatten schon Soldaten da, die Frisbees, Fußbälle und solche Sachen mitbrachten. Während die redeten, unterhielten sich die Schüler, warfen mit den Spielsachen herum und benahmen sich auch sonst völlig respektlos. Euch haben sie wie gebannt zugehört." Und dann kam eines der Kinder und sagte etwas zu dem Schulleiter. Ich fragte ihn, was der Schüler denn gesagt hätte, worauf der Leiter antwortete: „Er hat gesagt, dass er noch nie etwas von so einer Art von Christentum gehört hätte."

Es macht mir wirklich Bauchschmerzen, wie sehr Extremisten das Beste unseres Glaubens verzerren. Jüdische, muslimische und christliche Extremisten verbreiten Hass, sprengen Gebäude und Menschen in die Luft. Leider ist nicht selten die extremistische Version eines Glaubens die einzige, die Andersgläubige mitbekommen. Wenn wir im Irak sind und mit den Leuten reden, geht es nicht so sehr darum, den Ruf von Amerika wiederherzustellen, sondern vor allem den Ruf unseres Glaubens und unseres Herrn – die Worte, das Herz und die Botschaft von Jesus.

Leider ist nicht selten die extremistische Version eines Glaubens die einzige, die Andersgläubige mitbekommen.

Unsere Gastgeber in Rutba überreichten uns als Abschiedsgeschenk einen Koran. Aus ihrer Sicht war es das größte Geschenk, das sie uns machen konnten. Was wäre wohl gewesen, wenn wir uns geweigert hätten, ihn anzunehmen?

Später hörte ich von all den Risiken, die sie auf sich genommen hatten, um uns zu beherbergen und Freundschaft mit uns zu schließen. Einmal lud uns einer der Stadtältesten zum Tee in sein Haus sein. Wir waren begeistert, aber unser irakischer Begleiter hielt uns davon ab hinzugehen. Später sagte er uns, dass es für uns vermutlich ungefährlich gewesen wäre, aber nach unserem Besuch wäre der großzügige alte Mann sicherlich umgebracht worden. Unser irakischer Freund fuhr fort: „Aber ihr könnt dankbar sein. Er wusste, was der Preis für diese Einladung sein würde, und er war bereit, sein Leben zu riskieren, um euch Gastfreundschaft zu erweisen."

Er versicherte uns, dass das irakische Volk grundsätzlich friedfertig und freundlich sei, aber dass es auch einige wenige gebe, die uns feindlich gesonnen seien. Er sagte: „Macht euch keine Sorgen, wir beschützen euch!" So kam es, dass er und seine Freunde mit Gewehr im Anschlag auf dem Boden vor unseren Betten schliefen. Das passte zwar nicht in meine Theologie, aber ich wusste diese Art der Gastfreundschaft trotzdem sehr zu schätzen!

Mich hat es sehr beeindruckt zu sehen, wie im Irak Christen vor den Moscheen Wache stehen, während sich die Muslime drinnen zum Gebet versammeln, und Muslime stellen sich genauso schützend vor christliche Kirchen.

Besonders wir Christen sind dazu berufen, Freundschaften aufzubauen und die Würde der Menschen zu schützen, auch die Andersgläubiger. Mich hat es sehr beeindruckt zu sehen, wie im Irak Christen vor den Moscheen Wache stehen, während sich die Muslime drinnen zum Gebet versammeln, und Muslime stellen sich genauso schützend vor christliche Kirchen.

Sehen wir mal vom Irak ab. Auch in Amerika und Europa wächst eine grundsätzlich feindliche Einstellung gegenüber dem Islam. Aber ich sehe auch Hoffnungszeichen. Einer der ersten Leute, die von meinen Erlebnissen im Irak hören wollten, war Eboo Patel, ein Muslim. Andere Muslime berichten mir, dass sie mein Buch in ihren Moscheen studieren. Was für ein Kompliment! Ich weiß wirklich nicht, warum wir eine solche Scheu davor haben, mit Muslimen ins Gespräch zu kommen oder Freundschaften mit ihnen zu schließen. Das bedeutet doch nicht, dass wir unsere Liebe zu Jesus oder die Hoffnung fahren lassen, dass andere diese Liebe erfahren.

Tony: Ihr seid doch auch mit einigen Muslimen in eurer Nachbarschaft in Philadelphia eng befreundet, nicht wahr?

Shane: Ja, und einer von ihnen wollte mich neulich bekehren. Er hatte mich und einige seiner anderen Freunde zum Abendessen eingeladen, aber ich merkte, dass mehr dahintersteckte. Wir hatten ein anregendes Gespräch, und dann sagte er: „Versteh mich nicht falsch, wir finden es wunderbar, was du tust. Und darum möchten wir, dass Allah alle Ehre dafür bekommt, nicht Jesus, denn es ist Allahs Arbeit."

Das öffnete die Tür für eine höchst interessante Unterhaltung; man muss sich immer vor Augen halten, dass er ein Freund ist, der das, was wir in der Gegend tun, wirklich bewundert und unterstützt. Das ist der springende Punkt. Ich wäre dumm, wenn ich aus so einem Gespräch nicht mit dem noch stärkeren Wunsch hinausginge, die Freundschaft zu vertiefen und weiter mit ihm in unserem Viertel zusammenzuarbeiten, um die Gewalt zu stoppen, Hungrige zu ernähren und alte Leute zu besuchen.

Wir sehen Gott vielleicht nicht auf dieselbe Weise, aber wir empfinden eine große gemeinsame Leidenschaft für dieselben Dinge. Wir möchten Jugendliche davon abhalten, sich gegenseitig umzubringen, und Junkies dabei helfen, von den Drogen loszukommen. Wir sollten also schnell zusehen, dass wir unsere Gemeinsamkeiten finden und ausbauen.

Tony: Bei der Frage, wer von Gott angenommen und wer von ihm verworfen wird, haben wir keine andere Wahl, als das Gott zu überlassen.

Shane: Es ist doch bezeichnend, dass Jesus den allerhärtesten Ausdruck, den er je verwendete, ausgerechnet im Kreis seiner Jünger gebrauchte. Er nannte den Mann „Satan", der einmal eine ganz besondere Wichtigkeit für die Kirche bekommen sollte: Petrus. Jesus war ständig dabei, seine Jünger zurechtzuweisen und zu formen. Er sprach ihren Mangel an Glauben und ihre verurteilende Art mit sehr deutlichen Worten an. Andererseits hob er bei den Personen außerhalb seines engsten Kreises immer wieder die guten Seiten hervor, lobte den Glauben des römischen Hauptmanns, die Hartnäckigkeit einer Mutter aus Matthäus 15,21, das Mitgefühl eines Samariters und die Umkehr eines Zolleintreibers. Jesus tat also genau das Gegenteil von dem, was die meisten von uns tun: Die meisten von uns finden das Beste bei uns selbst und das Schlechteste bei den anderen. Jesus lädt uns daher ein, es umgekehrt zu machen: das Schlechte in uns selbst anzuprangern und das Gute in den anderen zu sehen.

> Wie kontrolliert man denn nun, wer dazugehört und wer nicht? Das ist doch genau der Punkt: Es ist nicht unsere Aufgabe, die Spreu vom Weizen zu trennen. Das müssen wir schon Gott überlassen.

Eigentlich ist es nicht überraschend, dass Jesus zu den *Jüngern* sagt: „Wer nicht für mich ist, ist gegen mich", und im Zusammenhang mit Menschen, die Gottes Arbeit tun, ohne amtlich beglaubigte „Dazugehörer" zu sein, sagt er das Gegenteil: „Wer nicht gegen mich ist, ist für mich" (Markus 9,40).

Wie kontrolliert man denn nun, wer dazugehört und wer nicht? Das ist doch genau der Punkt: Es ist nicht unsere Aufgabe, die Spreu vom Weizen zu trennen. Das müssen wir schon Gott überlassen. Eine der besten Illustrationen für den Aufbau einer Gemeinschaft, die ich je gehört habe, stammt von einem Bauern: „Es gibt zwei Möglichkeiten, um Schafe in der Nähe vom Hof zu halten. Die eine ist, du baust eine Menge Zäune. Die andere ist, du stellst ihnen gutes Futter zur Verfügung. Dann bleiben sie ganz von selbst da."

Genau das hat Jesus getan: Er bot die beste Nahrung, die es gibt, und er verteidigte die Nahrungsquelle inmitten seiner Gemeinschaft. Und das hat damals schon die Menschen wie ein Magnet angezogen. Er war rigoros anspruchsvoll gegenüber seinen Jüngern und unverschämt gnädig mit denen, die die Reise mit ihm gerade erst begannen.

Er war rigoros anspruchsvoll gegenüber seinen Jüngern und unverschämt gnädig mit denen, die die Reise mit ihm gerade erst begannen.

Tony: Mir ist bewusst, dass Jesus der einzige Weg zu Gott ist, aber ich glaube nicht, dass Jesus seine Erlösung nur denen im evangelikalen Lager anbietet. Es ist eigentlich ganz klar, dass die Gnade Gottes größer sein muss, als ich es mit meiner Theologie erfassen kann. Seine Liebe ist größer. Seine Liebe ist weiter. Die Liebe Gottes schließt weit mehr Menschen ein als ich in meiner Begrenztheit akzeptieren würde.

So oft sind wir versucht, Gott zu unserem exklusiven Besitz zu erklären; so ging es auch den Juden früher. Es gab Zeiten, in denen sie dachten, dass Gott nur sie liebte, da sie sein auserwähltes Volk waren. Darum wollte Jona auch den Leuten von Ninive nicht sagen, dass Gott sie verschonen und in seine Familie aufnehmen würde, wenn sie ihr Leben änderten. Der Gedanke, dass Gott diese Heiden genauso lieben könnte wie sein eigenes Volk, war unvorstellbar.

Doch die Bevölkerung von Ninive tat Buße und das Strafgericht blieb aus. Wütend war nur einer: Jona. Aus seiner Sicht hatte Gott das falsche Volk gerettet. Als dann auch noch sein

Schattenspender einging, war es ganz vorbei. Da sprach Gott ihn an: „Sieh mal, du machst ein riesiges Theater, nur weil ein Bäumchen eingegangen ist, und erwartest von mir, dass ich es rette. Aber gleichzeitig willst du nicht, dass ich Mitleid mit den Menschen in Ninive habe“ (frei nach Jona 4,10 f.).

Shane: Die Welt passt nicht in so simpel konstruierte Kategorien wie „Christen“ und „Nicht-Christen“. C. S. Lewis hat wunderbar erklärt, dass die Welt nicht so schwarz-weiß ist, wie wir sie gern hätten: „Die Situation in der realen Welt ist bei Weitem komplizierter als unsere Vorstellung. Die Welt besteht nicht aus hundertprozentigen Christen und auf der anderen Seite aus hundertprozentigen Nichtchristen. Da gibt es Menschen, und es sind nicht gerade wenige, die vom Glauben wegdriften, obwohl sie sich noch Christen nennen. Unter ihnen viele Geistliche. Und es gibt Leute, die sind dabei, Christen zu werden, obwohl sie sich noch nicht so bezeichnen würden.“[11]

Die Welt passt nicht in so simpel konstruierten Kategorien wie „Christen" und „Nicht-Christen".

Tony: Es gibt natürlich wegweisende Momente in unserer Glaubensreise, radikale Bekehrungserlebnisse wie das von Saulus/Paulus. Doch meist ist es doch eher so, dass unser Leben sich Stück für Stück verändert und wir Jesus in kleinen Schritten näherkommen. Das meint wohl Paulus, wenn er seinen Philippern schreibt: „Darum möchte ich euch noch einmal von Herzen ermahnen, mit allem Ernst und aller Entschiedenheit auf dem Weg der Erlösung durch Christus zu bleiben“ (Phil 2,12 f.).

4. Gemeinschaft

„Denn wo zwei oder drei in meinem Namen versammelt sind, da bin ich mitten unter ihnen."
Matthäus 18,20

Tony: Shane, du bist mittlerweile zu einer Identifikationsfigur für viele junge Menschen weltweit geworden, die keine Lust mehr auf ein wenig authentisches Christentum haben, weil du etwas verkörperst, das sie aufhorchen und munter werden lässt. Du lebst ganz offensichtlich die Worte Jesu radikaler als wir Älteren, indem du Jesus sehr ernst nimmst. Aus diesem Grund sehen viele in dir so etwas wie den Repräsentanten eines postmodernen Christentums. Postmodern in dem Sinn, dass du zwar an den traditionellen Lehren des christlichen Glaubens festhältst, aber andererseits eine Sicht von Gottes Liebe und Gnade vermittelst, die über die bisherige Vorstellung davon, was in Gottes Familie „korrekt" ist, weit hinausgeht.

Ich denke, dass du auch deshalb als Autor und Konferenzsprecher so gefragt bist, weil du aufzeigst, wie der Geist Gottes sich in unserer Zeit bewegt. Du scheinst davon überzeugt zu sein, dass Gott in jungen Menschen ein neues Bewusstsein schafft, eine andere Form des Christseins herausarbeitet als das, mit dem wir groß wurden.

Shane: Viele wollen heute ein Christsein leben, das wieder mehr Jesus widerspiegelt. Die gute Nachricht ist ja, dass der Glaube an Jesus all die unschönen Dinge, die wir in seinem Namen getan haben, überlebt hat – auch die auf den dunklen Seiten der Geschichte. Oder um in der Gegenwart zu bleiben: Er überlebt auch Leute, die den Koran verbrennen oder Schilder hochhalten, auf denen die Welt lesen kann: „Gott hasst Schwule!“ – das alles im Namen des Christentums. Bemerkenswert ist, dass gerade viele junge Leute wissen, dass diese destruktiven Entgleisungen nichts mit Jesus zu tun haben und mit dem, was er wollte und lebte.

Allein die Tatsache, dass die farbigen Gemeinden in Amerika Sklaverei und Rassentrennung überlebt haben oder dass es immer noch amerikanische Ureinwohner („Indianer“) gibt, die Jesus lieben, ist eines der größten Zeichen dafür, dass Gott in dieser Welt wirkt. Trotz all der grauenhaften und schlimmen Dinge, die wir beiden Volksgruppen in seinem Namen angetan haben.

Junge Leute wachsen heute mit einer Menge Fragen auf, aber sie suchen nicht ständig nach jemandem, der ihnen alle Antworten liefert. Manchmal suchen sie auch nach Leuten, die die Antworten infrage stellen, denn viele, die sie bereits erhalten haben, hatten keine Substanz. Sie wollen mit Leuten zusammenkommen, die genau wie sie die richtigen Fragen stellen, und mit ihnen mitten in der Zerrissenheit dieser Welt Gemeinschaft haben. Durch das Internet und all die anderen modernen Technologien ist ihnen sehr bewusst, dass die Welt, die wir zur Verwaltung bekommen haben, sehr zerbrechlich ist. Wenn unser Glaube nichts anderes zu bieten hat als die Aussicht auf ein Leben nach dem Tod und keine wirklichen Antworten für das Leben *vor dem Tod* gibt, dann werden wir sie verlieren.

Junge Leute wachsen heute mit einer Menge Fragen auf, aber sie suchen nicht ständig nach jemandem, der ihnen alle Antworten liefert.

Wenn unser Glaube nichts anderes zu bieten hat als die Aussicht auf ein Leben nach dem Tod und keine wirklichen Antworten für das Leben *vor dem Tod* gibt, dann werden wir sie verlieren.

Es steckt unheimlich viel Kraft in dem, was Jesus zu Themen wie Wirtschaftsethik oder Gewalt zu sagen hat. Denn genau diesen Dingen begegnen wir Tag für Tag und überall: Armut und Krieg, um nur zwei davon zu nennen. Zum Glück hat Jesus dazu eine ganze Menge zu sagen. Er hat nicht nur über das gesprochen, was nach unserem Tod geschieht. Ihm ging es darum, wie wir hier und jetzt leben sollen. Er sprach über Witwen und Waisen, Arbeiter und Löhne – über genau die Dinge, über die heute junge Leute reden.

Tony: Zu diesen jungen Leuten, die du ja manchmal „ganz normale Radikale" nennst, gehört auch deine Gruppe, die sich „Simple Way" nennt und in Gemeinschaften lebt. Du selbst gehörst auch zu einer solchen Kommunität in einem heruntergekommenen Teil von Philadelphia. Diese Gemeinschaft muss sich mit all dem herumschlagen, was du eben erwähnt hast.

Ich bin nicht überrascht, dass heute junge Menschen Fragen stellen, die von unserer Generation höchst selten gestellt wurden. Eigentlich musste es sogar so kommen. Als ich vor etwa 35 Jahren an der Universität in Pennsylvania lehrte, fragte mich eines Tages ein junger Jude, der vor Kurzem erst Christ geworden war und die Bergpredigt gelesen hatte, ob ich eine Krankenversicherung und eine Rentenversicherung hätte.

Als ich erwiderte: „Was ist das denn für eine Frage?", sagte er nur: „Na ja, ich habe gerade im Matthäusevangelium gelesen, dass man sich keine Sorgen um die Zukunft machen soll, um Essen und Kleidung und so. Jesus sagt, dass wir uns über all das nicht den Kopf zerbrechen sollen."

Innerlich fühlte ich mich gedrängt, ihm zu entgegnen: „Ach ja, und was soll ich deiner Meinung nach tun? Etwa wie die Vögel leben oder die Blumen auf dem Feld?" Aber das behielt ich für mich, denn er hätte sofort geantwortet: „Aber das ist es, was Jesus gesagt hat! Warum handelst du nicht danach?"

Ja, da stehe ich nun, ein alter Knabe, der von seiner Pension lebt, krankenversichert ist und eine hübsche Summe auf die Seite gelegt hat für seine alten Tage, und ich frage mich selbst, wie ich das erklären soll, wo ich doch von mir behaupte, ein Nachfolger von Jesus zu sein – dem Jesus, der gesagt hat: „Sammelt hier auf Erden keine Schätze, die

> Ich habe genau das getan, von dem Jesus gesagt hat, dass ich es *nicht* tun soll. Ich habe hier auf Erden Schätze für mich angehäuft.

ja doch nur von Motten oder Rost zerfressen werden oder jederzeit von Dieben gestohlen werden können." Ich habe genau das getan, von dem Jesus gesagt hat, dass ich es *nicht* tun soll. Ich habe hier auf Erden Schätze für mich angehäuft.

Dann kommen Leute wie du daher und fordern mich heraus, meinen Lebensstil im Licht der Worte Jesu neu zu überdenken. Es ist eine Sache, über einen radikalen Lebensstil zu sprechen, wie Jesus ihn von uns erwartet, aber ich muss mich selbst fragen: Habe ich wirklich das Vertrauen, einen solch radikalen Lebensstil zu leben? Damit habe ich immer neu zu kämpfen. Ich möchte ein Nachfolger Jesu sein. Ich setze mich dafür ein, dass diese Bewegung vorankommt, aber bis zu welchem Grad lebe ich tatsächlich die Worte Jesu? Zu meiner Verteidigung habe ich lediglich anzuführen, dass ich heute nicht mehr ganz so feige bin wie früher.

Einer meiner Studenten hat einmal zu mir gesagt: „Ich kenne Nichtchristen, die jesusmäßiger leben als Sie!" Meine Antwort darauf war: „Wenn sie ohne Jesus so großartig sind, kannst du dir vorstellen, wie unfassbar viel großartiger sie erst mit Jesus sein würden? Und wenn ich mit Jesus so schlecht bin, kannst du dir vorstellen, wie ich erst ohne ihn wäre?"

Wir sollten uns gegenseitig nicht nach dem beurteilen, wie wir jetzt sind, sondern danach, wie weit wir auf dem Weg schon gekommen sind und wohin wir hoffentlich noch kommen werden.

Wir sollten uns gegenseitig nicht nach dem beurteilen, wie wir jetzt sind, sondern danach, wie weit wir auf dem Weg schon gekommen sind und wohin wir hoffentlich noch kommen werden. Meine Hoffnung ist, dass ich von dem Punkt, an dem ich heute bin, noch eine Riesenstrecke in Richtung eines „jesusmäßigen" Lebens zurücklegen werde.

Shane: Eines der Dinge, mit denen sich andere Menschen offenbar identifizieren können, ist die Tatsache, dass ich wirklich hart an dem „Balken in meinem Auge" arbeite. Ich komme aus einer Gegend, die einen mit ihrem vermeintlich christlich „legalisierten" Rassismus und

Sexismus ganz krank machen kann. Auf meine Fragen bekam ich Antworten, die mich nicht befriedigten. Es ging immer um Gesetzlichkeit und Vaterlandsliebe und solche Dinge. Ich wurde immer unsicherer, was nun richtig ist und was nicht, gleichzeitig hatte ich Schuldgefühle und wurde bitter. Es hat lange gedauert, diesen Balken in meinem Auge wegzuräumen. Und andere Leute haben andere Balken, an denen sie arbeiten müssen, bis sie irgendwann klarer sehen.

Ich halte nicht viel von Schuldgefühlen. Im Johannesevangelium (10,10) sagt Jesus, dass er gekommen ist, um uns Leben in Fülle zu geben, nicht „Schuldgefühle in Fülle“. Ich will dieses Leben – und ich denke, vielen anderen geht es genauso –, doch viel zu oft geben wir uns mit viel zu wenig zufrieden. Wir entscheiden uns fürs Überleben, für Sicherheit und Bequemlichkeit statt für die Liebe Jesu, die am Kreuz gelitten hat. Wir leben lieber den amerikanischen Traum als Gottes Traum. Doch die freiesten Menschen, die ich kennenlernen durfte, waren solche, die gelernt haben, wie die Lilien und die Spatzen zu leben. Ein Reporter sagte einmal zu Mutter Teresa, dass er niemals tun könnte, was sie tat, selbst wenn man ihm eine Million Dollar dafür zahlen würde. Sie antwortete: „Ja, für eine Million Dollar würde ich es auch nicht tun!“[12]

Im Johannesevangelium (10,10) sagt Jesus, dass er gekommen ist, um uns Leben in Fülle zu geben, nicht „Schuldgefühle in Fülle“.

Jesus zeigt uns die Perle, den Schatz, der es wert ist, alles andere dafür aufzugeben. Dann geht es nicht mehr darum, was du losgelassen hast, sondern um das, was du gefunden hast.

Für mich war es immer sehr hilfreich, wenn ich von Menschen wie dir, Tony, und anderen umgeben bin, die mich dazu anspornen, mehr zu wagen. Mir wäre es nie eingefallen, einfach mal meine Schuhe auszuziehen, um sie einem Obdachlosen zu geben, bis ich sah, wie mein Freund Chris genau das machte. Von mir aus hätte ich nie die Idee gehabt, bei einer öffentlichen Veranstaltung meine Zuhörer aufzufordern, einmal eine Woche auf ihr Auto

Deshalb ist eine Gemeinschaft eine so große Hilfe, weil sie uns ständig dazu anhält, mehr zu wagen und weiter zu gehen, als wir bisher schon gegangen sind.

zu verzichten, bis ich eines Tages meinen Freund Will genau das vorschlagen hörte.

Deshalb ist eine Gemeinschaft eine so große Hilfe, weil sie uns ständig dazu anhält, mehr zu wagen und weiter zu gehen, als wir bisher schon gegangen sind. Wir orientieren uns an Leuten, die einen Schritt weiter sind als wir, und sie ziehen uns mit.

Als wir unsere Gemeinschaft aufbauten, hatten wir den zutiefst franziskanischen Wunsch, alles loszuwerden und die Armut zu lieben. Und wir glauben immer noch, dass wir das ganze Zeug nicht brauchen, das Motten und Rost zerstören können (vgl. Lukas 12,33). Aber das bedeutet nicht, dass wir ohne jede Vorsorge oder Sicherheit sind. Wir haben eine alternative Sicherheit, die von Gott kommt und von einer Gemeinschaft, die daran glaubt, dass einer des anderen Last tragen sollte. Wenn also jemand ein finanzielles Problem hat, dann machen wir es so wie in der Urgemeinde und legen unser Geld zusammen, um das Problem aus der Welt zu schaffen. Heute, nach 15 Jahren, hat auch das eine gewisse Struktur bekommen. Wir haben unsere Wege, um Arztrechnungen zu bezahlen oder einzuspringen, wenn bei einem von uns die Hütte brennt. Selbst in der Urgemeinde war es nicht so, dass Jünger ausgesandt wurden ohne Verpflegung oder zusätzliche Kleidung, nur um auf der Straße zu leiden. Nein, sie lernten diese neue Art von Gemeinschaft zu leben. Wenn sie in eine Stadt kamen, wurden sie von den Christen dort in deren Häusern willkommen geheißen. Selbst wenn sie keine eigenen Häuser hatten, fanden sie doch überall, wohin sie kamen, eine Bleibe. Und nichts anderes habe ich erlebt, wenn ich unterwegs war: Es ist von allem genug da. Unsere Hoffnung ist, dass so viel „tägliches Brot" da ist, wie wir an diesem Tag brauchen. Wir haben übrigens gemerkt: Je weniger wir für den nächsten Tag aufheben, desto mehr ist heute für alle da.

Je weniger wir für den nächsten Tag aufheben, desto mehr ist heute für alle da.

Tony: Eure Auffassung von Gemeinschaft ist auch deshalb so wichtig, weil unsere Gesellschaft immer mehr von einem extremen Individualismus durchdrungen ist. Historisch gesehen liegen die Wurzeln dieser Entwicklung bereits in der Antike. Plutarch (45–125 n. Chr.), ein griechischer Philosoph und Schriftsteller, wird von vielen Leuten als „Geburtshelfer“ der Renaissance betrachtet, weil er als Erster das Konzept der Selbstverwirklichung des Einzelnen als Hauptziel der menschlichen Existenz aufbrachte. Für Christen, die ernst nehmen, was Jesus gelehrt hat, ist der grassierende Individualismus unserer Tage eine schwerwiegende Fehlentwicklung. Jesus hat auf die Entwicklung einer Gemeinschaft mehr Wert gelegt als auf die Entwicklung des Einzelnen. Vieles, was Jesus gesagt hat, ist nur in Gemeinschaft denkbar. Seine Verheißung macht es deutlich: „Wo zwei oder drei in meinem Namen versammelt sind, da bin ich mitten unter ihnen.“ Nur in der Gemeinschaft können wir unsere individuellen Gaben und Berufungen entdecken und lernen, welchen einzigartigen Beitrag wir zum Wohl anderer Menschen leisten können.

Jesus hat auf die Entwicklung einer Gemeinschaft mehr Wert gelegt als auf die Entwicklung des Einzelnen.

Aber noch einmal zurück zur Universität in Pennsylvania und zu dem jungen Juden, der Christ geworden war. Er hatte mich ja nach meinem Lebensstil gefragt und ob ich nicht durch meine Altersversorgung „Schätze auf der Erde anhäufte“. Ich entgegnete ihm damals: „Und wer, glaubst du, wird für mich sorgen, wenn ich alt bin? Was ist, wenn ich schwer krank werde und nicht krankenversichert bin? Wer wird für meine Frau und meine Kinder sorgen, wenn morgen früh ein Lastwagen in mein Auto kracht?“

Er schaute mich voller Erstaunen an und sagte: „Na, die Gemeinde natürlich! Richtig? Sie gehören doch zu einer Gemeinde, oder nicht? Kümmert sich die Gemeinschaft der Christen denn nicht um die Nöte ihrer einzelnen Mitglieder?“

Ich musste erst einmal tief Luft holen, dann sagte ich: „Weißt du was? Die Gemeinde, wie sie in Apostelgeschichte 2 beschrieben ist, gibt es leider nur selten. Und ganz sicher nicht für mich. Ich habe in meiner Gemeinde immer eher als Individuum funktionieren müssen, als dass sie sich um mich kümmern würde, wenn ich Hilfe bräuchte.“

Zugegeben, ich bin in einigen Gemeinden gewesen, in denen ich mich wohlgefühlt hatte und von denen ich sagen würde: „O ja, diese Gemeinden gaben mir einen tiefes, warmes Zugehörigkeitsgefühl." Aber das ist keine Gemeinschaft im eigentlichen christlichen Sinne. Solche Gemeinden geben ihren Mitgliedern ein kuscheliges Gemeinschaftsgefühl, aber Paulus beschreibt in seinem Brief an die Galater (6,2) etwas völlig anderes: „So helfe einer dem anderen dabei, seine Lasten zu tragen. So erfüllt ihr das Gesetz, das Christus uns gegeben hat." Ich gehöre leider nicht zu einer solchen Gemeinschaft, aber ich bin überzeugt, dass die Welt danach hungert.

Auf der anderen Seite der Medaille steht der Kommunismus. Wenn die verzerrte Übertreibung einer biblischen Wahrheit Häresie ist, dann fällt meiner Meinung nach der Kommunismus genau in diese Kategorie. Wir alle wissen, dass dem Kommunismus der Gemeinschaftsgedanke zugrunde lag. Allerdings ist ihm das nicht gelungen. Es war ein schrecklicher und diktatorischer Fehlversuch. Man kann keine Gemeinschaft bilden, indem man sie den Menschen von außen aufzwingt. Gemeinschaft entsteht aus einer Einheit des Geistes, so wie wir es von der Urgemeinde her kennen. Und diese Einheit ist in unserer Welt mittlerweile eine echte Rarität. Du und deine Freunde bei „Simple Way", ihr habt das große Abenteuer begonnen, eine solche Gemeinschaft zu bauen.

Shane: Gemeinschaft ist genau das, was die erste Gemeinde hatte, und sie war alles andere als perfekt. Aber je mehr man sich damit beschäftigt, desto deutlicher wird, dass die Art, wie sie ihr Leben teilten, keine Vorschrift für gemeinsames Leben war, sondern eine *Beschreibung*. Sie hatten nicht Gemeinschaft miteinander, weil sie alles teilten, sondern sie teilten alles, weil sie eine Gemeinschaft waren. Es funktioniert also nicht so, dass man nur sein Leben und seine Sachen miteinander teilen muss, und schon entsteht Gemeinschaft. Die Gemeinschaft der ersten Christen war ein

Sie hatten nicht Gemeinschaft miteinander, weil sie alles teilten, sondern sie teilten alles, weil sie eine Gemeinschaft waren.

ganz natürliches Ergebnis ihrer geistlichen Wiedergeburt. Warum sollte einer weniger haben, wenn andere mehr hatten? Tatsächlich beschrieb ein Historiker, der kein Christ war, die junge Gemeinde so: „Jeder von ihnen, der etwas hat, gibt es großzügig dem, der nichts hat. Wenn sie einen vorbeireisenden Fremden sehen, nehmen sie ihn mit nach Hause. Sie begegnen ihm mit solcher Freude, als sei er ihr Bruder, denn sie nennen sich untereinander nicht nur im familiären Sinn Bruder, sondern sie wissen, dass sie alle Brüder im Geist und in Gott sind. Wenn sie hören, dass einer der Ihren um Christi willen im Gefängnis ist oder unterdrückt wird, kümmern sie sich um all seine Bedürfnisse. Wenn es möglich ist, setzen sie alles daran, ihn freizubekommen. Wenn irgendjemand unter ihnen arm ist oder in eine Notlage gerät, während sie selbst nichts erübrigen können, fasten sie zwei oder drei Tage für denjenigen. So können sie den Armen mit dem versorgen, was er braucht."[13]

Es gab und gibt viele, die das nachgelebt haben. In einem gewissen Sinn fastete auch John Wesley. Er lebte von einem Hungerlohn und einmal sagte er: „Wenn ich bei meinem Tod auch nur zehn Pfund zurücklasse, dann müsst ihr und alle anderen Menschen gegen mich als Zeugen antreten, dass ich als Dieb und Räuber gelebt habe und gestorben bin."[14]

Tony: Und Wesley starb tatsächlich mit fünf Pfund in der Tasche. Alles, was er hatte, waren eine Bibel und fünf Pfund. Er hat immer alles weggegeben, was er nicht unbedingt brauchte. Lenny Bruce, der als Comedian mit einem lästerlichen Mundwerk bekannt war, sagte einmal: „Jeder, der sich für einen religiösen Leiter hält und mehr als einen Anzug hat, ist ein Betrüger, solange es jemanden auf der Welt gibt, der keinen hat." Ich wünschte, er wäre John Wesley einmal begegnet.

„Jeder, der sich für einen religiösen Leiter hält und mehr als einen Anzug hat, ist ein Betrüger, solange es jemanden auf der Welt gibt, der keinen hat."

Die meisten von uns kennen den Vers aus dem Johannesevangelium 3,16, viele sogar auswendig. Aber nur wenige haben sich die Verse 3,17 und 18 aus dem 1. Johannesbrief gemerkt. Da steht nämlich erschreckend deutlich: „Wenn ihr reichlich zum Leben habt und seht jemanden, der wirklich in Not ist, kümmert euch aber nicht im Geringsten um ihn: Glaubt ihr, dass Gott es bei euch aushält? Darum, meine Kinder, lasst uns nicht nur von Liebe zu anderen reden, sondern sie im Alltag auch wirklich in die Tat umsetzen!" Solche Verse stellen uns schon infrage. Wie kann ich von mir behaupten, die Liebe Gottes sei in meinem Herzen, wenn ich jemandem in Not helfen könnte, aber ich das Notwendige für mich behalte, während der andere leidet?

Shane: Martin Luther, der Mann des: „Gerettet durch Gnade, nicht durch Werke", sagte einmal: „Es sind drei Bekehrungen nötig: die des Herzens, die unseres Denkens und die unserer Geldbörse."[15] Und der große baptistische Evangelist Charles Spurgeon sagte: „Bei einigen Christen ist der allerletzte Teil von ihnen, der geheiligt wird, ihre Taschen."[16] Wir müssen langsam begreifen, dass Gemeinschaft und radikales Umdenken in der Wirtschaft zum Zentrum des christlichen Glaubens gehören. Selbst Johannes der Täufer bestand schon darauf, als er in seinen Bußpredigten die Leute ermahnte: „Wenn ihr zwei Mäntel habt, gebt einen weg" (Lukas 3,11).

„Es sind drei Bekehrungen nötig: die des Herzens, die unseres Denkens und die unserer Geldbörse."

Die geistliche Wiedergeburt bringt auch eine neue Verantwortlichkeit mit sich und bewirkt, dass wir unsere Besitztümer nicht mehr so festhalten. Wir müssen eine größere Einfachheit leben, damit andere wenigstens einfach leben können.

5. Die Kirche

„Vater, ich bitte jedoch nicht nur für sie, sondern für alle, die durch ihr Wort an mich glauben werden. Ich wünsche mir so sehr, dass sie untereinander eins sind, wie du, Vater, in mir bist und ich in dir.“

Johannes 17, 20–21

Tony: Ein Thema geistert zurzeit durch die Gemeinden: Gibt es ein religionsloses Christentum? Oder anders ausgedrückt, ist es für einen Christen wirklich zwingend nötig, Mitglied einer Ortsgemeinde zu sein? Du hast sicher schon bemerkt, dass viele junge Leute, die ihren Glauben radikaler leben wollen, oft aus ihren Gemeinden „herausfallen“. Alle soziologischen Studien der letzten Jahre belegen, dass junge Erwachsene immer spiritueller, aber immer weniger religiös sind und dass institutionalisierte Religion für sie unattraktiv ist.[17] Deine Gemeinschaft „Simple Way“ ist keiner Denomination angeschlossen. Wie hältst du es mit der lokalen Gemeinde? Siehst du noch, wofür sie da sein könnte?

Ist es für einen Christen wirklich zwingend nötig, Mitglied einer Ortsgemeinde zu sein?

Shane: Ganz sicher verstehe ich den geistlichen Hunger vieler junger Christen, aber auch deren Unzufriedenheit mit den etablierten Gemeinden. Wenn ich vor fünfzehn Jahren gefragt wurde, ob unsere Gemeinschaft protestantisch oder katholisch sei, sagte ich immer: „Nein, wir sind einfach nur Nachfolger Jesu.“ Da war eine gewisse unschuldige Naivität in meiner Antwort, aber schon bald musste ich erkennen, dass es ziemlich anmaßend wäre zu denken, wir kämen als Christen ohne die Kirche aus. Also, wenn mich heute jemand fragt, ob wir protestantisch oder katholisch sind, sage ich: „Ja." Und ich meine das wirklich so. Unter uns sind Protestanten, Katholiken, Pfingstler und Quäker, und wir haben entdeckt, dass es viel besser ist, unsere unterschiedlichen Traditionen zu neuem Leben zu bringen, statt sie einfach über Bord zu werfen. Statt uns über den Istzustand der Kirche zu beklagen, arbeiten wir daran, die Gemeinde zu werden, von der wir träumen.

Cyprian von Karthago hat es schon 250 n. Chr. so formuliert: „Wenn wir die Kirche nicht als unsere Mutter akzeptieren, dann können wir auch nicht Gott als unseren Vater haben."[18] Ich denke nicht, dass das bedeuten soll, sie so zu lassen, wie sie ist. Wahrscheinlich ist damit sogar das Gegenteil gemeint. Es ist notwendig, dass wir sie lieben und ihr helfen, sich zu erneuern, vor allem aber: dass wir sie niemals aufgeben.

„Wenn wir die Kirche nicht als unsere Mutter akzeptieren, dann können wir auch nicht Gott als unseren Vater haben."

Gott bringt immer wieder alles in Ordnung. Institutionen wie die Kirche sind wie wir Menschen ziemlich verbogen und zerbrochen. Und immer wieder werden sie gerettet und geheilt. Vielleicht müssen wir die Kirche betrachten wie ein Elternteil mit schweren Problemen. Es gibt einen berühmten, ziemlich heftigen Spruch dazu, der von Augustinus stammen soll: „Die Kirche ist eine Hure, aber sie ist meine Mutter."

Die Kirche ist auf Unzufriedenheit angewiesen. Das ist ein Geschenk Gottes, doch wir sollten unsere Unzufriedenheit dazu nutzen, uns für die Kirche zu engagieren, statt uns von ihr zu distanzieren. Wir müssen ein Teil dieses Heilungsprozesses sein und nicht von Bord gehen.

Die Kirche ist auf Unzufriedenheit angewiesen.

Ein Pastor in meiner Nachbarschaft sagte mir einmal: „Ich stelle mir die Kirche gern als eine Art Arche Noah vor. In diesem alten Boot muss es ja mächtig gestunken haben. Aber wenn jemand versucht hätte auszusteigen, wäre er mit Sicherheit ertrunken."

Wenn wir also die schlechten Seiten der Kirche kritisieren, sollten wir sie gleichzeitig auch wegen ihrer guten Seiten feiern. Wir müssen das Feld der Kirchengeschichte durchpflügen, um die Schätze und Edelsteine darin aufzuspüren. Es ist an der Zeit, das Beste zu feiern, was jede Tradition einbringt. Ich möchte das Feuer der Pfingstler, die Liebe zur Schrift der Lutheraner, die tiefe Verwurzelung der Orthodoxen, die Mystik der Katholiken und den Eifer der Evangelikalen. Wir wollen die größten Heiligen und Glaubenshelden aus der so wechselhaften Geschichte der Christenheit entdecken.

Ich möchte das Feuer der Pfingstler, die Liebe zur Schrift der Lutheraner, die tiefe Verwurzelung der Orthodoxen, die Mystik der Katholiken und den Eifer der Evangelikalen.

In unserer Gemeinschaft wollen wir nicht so enden, wie Jesus es beschrieben hat: als Saatgut, das aufgeht, aber dann doch eingeht, weil es keine Wurzeln geschlagen hat (vgl. Matthäus13). Deshalb achten wir sehr darauf, unsere Gemeinschaften als kleine Zellen zu betrachten, die Teil eines großen Leibes sind. Körperzellen entstehen und vergehen, aber der Körper lebt weiter. Wir pflanzen kleine Gemeinschaften, keine Kirche. Wir wünschen uns, die lokalen Gemeinden in unserer Gegend miteinander zu verbinden – so wie Zellen in einem Körper. Somit sind wir auch keine Art „Gegengemeinde“, sondern eine „Fürgemeinde“. Wir wollen Teil der Erneuerung von Gemeinden in unserer Gegend sein.

Tony: Wie sieht das aber nun konkret in deiner Gemeinschaft aus?

Shane: Jedes Langzeit-Mitglied unserer Gemeinschaften gehört zu einer örtlichen Gemeinde. Deswegen erinnert unser Lebensstil viele Leute auch an die frühen Mönche, denn wir leben in Gemeinschaften, in denen wir gemeinsam beten und arbeiten, und wir sind sonntags ein Teil einer örtlichen Gemeinde. Wir gehen zur katholischen Messe oder zum Gottesdienst der Pfingstler in ihrem umgebauten Laden. Die Innenstadt hat keinen Bedarf an noch mehr Gemeinden;

sie braucht Kirche – einen lebendigen Leib aus Menschen, die sich zusammengetan haben, um Gottes Arbeit zu tun.

Wir haben eine Flag Football-Liga namens „Timoteo“ (das spanische Wort für Timotheus). Diese Arbeit hat zum Ziel, junge Männer zu begleiten, ihnen positive männliche Vorbilder zur Seite zu stellen und sie mit Jesus bekannt zu machen. Zurzeit sind in dieser Liga ca. 200 Aktive in 12 Teams dabei. Und jetzt kommt der Clou: Jedes dieser Teams wird von einer örtlichen Gemeinde gesponsert. Eines unserer Ziele ist, junge Menschen mit ihrer jeweiligen Ortsgemeinde zu verbinden. Das Größte an dieser Football-Liga ist, dass nun Gemeinden in einer gemeinsamen Aufgabe zusammenrücken und ihre Leute endlich mal das Gemeindegebäude verlassen und ihre Nachbarschaft kennenlernen. Auch wenn die einzelnen Pastoren theologisch oder politisch manchmal unterschiedlicher Meinung sind: Hier arbeiten sie mit dem gleichen Ziel zusammen.

Das längste Gebet von Jesus war seine Bitte an den Vater, dass wir eins sein sollen, wie er mit seinem Vater eins ist (Johannes 17,22). Bei 36 000 christlichen Kirchen und Denominationen haben wir noch einen langen Weg vor uns ... Ein Pastor in unserer Nachbarschaft hat es einmal so ausgedrückt: „Wir müssen das mit der Einheit endlich auf die Reihe kriegen, denn Jesus kommt wieder, um seine Braut zu holen – nicht einen Harem.“

„Wir müssen das mit der Einheit endlich auf die Reihe kriegen, denn Jesus kommt wieder, um seine Braut zu holen – nicht einen Harem.“

Tony: Ja, leider ist die Gemeinde nur zu oft eine ziemlich untreue Braut für Christus. Und das nicht nur in Bezug auf die Einheit. Was ist mit der Großzügigkeit im Umgang mit Geld, warum versucht sie oft genug den schwierigen Aussagen von Jesus auszuweichen oder schafft es nicht mal im Ansatz, das zu leben, was eine Gemeinde nach Apostelgeschichte 2 ausmacht? Aber wir müssen auch anerkennen, dass wir die Bibel nicht hätten, wenn sie nicht für die Kirche und von der Kirche niedergeschrieben worden wäre. Während dunkler Jahrhunderte waren es die Mönche der Kirche, die mit großer Sorgfalt die Bibel abgeschrieben und so das Wort Gottes für Generationen und Generationen bewahrt haben. Bis zu dem Exemplar in unserer Hand.

Wüssten wir überhaupt, wer Jesus ist, wenn es die Kirche nicht gäbe? Sind nicht die meisten von uns dem lebendigen Gott zum ersten Mal in der Gemeinschaft anderer Christen begegnet? Noch deutlicher: Würde auch nur einer von uns ohne die Kirche heute Christ sein?

Der Apostel Paulus schreibt: „Natürlich sind wir uns bewusst, dass wir den Menschen diesen Schatz in einem einfachen Behältnis bringen" (2 Korinther 4,7). Trotz aller Unzulänglichkeiten: Die Gemeinde war immer dieses „Behältnis", das Christus in unser Leben transportiert hat. Ja, dieses „irdene Gefäß" braucht immer Erneuerung und Reparaturen. Auch unsere „Red Letter"-Bewegung ist genau dazu da. Und wir sind beileibe nicht die Einzigen, die sich um eine innere Erneuerung der Kirche bemühen! Wir wünschen uns, dass andere sich uns anschließen und wir gemeinsam versuchen, die Lehren Jesu wieder neu zu leben, wie wir sie im Neuen Testament vorfinden, und so die Kirche von innen zu erneuern.

Shane: Über die Erneuerung der Kirche wird heutzutage viel geredet. Vor ungefähr zehn Jahren kam das Schlagwort „Emerging Church" auf. Wenn wir nicht aufpassen, wird die post-evangelikale Szene ganz schnell zu einer post-christlichen oder post-kirchlichen. Das ist nicht nur gefährlich, es führt in die Einsamkeit. Auf der anderen Seite ist es wahr, dass die wichtigsten Gemeinden und traditionellen Denominationen, ja die institutionalisierte Kirche selbst, in Lebensgefahr schweben und sozusagen an multiplem Organversagen zugrunde zu gehen drohen. Sie brauchen ganz dringend eine neue Vision, wenn sie überleben wollen.

Durch die „Emerging Church"-Bewegung ist zum Beispiel bewirkt worden, dass die Menschen wieder zurückschauten und sich auf das Beste ihrer Traditionen besannen. Sie merkten, dass es nicht um „entweder – oder" geht, sondern um „sowohl – als auch": Gott tut etwas, das zugleich uralt und ganz neu ist. Phyllis Tickle (eine Theologin der „Emerging Church“-Bewegung) sprach von „Bindestrich-Denominationen“: „Bapti-Mergenten“ oder „Neo-Lutheraner“, weil sie sich einerseits um Erneuerung bemühen, andererseits aber auf dem aufbauen, was war und ist. Auch in der Heilsarmee und bei den Mennoniten wird gerade zurückgeschaut und damit vorangekommen. Sie erinnern sich an das Beste ihrer Tradition: etwa der Wunsch, Frieden zu stiften, der einfache Lebensstil oder intensive Gemeinschaft – alles Dinge, die heute genauso relevant sind wie vor 100 Jahren. Wir brauchen eine neue Erweckung, die dabei hilft, die verlogenen Mythen unserer Kultur zu bekämpfen, die Menschen einreden wollen, man könne Glück kaufen oder Frieden mit Kriegen erreichen. In der Geschichte waren zum Beispiel die Mennoniten diejenigen, die der herrschenden Kultur den stärksten Widerstand entgegensetzten. Für ihren kompromisslosen Glauben wurden sie in Gefängnisse gesteckt und oft genug umgebracht.

Gott tut etwas, das zugleich uralt und ganz neu ist.

Ein Freund hat mir einmal den Unterschied zwischen einem Kanu und einem Ruderboot erklärt: „Im Kanu schaust du nach vorne und paddelst. Im Ruderboot sitzt du andersherum und schaust nach hinten, während du dich vorwärtsbewegst …“

Ich als Methodist war reichlich verwirrt, als ich John Wesleys Schriften las. Ich fing an, mich zu fragen, ob überhaupt irgendein Methodist John Wesley gelesen hat, denn der war wirklich ein ganz schön wilder Bruder! Einmal sprach ich mit methodistischen Bischöfen und dabei stellte ich die Frage: „Wenn Wesley heute noch leben würde, wäre er dann Methodist?“ Wir alle lachten etwas hilflos, aber es war eine gute Frage. Es ist sehr leicht, unsere Wurzeln zu vergessen.

Franziskus war gegen Ende seines Lebens kein Franziskaner mehr. Der Orden hatte seinen Gründer verlassen und mit ihm seine ursprüngliche Vision. In knapp zwanzig Jahren war aus dem kleinen Freundeskreis ein Orden mit 30 000 Mitgliedern geworden. In seinen letzten Jahren erlebte Franziskus große Traurigkeit darüber, wie schnell seine Regeln aufgeweicht wurden. Und er war zornig über die Brüder, die alle Prinzipien des Ordens verrieten und verkauften. Einer seiner engsten Vertrauten, Paul Sabatier, beschrieb, wie Franziskus am Ende seines Lebens dachte: „Wir müssen wieder von vorne anfangen, eine neue Familie bilden, welche die Demut nicht vergisst, die wieder hingeht und den Aussätzigen dient so wie in den alten Tagen, uns selber aber sollten wir, nicht nur in Worten, sondern auch in Wirklichkeit, allen Menschen unterordnen."[19]

Franziskus ist eine unglaublich spannende Person, vor allem, wenn man sich ansieht, wie er selbst mit seiner Unzufriedenheit mit der damaligen Kirche umging. Er lebte in einer Zeit, in der die Kirche wirklich schwer krank war. Sie war infiziert vom Materialismus und der Genusssucht des Mittelalters, in Kreuzzüge und „heilige" Kriege verwickelt. Es kam zu dem Punkt, an dem Franziskus das alles nicht mehr ertragen konnte. Und er begann, die Evangelien erneut zu lesen – mit ganz neuen Augen. Obwohl er sich in seiner schonungslosen Kritik an der Kirche nicht zurückhielt, die in seinen Augen ruiniert war, blieb er doch demütig und verschrieb sich der Wiederherstellung der Kirche und gab sie nicht auf. Eines Tages hörte er Gott sehr deutlich sagen: „Bau meine Kirche wieder auf, die nur noch eine Ruine ist!" Natürlich nahm Franziskus diese Aufforderung zunächst einmal wörtlich und besorgte Baumaterial, um die heruntergekommene Kapelle San Damiano wieder herzurichten. Doch er gab auch die innere Heilung der Kirche niemals auf. Schließlich konnte er sogar im Vatikan seine Anliegen vortragen. Doch die härteste Kritik an den Missständen in der Kirche war etwas viel Effektiveres: sein eigenes Leben!

Die Legende besagt, als Franziskus zum ersten Mal im Vatikan vorsprach, habe der Papst ihm geraten, doch den Schweinen zu predigen. Doch wenig später hatte der Papst eine Vision: Er sah, wie die Kirche an einer Ecke zusammenzubrechen drohte, doch der kleine Franziskus mit einigen seiner Anhänger aus Assisi stützten sie. Es ist erwiesen, dass diese Bewegung, die von einer Gruppe Jugendlicher angestoßen wurde, eine der wirkungsvollsten Erneuerungsbewegungen der Kirchengeschichte wurde. Alle paar Hundert Jahre wird die Kirche schwer krank und braucht eine gründliche Kur, eine Reformation. Vielleicht befinden wir uns gerade in einer solchen Phase.

Alle paar Hundert Jahre wird die Kirche schwer krank und braucht eine gründliche Kur, eine Reformation. Vielleicht befinden wir uns gerade in einer solchen Phase.

Tony: Obwohl Franziskus das Versagen und die Heuchelei der Kirche mitbekam, sah er sie immer noch als die Glaubensgemeinschaft, in der man Christus begegnen konnte. Wenn junge Leute sich bei mir beklagen: „Ich kann nicht länger Mitglied dieser Gemeinde sein, denn sie ist voller Heuchler!“, dann antworte ich jedes Mal: „Darum wirst du dich auch bei uns wie zu Hause fühlen.“ Wenn man sich wirklich auf die Gemeinschaft einlässt, wird man bald erkennen, dass man selbst auch nicht anders ist als die Leute, die man kritisiert hat. Schlussendlich sind wir alle irgendwie Heuchler. Wir können nur versuchen, die Heuchelei durch die Kraft des Heiligen Geistes und den Einfluss des Evangeliums zu überwinden.

Wenn man sich wirklich auf die Gemeinschaft einlässt, wird man bald erkennen, dass man selbst auch nicht anders ist als die Leute, die man kritisiert hat. Schlussendlich sind wir alle irgendwie Heuchler.

Als ich die Universität von Pennsylvania verließ, sagte einer meiner Kollegen, E. Digby Baltzell, zu mir: „Du wirst mitten im Lebenszentrum der Kirche arbeiten, das ist großartig! Allerdings wirst du dich früh entscheiden müssen, wie weit du mit deiner Heuchelei gehen willst.“

Zuerst war ich wie vor den Kopf gestoßen. Aber als ich dann darüber nachdachte, wurde mir klar, dass wir alle Heuchler sind. Es gibt immer einen Widerspruch zwischen dem, der ich wirklich bin und der Person, die ich in der Öffentlichkeit darstelle. Mittlerweile fällt es mir leicht, solche Widersprüche in meinem Leben zu entdecken, und ich bin sicher, dass du es auch kannst. Aber es muss Grenzen für diese Heuchelei geben. Es muss einen Punkt geben, der für uns nicht mehr tolerierbar ist und ein entschiedenes „Stopp!“ verlangt. Dann heißt es, sich zurückzuziehen und sich ehrlich anzuschauen, und dann Gott zu bitten, dass er mir hilft, meine inneren Widersprüche zu überwinden. Unsere Heuchelei nach und nach ganz aus unserem Leben zu verbannen ist ein großes Ziel; mit den Grenzen fängt es an.

Shane: Mir ist etwas klar geworden: Die Menschen erwarten gar nicht von uns Christen, dass wir perfekt sind, aber sie erwarten von uns, dass wir ehrlich sind. Das Problem ist nur, dass wir meist einfach nicht ehrlich sind. Wir haben nur zu gerne vorgegeben, bei uns wäre alles in bester Ordnung, weshalb wir auch mit Fingern auf andere zeigen konnten. Wenn wir dann dabei erwischt werden, dass wir eigentlich genau das Gleiche tun wie die Leute, die wir verurteilt haben, machen wir uns doppelt schuldig. Es ist schon was dran, wenn Jesus sagt: „Urteilt nicht über andere, damit Gott euch nicht verurteilt!" (Mt 7,1 HfA). Wenn wir predigen, wie falsch es doch ist, schlecht über andere zu reden, und dann selbst lästern, sind wir bei den Leuten unten durch – und zwar mit Recht. Die Frage ist nicht, ob wir Heuchler sind, sondern eigentlich nur: Ist meine eigene Heuchelei heute ein bisschen weniger ausgeprägt als gestern?

Die Menschen erwarten gar nicht von uns Christen, dass wir perfekt sind, aber sie erwarten von uns, dass wir ehrlich sind.

Tony: Es gab da ja den Fall von Jim Bakker, einem US-Fernsehprediger. Nachdem er sich schweren Vorwürfen wegen sexuellem Fehlverhalten stellen musste und später auch noch wegen Finanzbetrug vor Gericht kam, sollte ich auf einer Konferenz presbyterianischer Pastoren sprechen. Der Moderator dieser Veranstaltung begann mit den Worten: „Wir müssen lernen, uns von Menschen wie Jim Bakker zu distanzieren, bevor die Welt draußen denkt, wir wären alle so wie er."

Als ich dann ans Mikrofon trat, sagte ich: „Zunächst einmal denke ich, dass jetzt nicht die Zeit ist, um uns von Jim Bakker zu distanzieren. Es ist vielmehr die Zeit, einen christlichen Bruder zu umarmen, der in Schwierigkeiten steckt. Wenn wir das nicht tun, verleugnen wir alles, für was Jesus steht, und widersprechen allem, was wir je über die bedingungslose Liebe gesagt haben. Wir sollten ihn umarmen und nicht auf Abstand gehen, jetzt, wo er uns am meisten braucht. Zweitens, der einzige Unterschied zwischen Jim Bakker und dem Rest von uns ist nur, dass sie unsere Leichen im Keller noch nicht gefunden haben. Es gibt genügend Müll in jedem Leben, und wenn all das, was wirklich bei uns los ist, im Sonntagmorgen-Gottesdienst auf eine große Leinwand projiziert würde, bliebe den meisten von uns nur noch eines: den Dienst quittieren, wegrennen und sich verstecken. Fast alle von uns haben Geheimnisse, sie wurden nur noch nicht aufgedeckt. Darum hat keiner von uns das Recht, jemand anderen zu verdammen, der aufgeflogen ist." Da ging eine ziemliche Schockwelle durch die Reihen der Pastoren, aber nicht einer von ihnen hat protestiert!

> Der einzige Unterschied zwischen Jim Bakker und dem Rest von uns ist nur, dass sie unsere Leichen im Keller noch nicht gefunden haben.

Shane: Ein gutes Vorbild für Ehrlichkeit und Transparenz war mein Freund, der mittlerweile verstorbene Sänger Rich Mullins. Er bekannte sich sehr offen zu seinen Problemen und Widersprüchen, ja auch seiner Heuchelei. Ich erinnere mich an eine Geschichte, in der er mit einem Freund im Zug unterwegs war. Die beiden erzählten sich von ihren Problemen und bekannten sich gegenseitig ihr Fehlverhalten. Beide waren herzlich miteinander verbunden, sodass sie auch in die finsteren Keller ihres Lebens hinabsteigen konnten. Nach einigen Stunden kam der Zug am Zielbahnhof an und sie begannen, ihre Sachen zusammenzupacken. Als sie gerade den Zug verlassen wollten, sprach sie eine Frau an, die hinter ihnen gesessen hatte: „Entschuldigen Sie, ich wollte Sie nicht unterbrechen, aber sind Sie nicht Rich Mullins?" In diesem Moment fiel Rich siedend heiß all das ein, was die Dame vielleicht mit angehört hatte, und er musste sich nun entscheiden, ob er Rich Mullins war! Selbstverständlich blickte er ihr in die Augen und sagte: „Ja, Madam, ich bin Rich Mullins."

Die gute Nachricht ist doch, dass Jesus nicht vorrangig wegen den Menschen kam, bei denen alles glatt läuft, sondern er kam zu denen, die zugeben, dass bei ihnen nichts zusammenpasst (vgl. Matthäus 9,13). Also seien wir auch gnädig mit einer Kirche voller fehlerhafter Menschen. Und mit uns selbst natürlich auch.

Tony: Christus hat gebetet, dass wir eins sein sollen (vgl. Johannes 15). Christen, die ihren Glauben ganz individuell ohne eine Verbindung zum Leib Christi leben wollen, bewegen sich nicht im Willen Gottes. Paulus stellt das im 1. Korintherbrief (12,21) ganz klar heraus: Jeder Christ muss zu einer Gemeinschaft mit anderen Christen gehören, denn kein Glied kann ohne den Leib existieren. Paulus betont, wie sehr jeder Einzelne die Gemeinschaft aller braucht. Das Auge kann nicht zur Hand sagen: „Ich brauche dich nicht“, oder der Kopf zu den Füßen: „Ich schaff's auch ohne euch.“

Nur in Gemeinschaft entdecken wir auch unsere Individualität. Ich bin überzeugt, dass Christus uns deswegen in eine Gemeinschaft mit anderen beruft, damit jeder von uns seine einzigartigen Gaben entdecken kann. Wenn wir miteinander Rituale feiern, etwa das Abendmahl oder auch eine Hochzeit, erneuert und festigt das auch unsere eigene Glaubensüberzeugung. Solche Rituale können uns daran erinnern, woher wir kommen und wohin wir gehen. Das ist nur zusammen mit anderen Christen möglich und genau das finden wir in unseren Ortsgemeinden.

6. Liturgie

Da nahm Jesus während des Essens das Brot und segnete es,
dann brach er es und gab es an sie weiter.
Dazu sagte er: „Nehmt, das ist mein Leib."
Markus 14,22

Tony: Die Kirche lädt uns dazu ein, an einer liturgischen Zeremonie teilzuhaben, die unseren Glauben stärkt und uns mit dem geistlichen Leib der Christen aller Welt und aller Zeiten verbindet und letztlich zu Christus selbst zurückführt.

Ich habe einen Freund, der die anglikanische Kirche verließ, nachdem er sich bekehrt hatte. Er sagte, er sei dreißig Jahre lang in die Kirche gegangen, habe aber dort nie das Evangelium gehört. Ich musste ihm widersprechen. Er mag das Evangelium in dem Sinn nicht gehört haben, dass er es nicht wirklich verstanden hatte, aber nicht, weil es nicht verkündet worden war. Man kann keinen anglikanischen Gottesdienst mitfeiern, ohne das Apostolische Glaubensbekenntnis und damit die Wahrheiten des Evangeliums auszusprechen, die in ihm enthalten sind. Man kann auch nicht zum Abendmahl gehen, ohne all das mitzubekommen, was Jesus und sein Tod am Kreuz für uns bedeuten. Ja, die Liturgie kann ihre Bedeutung verlieren, wenn sie nur gedankenlos heruntergerasselt wird. Darum verurteilt Jesus ja auch in der Bergpredigt das bloße Nachplappern von Gebeten (vgl. Matthäus 6,7). Liturgie kann eine geheiligte Verkörperung der Wahrheiten des Evangeliums sein.

Shane, du hast an einem Buch über Liturgie mitgearbeitet.[20] Was würdest du zu Menschen sagen, die mit dieser Tradition des Glaubens überhaupt nicht vertraut sind?

Shane: Es ist schon lustig, wie Gott manchmal wirkt. Vor zwanzig Jahren habe ich nicht einmal gewusst, was das Wort Liturgie überhaupt bedeutet! Tatsächlich beginnt dieses Buch über Liturgie so: „Wenn du Liturgie liebst, dann ist dieses Buch für dich. Und wenn du nicht weißt, was Liturgie ist, dann ist dieses Buch erst recht für dich." Zunächst einmal eine Definition: Liturgie sind die Muster und Rhythmen des Gebets, die Christen seit beinahe 2.000 Jahren praktizieren. Rituale, Traditionen und heilige Bräuche wie das Teilen von Brot und Wein, die Taufe und die Orientierung unseres Lebens am Kirchenjahr (Feiertage als Erinnerung an die Menschwerdung Jesu, seinen Tod und seine Auferstehung). Liturgie beinhaltet die gemeinsame Anbetung genauso wie Lesungen aus der Heiligen Schrift. In der Szene im Lukasevangelium, an der Jesus die Schriftrolle öffnete und aus dem Propheten Jesaja vorlas, haben wir es mit einer Form von Liturgie zu tun. Er feierte das Passafest und ging in den Tempel. Vieles von dem, was er tat, war Teil der jüdischen Tradition. Manche Traditionen stellte er infrage, anderen hauchte er neues Leben ein.

Liturgie sind die Muster und Rhythmen des Gebets, das Christen seit beinahe 2.000 Jahren praktizieren.

Es gibt Zeiten und Rhythmen für Gebete, so wie wir sie auch in der Schöpfung finden. Die Sonne geht auf und die Sonne geht unter, und sich betend einem solchen Rhythmus anzupassen führt zu einem gesunden Gemeinschaftsleben und gesunden Gemeinden. Dabei kommen wir dem Ziel ein bisschen näher, eins zu werden, so wie Gott eins ist (vgl. Johannes 17,11). Wenn wir die Lieder und Gebete, Glaubenshelden und Geschichten der anderen christlichen Traditionen kennenlernen, wird unsere Sichtweise immer kompletter, und wir lernen mehr und mehr, mit den Augen des anderen zu sehen. Mit dem Projekt „Common Prayer Liturgy" (Gemeinsame Gebets-Liturgie) streben wir das an: mit anderen Traditionen beten lernen, unsere gemeinsame Geschichte entdecken.

Unsere katholischen, orthodoxen und anglikanischen Freunde betrachten es als irgendwie niedlich, dass wir gerade die Liturgie entdecken, die sie schon immer gelebt haben.

Unsere katholischen, orthodoxen und anglikanischen Freunde betrachten es als irgendwie niedlich, dass wir gerade die Liturgie entdecken, die sie schon immer gelebt haben.

Vieles über Liturgie habe ich von Katholiken gelernt. Das Größte ist die Möglichkeit, in der Liturgie das großartige Geheimnis zu umarmen, was es heißt, der Leib Christi auf Erden zu sein. Das Abendmahl ist für mich nicht nur ein Erinnern (remember), sondern dem englischen Wortsinn nach ein „wieder eingliedern" (re-member), mit anderen Worten, wir schließen uns wieder an Jesus an, werden seine Hände und Füße. In der Eucharistie wird das alte Sprichwort „Du bist, was du isst" erst wirklich lebendig. Wenn wir dieses Ritual feiern, nehmen wir Christus symbolisch in uns auf und bitten ihn, dass sein Blut, seine Liebe und sein Leben durch uns hindurchfließen. Wir bitten auch darum, dass wir genauso in seinen Leib hineingenommen werden – was, nebenbei erwähnt, den Nichtchristen der ersten Jahrhunderte reichlich abstrus vorkam und den Christen oft den Vorwurf einbrachte, sie seien Kannibalen und würden in kultischen Handlungen Blut trinken.

Eine starke Begegnung mit dem Geheimnis der Kommunion hatte ich, als wir das Mahl des Herrn mit obdachlosen Familien feierten, mit geschenkten Brötchen und Apfelsaft. Noch eindrücklicher war die Eucharistiefeier, die ich zusammen mit christlichen Ureinwohnern Australiens feiern durfte. Ihre Elemente für die Kommunion waren selbst gebackenes traditionelles Fladenbrot und roter Billy-Tee. „Eucharistie" heißt Geheimnis, und das ist und bleibt es auch, ganz egal, was genau dabei für Nahrungsmittel verwendet werden. Wir sollen und dürfen uns einfach daran erfreuen und es genießen.

Tony: Was ist mit dem Gebet als Teil der Liturgie?

Shane: Eines habe ich gelernt: Beim Beten geht es nicht darum, Gott dazu zu bringen, dass er tut, was wir möchten, sondern uns dahin zu bringen, dass *wir* tun, was *Gott* möchte.

Gebet ist eine Trainingsmethode für uns selbst, die Art von Menschen zu werden, die Gott im Sinn hat. Oft nehmen wir Gebet nur als Ausrede für unsere Passivität. Du kennst das sicher auch: Wenn du jemandem erzählst, in welchem Dilemma du gerade steckst, und derjenige sagt dann zu dir: „Ich werde für dich beten!", kann das Verschiedenes bedeuten. Manchmal ist es wirklich ernst gemeint und dein Gegenüber weiß nicht, was er sonst tun kann. Und es ist wunderbar und wichtig, dass wir füreinander beten. Aber manchmal ist „Ich werde für dich beten" nur der fromme Code für: „Ansonsten werde ich nichts für dich tun." Wir müssen darauf achten, dass Gebet und Handeln immer zusammengehören. Wenn jemand mehrmals um Gebetsunterstützung bittet, weil sein Dach repariert werden müsste, ist Beten gut, aber gleichzeitig sollten wir auch den Hintern hochkriegen, ein paar Leute zusammentrommeln und das Dach in Ordnung bringen.

> Beim Beten geht es nicht darum, Gott dazu zu bringen, dass er tut, was wir möchten, sondern uns dahin zu bringen, dass *wir* tun, was *Gott* möchte.

Wenn wir Gott bitten, einen Berg zu versetzen, kann es auch sein, dass er uns eine Schaufel in die Hand drückt.

> Wenn wir Gott bitten, einen Berg zu versetzen, kann es auch sein, dass er uns eine Schaufel in die Hand drückt.

Gebet und Zupacken, Jesus und Gerechtigkeit, Leute, die schon Wunder erleben durften und solche, die seit Jahren nichts Vergleichbares erfahren haben – alles muss irgendwie zusammenwirken. Was heute unser „Common Prayer"-Projekt ist, hat mit dem Wunsch begonnen, all diese Dinge zu vereinen – die überlieferte Liturgie in die heutige Welt zu bringen und die Bibel in einer und die Tageszeitung in der anderen Hand zu halten und zu lesen.

Tony: Was sagst du zu dem nicht selten gehörten Vorwurf, die Liturgie ersetze die persönliche Beziehung zu Jesus? Was ist deine Erfahrung damit?

Shane: Das habe ich tatsächlich schon gehört, vor allem in Bezug auf Katholiken. Das ist völlig absurd. Ja, Liturgie oder Gruppengebete bieten die Möglichkeit, sich persönlich total bedeckt zu halten, und es gibt Katholiken, die keine persönliche Beziehung zu Christus haben. Aber die gibt es bei Protestanten und in den Freikirchen ja genauso. Die Wahrheit ist, dass viele meiner katholischen Freunde eine unglaublich tiefe, bei manchen würde ich sagen, fast schon mystisch-romantische Beziehung zu Jesus leben. Zum Beispiel Schwester Margaret, eine katholische Nonne aus Philadelphia. Sie nennt Jesus ihren Bräutigam, und aus diesem Grund tragen viele Nonnen ihren Professring wie einen Ehering.

Mutter Teresa erzählte einmal: „Mich fragte einst ein Professor aus den Vereinigten Staaten, weil ich so viel vom Geben mit einem Lächeln erzähle: ‚Sind Sie verheiratet?' (Das ist eine ziemlich schräge Frage an eine Nonne, aber der Mann hatte vielleicht einfach keine Ahnung von dem Konzept, Anm. v. TC) und ich sagte: ‚Ja, und ich finde es manchmal schwierig, meinen Bräutigam anzulächeln, denn er kann sehr fordernd sein.'"[21]

Man kann es eigentlich nicht besser, nicht persönlicher ausdrücken. Hier begegnen wir einer wunderbaren Art, wie eine innige Beziehung zu Jesus gelebt wird, über die so viele Mystiker geschrieben haben. Als ich Mutter Teresa einmal in Indien besuchte, begannen und beendeten wir jeden Tag, indem wir vor dem Kreuz knieten und Jesus anbeteten. Wir schauten auf das Kreuz und ließen uns von seiner Liebe erfüllen.

Gebet ist keine Formel, sondern ein liebevoller Dialog, eine Romanze mit Gott. Es kommt nicht so sehr auf die Worte an, die wir sprechen, sondern darauf, mit ihm zusammen zu sein – wie in einer Ehe. Einmal unternimmt man spontan und eher zufällig etwas Aufregendes zusammen, ein andermal ist ein gemütlicher Sofa-Abend angesagt, dann spricht man über Alltagsdinge und Entscheidungen, und manchmal geht man zu einem romantischen Date. Liturgisches Gebet ist in diesem Bild vielleicht so etwas wie ein Abend in der Oper oder ein Sinfoniekonzert.

Gebet ist keine Formel, sondern ein liebevoller Dialog, eine Romanze mit Gott.

Tony: Der Soziologe Émile Durkheim sah die Rolle der Liturgie darin, eine gewisse Solidarität in einer Gruppe zu schaffen und die Vorstellungen und Verbindlichkeit der Mitglieder durch das

Praktizieren bestimmter Rituale zu stärken. Die Mitglieder von Gemeinden, in denen Liturgie eine große Rolle spielt, sind oft auch besonders loyal ihrer Gemeinde gegenüber. Protestanten sind oft lange nicht so verbindlich wie Katholiken, was den Gottesdienstbesuch angeht. Durkheim erklärt das dadurch, dass Liturgie einen „verbindenden Effekt“ auf Menschen hat.[22]

Nach Durkheim hat Liturgie die Aufgabe, zu lehren und in Erinnerung zu rufen, was nicht vergessen werden darf. Das ist auch der Grund, warum Gruppen, die nicht regelmäßig das Abendmahl feiern, oft die zentrale Botschaft vom Kreuz aus den Augen verlieren, vielleicht sogar das Wissen um Christus als das Zentrum des Lebens. Was auch immer Protestanten am Katholizismus auszusetzen haben, es ist keine Frage, dass Katholiken niemals vergessen haben, was Jesus am Kreuz für sie auf sich genommen hat. Sie halten fest daran, dass er gelitten und sein Blut vergossen hat, um uns zu erlösen. Und das kommt daher, dass Katholiken sich jeden Sonntag (manche sogar jeden Tag) daran erinnern, dass ihnen ihre Sünden vergeben sind, weil Christi Leib gebrochen und sein Blut vergossen wurde. Ich bin der Überzeugung: Wenn wir Protestanten jede Woche Abendmahl feiern würden, wäre uns das Fundament unserer Erlösung ebenfalls viel präsenter.

Ich bin der Überzeugung: Wenn wir Protestanten jede Woche Abendmahl feiern würden, wäre uns das Fundament unserer Erlösung ebenfalls viel präsenter.

Junge Menschen, die durch Campus für Christus oder andere großartige Gruppen zum Glauben kommen, schließen sich nur selten verbindlich einer Gemeinde an, und viele driften mit der Zeit wieder ab. Tatsächlich haben viele dieser Gruppen keinerlei Art von Liturgie, die Halt geben könnte, und das macht es zusätzlich schwer, in der Hektik und den Anforderungen des alltäglichen Lebens, die uns so leicht in Beschlag nehmen, bei der Stange zu bleiben.

Die „Evangelikale Gesellschaft zur Bildungsförderung“ brachte einmal 70 Studenten aus dem ganzen Land zusammen, um ein Sommerferienangebot für Kinder und Teenies in Camden, New

Jersey, zu leiten. Als wir nach Quartieren für die Studenten suchten, sagte der Bischof der Diözese Camden: „Wir haben ein großes Konvent, in dem nur noch drei ältere Nonnen leben. Es gibt mehr als genug Platz für Ihre jungen Leute."

Dieses Angebot, so stellte sich bald heraus, war ein riesiger Glücksfall für die Studenten, die in dem Konvent unterkamen. Sie wurden von allen anderen beneidet, weil die drei Nonnen sich in liebevoller Weise um sie kümmerten und jeden Abend für sie kochten. Während des gemeinsamen Essens erzählten sie den Nonnen dann immer von den Problemen der Jungen und Mädchen, mit denen sie arbeiteten. Es dauerte nicht lange, und unsere jungen Leute bekamen mit, dass die Nonnen jeden Morgen um 5:00 Uhr in die kleine Hauskapelle gingen, um für die Kinder zu beten, die unsere Studenten betreuten. Diese berichteten mir, dass die Gebete der Nonnen offensichtlich sehr positive Auswirkungen hatten. Sie sahen unglaublich positive Entwicklungen im Leben der Jungen und Mädchen und waren überzeugt, dass diese Veränderungen das direkte Ergebnis davon waren, dass die Nonnen jeden Morgen zwei Stunden lang auf den Knien lagen und für jedes Einzelne der Kinder namentlich beteten.

Bei diesem Sommereinsatz arbeiteten auch einige Adventisten mit, die der Überzeugung waren, der Papst sei der Antichrist und der Katholizismus des Teufels. Doch die Begegnung mit diesen Nonnen brachte sie gehörig aus dem Konzept. Ich fragte später eine der Adventistinnen, was sie von den drei Bräuten Christi halte. Sie sagte: „Weißt du, in den letzten zwei Wochen, wenn die Nonnen um fünf Uhr aufstanden, um zu beten, sind wir auch mitgegangen und haben mit ihnen zusammen gebetet, denn wir haben ja jeden Tag erlebt, was ihr Gebet für die Kinder bewirkt hat." Ihre Sichtweise von Katholiken hat sich in diesem Sommer von Grund auf verändert.

Bei diesem Sommereinsatz arbeiteten auch einige Adventisten mit, die der Überzeugung waren, der Papst sei der Antichrist und der Katholizismus des Teufels.

Shane: Wie jeder gute Handwerker brauchen wir einen soliden Werkzeugkasten für das Gebet. Manche Dinge haben sich als äußerst nützliche Hilfen bewährt und wurden von Generation zu Generation weitergegeben. Zum Beispiel die „Lectio divina" (die gottgeweihte Lesung), ein Weg, die Heilige Schrift betend zu lesen, damit ihre Worte tief in unsere Seele einsinken können. Und das geht so: Du nimmst einen kurzen biblischen Text und liest ihn einmal langsam durch. Beim ersten Mal solltest du bloß aufmerksam hinhören. Und dann lies ihn noch einmal. Wenn du in einer Gruppe bist, kannst du den anderen mitteilen, welcher Vers dich besonders anspricht, ansonsten nimmst du ihn für dich persönlich wahr, sonst nichts. Nur dieses Wort oder diesen Satz. Und dann liest du den Text ein drittes Mal. Jetzt machst du dir Gedanken darüber und jeder der Anwesenden teilt den anderen mit, warum dieser Satz sie bewegt und wozu er sie auffordert. Und zum Schluss liest du den Text noch einmal, auch wieder ganz langsam. In vielen Klöstern rund um den Globus wird die Lectio divina (oder ihr ähnliche Formen) jeden Tag praktiziert. Viele Mönche und Nonnen haben mir erzählt, dass es ein bisschen so ist, als würde man die Heilige Schrift genussvoll in sich aufnehmen und verdauen, und es hinterlässt einen angenehmen Geschmack im Mund.

Wenn wir uns ununterbrochen mit klugen Büchern, Konferenzen und Predigten vollstopfen, kommt uns oft alles wieder hoch, bevor wir die darin enthaltenen Wahrheiten in uns aufnehmen konnten. Wir sind dann „kirchensatt", aber geistlich mangelernährt.

Das Gegenteil davon ist etwas, das ich als „geistliche Bulimie" bezeichne. Wenn wir uns ununterbrochen mit klugen Büchern, Konferenzen und Predigten vollstopfen, kommt uns oft alles wieder hoch, bevor wir die darin enthaltenen Wahrheiten in uns aufnehmen konnten. Wir sind dann „kirchensatt", aber geistlich mangelernährt. Wir können nicht mehr wahrnehmen, was der Heilige Geist vielleicht einfach durch einen simplen Text sagen möchte. Die Lectio divina ist deshalb ein ausgezeichnetes Werkzeug, um dieses Konsumverhalten zurückzuschrauben und Gottes Idee von „slow food" wiederzuentdecken.

Tony: John Engle und Kent Annan sind Missionare in Haiti und setzen die Lectio divina in ihrem Missionswerk ein.[23] Die Kanadische Bibelgesellschaft stellt ihnen jedes Jahr zehntausend Bibeln zur Verfügung, und John und Kent geben diese Bibeln an die unzähligen Armen in Haiti weiter, die sie auch als Übungsbuch für das Lesen benutzen. Die Haitianer treffen sich in kleinen Gruppen von höchstens zehn bis fünfzehn Personen und jeder von ihnen wird gebeten, laut einige Verse vorzulesen. Dann sagt der Leiter der Gruppe jedes Mal: „Senkt bitte für eine Viertelstunde euren Kopf, schließt die Augen und fragt Gott: ‚Was möchtest du mir durch die Worte sagen, die ich gerade gelesen habe?'" Die Leute denken nun über die Verse nach, die sie gerade gelesen haben und dann berichtet jeder in der Runde, was er oder sie in dieser Zeit der Stille vernommen hat.

Und so werden sie evangelisiert, also vom Evangelium erreicht, ohne dass ihnen auch nur eine einzige Predigt gehalten wird. Der Heilige Geist übernimmt die Arbeit der Evangelisation durch die Lectio divina. Manchmal nehmen wir zu wenig ernst, was Jesus uns so eindrücklich versprochen hat: „Ich lasse euch aber nicht als Waisenkinder zurück, ich komme wieder zu euch. – Der Helfer, der Heilige Geist also, den der Vater auf mein Bitten hin schicken wird, wird euch alles erklären. Er wird euch auch an alles erinnern, was ich euch gesagt habe." (Joh 14,18; 26). Durch die Lectio divina werden die Haitianer vom besten aller Lehrer unterrichtet. Predigten und Studien sind wichtig, aber wir müssen auch der Stille Raum lassen, damit der Heilige Geist überhaupt eine Chance bekommt, uns das mitzuteilen, was wir wissen sollten.

Predigten und Studien sind wichtig, aber wir müssen auch der Stille Raum lassen, damit der Heilige Geist überhaupt eine Chance bekommt, uns das mitzuteilen, was wir wissen sollten.

Shane: Eine andere Art der Meditation, die sich über Jahrhunderte bewährt hat, ist das Jesusgebet. Es ist ein wirklich einfaches Gebet, das man immer wieder während des Tages beten kann. Es lautet etwa so:

„Jesus, Sohn Gottes, erbarme dich meiner." (Neben dieser ursprünglichen Fassung gibt es auch andere Formulierungen wie „Jesus, Sohn Gottes, ich bete dich an" oder: „Jesus, Sohn Gottes, ich vertraue dir" usw.) Man kann das regelrecht ein- und ausatmen. So einfach dieses Gebet erscheint, es kann ganz starke positive Auswirkungen haben. Man kann es sich leicht merken und bei allen möglichen Gelegenheiten beten, vor allem, wenn man frustriert ist.

Ich bete den Rosenkranz oder nehme manchmal auch eine selbst gemachte Perlenkette (mir gefällt es, meine eigenen Gebetsperlen zu machen). Diese Gebetshilfen gibt es in vielen Religionen, der Rosenkranz ist nur eine von ihnen. Eine eigene Gebetsperlenkette kann ein greifbares Werkzeug sein, das uns während des Tages an Gott erinnert und uns unsere Gebetsanliegen vor Augen führt. Gebetsketten sind überhaupt nichts Magisches, aber sie können durchaus leichtere Fälle von Vergesslichkeit kurieren. Ich habe zum Beispiel eine Kette mit verschieden großen Perlen in unterschiedlichen Farben und Materialien für unterschiedliche Gebetsanliegen. Die dicken Perlen stehen für das Vaterunser. Dann gibt es sieben Perlen mit einer rauen Oberfläche, die mich daran erinnern, Gott darum zu bitten, dass ich mich von Stolz, Neid, Gier, Jähzorn, Verfressenheit, Habsucht, Faulheit nicht vereinnahmen lassen will. Wieder andere Perlen, neun an der Zahl, stehen für die Früchte des Geistes, wie sie im Galaterbrief beschrieben sind: Liebe, Freude, Friede, Geduld, Nachsicht, Treue, Freundlichkeit, Güte und Selbstbeherrschung. Ich bitte Gott, dass er mich in diesen Eigenschaften wachsen lässt.

Bei meiner letzten Reise nach Kalkutta war es wunderbar zu sehen, wie sehr die Nonnen in ihrem aktiven Leben aufgehen. Sie geben sich völlig in ihre schwere Arbeit hinein, wie ich es noch nie erlebt habe. Und auf dem Weg zwischen dem Waisenhaus und dem Haus, in dem die Ärmsten sterben, halten sie ihre Rosenkränze in den Händen und beten im Gehen.

Solche Gebetsketten können schlichtweg ein gutes Werkzeug sein, um am Gebet dranzubleiben, auch wenn unser hektisches Leben in einer lauten Welt uns ständig ablenken will.

Tony: Ein anderes Werkzeug ist das Gebet des „Examens" oder auch der „täglichen Gewissensprüfung", heute wird es meist „Gebet der liebenden Aufmerksamkeit" genannt. Auch diese Gebetsform ist mehrere hundert Jahre alt und geht auf Ignatius von Loyola zurück (bei ihm waren dieses Gebet und seine Anforderungen allerdings wesentlich rigider als in der heutigen Form, wie sie von Exerzitienbegleitern empfohlen wird). Die Struktur sieht ungefähr so aus:

Nimm dir 10 bis 15 Minuten Zeit. Such dir einen Platz, an dem du ungestört bist. Komm zur Ruhe, auch körperlich. Danke Gott dafür, dass du sein Geschöpf bist, und für seine Gegenwart in deinem Leben. Bitte Gott um die Fähigkeit, sich und den Tag ehrlich anschauen zu können. Dann geh den Tag (z. B. Stunde um Stunde) durch. Erinnere dich – ohne zu werten – an deine Tätigkeiten, Begegnungen, Gefühle, Gedanken usw. Wobei empfindest du Freude und Trost? Wo Ärger oder Unzufriedenheit; was war schmerzlich oder enttäuschend? Sprich darüber mit Gott: Danke ihm für alles, was gut und gelungen war. Bitte ihn um Trost oder Versöhnung für das, was dunkel oder schuldhaft war. Vertrau dich mit allem Gottes Liebe an. Nun schau auf den nächsten Tag: Was hast du vor? Vertraue Gott deine Hoffnungen und Befürchtungen an. Schließe mit einem Vaterunser.

Der Apostel Paulus schreibt: „Schließlich, meine lieben Brüder, orientiert euch an dem, was wahrhaftig, gut und gerecht, was anständig, liebenswert und schön ist. Wo immer ihr etwas Gutes entdeckt, das Lob verdient, darüber denkt nach" (Phil 4,8 HfA). Das weist uns schon in die richtige Richtung.

Manche empfehlen auch einen zweifachen Durchgang durch den Tag, bei dem man zuerst nur die guten Dinge anschaut, die man erlebt oder auch selbst geschafft hat. Es kann sehr hilfreich sein, dass man sich erst mit den Fehlern und Schwächen befasst, wenn man zuerst positiv bestärkt wurde. Mit anderen Worten, du sollst mit dir so umgehen, wie du es mit einem Kind tun würdest. Wenn du einem Kind einen Fehler aufzeigen möchtest, dann tust du das immer nur in einer Atmosphäre der Bestätigung, anders würdest du es in seinen Gefühlen schwer verletzen (vgl. Eph 6,4).

Achte zuerst darauf, wie viel Gutes du erlebt hast und wie sehr du von Gott bestätigt wirst. Erst danach solltest du ein zweites Mal durch den Tag gehen und dich ehrlich dem stellen, was nicht gut war. Nenne es beim Namen, wenn du es Gott gegenüber bekennst. Dann bitte Gott um Vergebung, damit er dich von jeder Schuld befreit. Der Apostel Johannes sagt ja: „Wenn wir dagegen Gott gegenüber unsere Schuld eingestehen, was ein Zeichen dafür ist, dass wir im Licht leben, dann ist Gott treu und gerecht und vergibt uns unsere Schuld" (1 Johannes 1,9).

Shane: Das „Gebet der liebenden Aufmerksamkeit" ist ein großartiger Weg, sich der Gegenwart Gottes in unserem Leben immer mehr bewusst zu werden. Viele Menschen beenden damit ihren Tag, oder sie halten mitten im Tag inne, um sich daran zu erinnern, dass Gott da ist und dass sie nicht einfach so vor sich hinleben.

Ein anderes Werkzeug, das wir gerne in unserer Gemeinschaft gebrauchen, ist eine Art „Gut und schlecht"-Runde. Wir setzen uns zusammen und jeder berichtet von etwas, worauf er stolz ist, was er oder wir als Gemeinschaft gut gemacht haben, aber auch von einer Sache, die ihm Sorge macht und die wir besser machen sollten. Es ist ein sicherer Raum, in dem wir uns gegenseitig feiern, aber auch offen sagen können, was falsch läuft. Die Grundidee des Ganzen ist, dass jeder sich daran freuen dürfen soll, wenn er etwas Gutes gemacht hat, aber auch seine Sorgen mit den anderen teilen kann.

Tony: Diese verschiedenen Arten geistlicher Übungen sind vor allem dann wichtig, wenn wir in der Welt Gottes Arbeit tun wollen. Jedes Mal, wenn Martin Luther King einen Marsch gegen die Rassendiskriminierung organisierte, rief er die Teilnehmer zwei Tage vorher zusammen, um sie geistlich auf den Marsch vorzubereiten. Wenn man Dr. King als reinen Aktivisten sieht, hat man nur ein unvollständiges Bild von ihm. Er wollte, dass alle, die mit ihm gehen, zuerst ins Gebet gehen. Er wusste ganz genau, wenn sie erst auf der Straße waren, würden sie von Leuten angepöbelt und von Polizisten geschlagen werden, Hunde würden auf sie gehetzt. Sie mussten geistlich darauf vorbereitet sein, ihre Feinde zu lieben und denen Gutes zu tun, die sie verletzten. Genau das hat Jesus uns aufgetragen. Wenn sie das nicht getan hätten, wären sie seelisch und geistlich verletzt worden durch die Feindseligkeit, der sie überall begegneten.

Jedes Mal, wenn Martin Luther King einen Marsch gegen die Rassendiskriminierung organisierte, rief er die Teilnehmer zwei Tage vorher zusammen, um sie geistlich auf den Marsch vorzubereiten.

Wenn wir versuchen, andere Menschen für Gott zu gewinnen oder uns für gerechtere soziale Verhältnisse einzusetzen, ohne vorher tagtäglich geistlich Kraft aufzutanken, werden wir ausbrennen. Jesus selbst wusste um diese Gefahr, darum trug er seinen Jüngern auf, sich erst bewusst zu machen, dass sie Kraft des Heiligen Geistes brauchten, um das zu tun, was er ihnen aufgetragen hatte. Er sagt uns deutlich, dass wir ohne seinen Geist in uns nichts ausrichten können (vgl. Johannes 15,5).

Geistliche Übungen, die die liturgischen Handlungen mit einschließen, sind für jeden, der sein Leben nach den Worten Jesu ausrichten will, eigentlich lebenswichtig. Diese Werkzeuge sorgen dafür, dass wir Jesus nicht aus den Augen verlieren und helfen uns dabei, uns immer wieder vom Heiligen Geist füllen zu lassen. Ohne seine Kraft werden wir unweigerlich scheitern. Jesus macht das ganz klar: „Denn getrennt von mir könnt ihr *nicht das Geringste* hervorbringen" (Joh 15,5).

7. Heilige

*„Lasst es mich euch in aller Deutlichkeit sagen:
Kein sterblicher Mensch wird jemals die Größe eines Johannes erreichen,
aber unter der Herrschaft Gottes, für die er euch vorbereiten wollte,
ist auch der Unscheinbarste bedeutender als er."*

Matthäus 11,11

Tony: Wenn wir verstehen wollen, was die Bibel uns heute zu sagen hat, ist es für uns alle wichtig zu wissen, wie Christen durch alle Jahrhunderte hindurch die Heilige Schrift für sich interpretiert haben. Der Verfasser des Hebräerbriefes macht uns auf „die Wolke von Zeugen" aufmerksam, die uns umgibt (vgl. Hebr 12,1). Mir ist im Laufe der Zeit immer deutlicher geworden, dass das Leben und Vorbild der Christen, die lange vor uns gelebt haben, uns dabei helfen kann, die Bibel richtig zu verstehen. Wir Protestanten haben das Christsein nicht erfunden, aber manchmal lesen wir die Bibel mit dem Gedanken, dass nur wir das Recht haben, sie zu deuten, als hätte es nicht 2.000 Jahre lang eine Menge von Heiligen gegeben, die sich mindestens so intensiv mit der Bibel befasst haben wie wir. Wir tun gut daran, uns auf das einzulassen, was sie uns heute zu sagen haben.

Shane, du zitierst recht oft Franz von Assisi. Wie hat dieser Mann aus dem 13. Jahrhundert dich geprägt?

Shane: Das Leben und die Botschaft von Franziskus sind für die Welt, in der wir heute leben, nicht weniger wichtig, als sie es vor 700 Jahren waren. Er war einer der Ersten, die den Kapitalismus kritisierten, er war der erste christliche Umweltschützer, ein furchtloser Reformer seiner Kirche und einer der klassischen Gegner des Krieges aus Gewissensgründen.

Franziskus war der Sohn eines wohlhabenden Tuchhändlers. Er wurde in eine Gesellschaft hineingeboren, in der die Kluft zwischen Arm und Reich im wachsenden Maß unerträglicher wurde. Es war die Zeit der Kreuzzüge, in der sich Christen und Muslime gegenseitig umbrachten – im Namen Gottes, versteht sich. Kommt einem alles irgendwie bekannt vor, nicht?

Franziskus tat etwas Einfaches und zugleich Wunderbares. Er las in der Bibel, was Jesus gesagt hat: *Verkauf deinen Besitz und gib das Geld den Armen! Schau dir die Lilien und die Spatzen an und mach dir keine Sorgen über das Morgen! Liebe deine Feinde!* Und er entschied sich, so zu leben, als hätte Jesus das ernst gemeint. Franziskus kehrte dem Materialismus und Militarismus um sich her den Rücken zu und sagte einfach Ja zu Jesus.

Ein Zitat, das Franziskus zugeschrieben wird, ist so einfach und zeigt doch kritisch auf unsere Welt: „Je mehr Sachen wir haben, desto mehr Knüppel brauchen wir, um sie zu verteidigen!" Wenn er in unserer Zeit gelebt hätte, hätte er vermutlich an den Protestaktionen an der Wall Street teilgenommen.

„Je mehr Sachen wir haben, desto mehr Knüppel brauchen wir, um sie zu verteidigen!"

In kindlicher Unschuld zog sich Franziskus nackt aus, verließ Assisi und tat es den Lilien und Spatzen gleich. Er lebte ganz nah an der Erde, wie Jesus, er wurde ein Freund der Vögel und anderen Tiere, die er zärtlich Brüder und Schwestern nannte. Erst neulich gab es in meiner Kirche einen Gottesdienst, zu dem Christen ihre Haustiere mitbringen konnten. Es ist unsere jährliche Erinnerung an Franziskus. Unzählige Vogelbäder an öffentlichen Plätzen tragen sein Bild oder sind ihm gewidmet. Aber es passiert sehr schnell, dass Menschen und Bewegungen zu Monumenten erstarren. Franziskus' Leben war eine kraftvolle Kritik an den Dämonen seiner Zeit, die leider sehr viel Ähnlichkeit mit denen unserer Tage haben.

Eine meiner liebsten Geschichten um Franziskus handelt davon, wie er während des 5. Kreuzzuges beschloss, sich mit dem muslimischen Sultan zu treffen. Es war eine turbulente Zeit. Krieg war längst zur Normalität geworden und erschien allen als unumgänglich. Vor allem war er die meiste Zeit von der Kirche abgesegnet. Franziskus wurde als Soldat ausgesandt, aber er konnte Krieg und die Gnade Christi nicht miteinander vereinbaren ... und so stieg er von seinem Schlachtross und legte sein Schwert nieder. Er bat den Kommandanten, den päpstlichen Legaten Kardinal Pelagius, den Kampf zu beenden. Pelagius lehnte ab. Stattdessen brach er alle diplomatischen Beziehungen zum Sultan al-Kamil von Ägypten ab. Das verschlechterte die Situation ungemein, trotzdem setzte Franziskus alles daran, zum Sultan vorzudringen. Auch wenn diese Geschichte sehr legendenhaft klingt, ist sie doch aus verschiedenen Quellen gut bezeugt: Franziskus konnte tatsächlich mit dem Sultan über Gottes Liebe und Gnade sprechen. Der Sultan hörte sich alles an und wollte Franziskus mit Geld und Geschenken belohnen. Franziskus hatte kein Interesse an den wertvollen Sachen, was wiederum den Sultan beeindruckte, aber ein Geschenk nahm er gern: ein elfenbeinernes Horn, das benutzt wurde, um die Muslime zum Gebet zusammenzurufen. Franziskus brachte dieses Horn mit nach Hause und benutzte es von da an, um die Mitglieder seiner Gemeinschaft zum Gebet zu versammeln. Beide, Franziskus und der Sultan, wurden durch diese Begegnung verändert.

In einer Zeit religiösen Extremismus' bietet uns Franziskus eine Alternative an. Wir haben Extremisten aller Schattierungen erlebt – Juden, Moslems, Christen –, die das Beste ihrer Religion pervertiert und Schlagzeilen mit ihren hasserfüllten Geschichten gemacht haben. Wir haben gesehen, wie christliche Extremisten den Koran verbrannten, Abtreibungskliniken zerstörten und Bomben segneten. Ganz zu schweigen von den Leuten, die „Gott hasst Schwule!"-Schilder hochhalten. Franziskus lädt uns dagegen ein, Extremisten der Gnade und der Liebe zu werden.

In einer Zeit religiösen Extremismus' bietet uns Franziskus eine Alternative an.

Obwohl die Kirche immer in der Gefahr steht, Franziskus' Anliegen zu vergessen oder aus seiner Bewegung ein Denkmal zu machen, können wir doch seine Kritik an einer Wirtschaftsordnung feiern, die die meisten Menschen immer mehr in Armut führt, damit eine Handvoll

Leute sich ein Leben leisten kann, wie sie es sich vorstellen. Wir freuen uns immer noch über seine Liebe zur Schöpfung, während wir gegen die Ausbeutung unserer Welt kämpfen. Wir erinnern uns an sein Zeugnis, dass es einen besseren Weg zum Frieden gibt als das Schwert. Und wir erinnern uns an das Flüstern, das er von Gott gehört hat: „Bau meine Kirche wieder auf!"[24]

Hier möchten wir die Worte des berühmten Gebets wiedergeben, das Franziskus zugeschrieben wird. Möge es dazu inspirieren, bessere Menschen zu werden und uns dafür einzusetzen, dass es eine bessere Welt gibt.

Herr, mache mich zum Werkzeug deines Friedens
dass ich Liebe bringe, wo man sich hasst
dass ich Versöhnung bringe, wo man sich kränkt
dass ich Einigkeit bringe, wo Zwietracht ist
dass ich den Glauben bringe, wo Zweifel quält
dass ich Wahrheit bringe, wo Irrtum herrscht
dass ich die Hoffnung bringe, wo Verzweiflung droht
dass ich die Freude bringe, wo Traurigkeit ist
dass ich das Licht bringe, wo Finsternis waltet
O Meister, hilf mir, dass ich nicht danach verlange
getröstet zu werden, sondern zu trösten
verstanden zu werden, sondern zu verstehen
geliebt zu werden, sondern zu lieben
Denn:
Wer gibt, der empfängt,
wer verzeiht, dem wird verziehen
wer stirbt, der wird zum ewigen Leben geboren.
Amen.

Tony: Was ist eigentlich mit der Heiligen Klara von Assisi?

Shane: Oh ja, Klara (eigentlich: Chiara dei Scifi)! Sie soll als Mädchen schon eine besondere Ausstrahlung gehabt haben. Obwohl sie aus adeligem Haus stammte, entschied sie sich schon früh für ein Leben in Armut. Als Franziskus sich in eine Höhle auf den Berg Subasio zurückziehen wollte, konnte sie ihn bewegen, doch unter seinen Leuten zu bleiben. Eines ist wichtig im Zusammenhang mit Franziskus: Er war zu keiner Zeit ein Einzelkämpfer! Es gab in Assisi eine regelrechte Jugendbewegung. Der Zündfunken für ihre Bewegung – immerhin fast achthundert Jahre vor unserer Zeit – ist noch heute erkennbar: Diese jungen Leute spürten, dass die Kirche todkrank war. Sie lasen das Evangelium, daraufhin verkauften sie alles und gleichzeitig weigerten sie sich, für irgendjemanden in irgendeinen Krieg zu ziehen.

Wenn man die frühe Regel für ihr Leben in der Gemeinschaft liest, besteht sie fast ausschließlich aus den Worten Jesu. Alles wurde den Evangelien entnommen. Natürlich wurden über die Jahre die Dinge ein wenig komplizierter und so wurde auch die Regel um einiges umfangreicher. Aber ursprünglich begann das Ganze als eine jugendliche, prophetische Gegenbewegung zu einer Christenheit, die aufgehört hatte, Jesus ernst zu nehmen. Sie fingen mit dem an, was sie ändern konnten, nämlich mit sich selbst – mit den Balken in ihren Augen. Es war also keineswegs jugendliche Überheblichkeit, sondern eine tiefe, ursprüngliche Sehnsucht, die Kirche zu sein, von der sie träumten, und das zu leben, wovon Jesus gesprochen hatte.

Sie fingen mit dem an, was sie ändern konnten, nämlich mit sich selbst – mit den Balken in ihren Augen.

Klara gründete später einen eigenen Frauenorden, die Klarissen, die es auch heute noch gibt. Aber der Weg dahin war mühsam. Gegen den Willen ihrer Familie verließ sie mit 18 ihr Elternhaus und schloss sich zuerst Franziskus an. Die Versuche der Familie, sie zurückzuholen, notfalls mit Gewalt, scheiterten. Interessant ist, dass später fast alle weiblichen Mitglieder ihrer Familie auch Mitglieder ihres Ordens wurden, ebenso wie bei Franziskus. Diese jungen Leute führten die Kirche zurück zu Jesus und zu den Armen. Und die meisten von ihnen waren Teenager, als das alles begann! Und sie haben die Kirchengeschichte für immer verändert.

Einer meiner liebsten Franziskaner war Bruder Juniper. Den Namen, der „Wacholderstrauch" bedeutet, hatte er sich selbst ausgesucht. Franziskus soll gesagt haben: „Ich wünschte mir, ich hätte einen ganzen Wald von Junipers!" Aber auch Bruder Juniper geriet oft in Schwierigkeiten. Er hatte eines Tages Kirchenwache, und als eine Bettlerin um Almosen bat, gab er ihr kurzerhand die silbernen Glöckchen vom Altar, was beim Küster nicht gut ankam. Und es wird noch besser: Juniper hatte scheinbar so oft seine Kleidung an Bedürftige verschenkt und war splitterfasernackt weitergegangen, dass er von seinem Oberen die Auflage bekam, nie mehr den Armen zu geben, was er am Leib trug. Schon kurz nach dieser Anordnung begegnete ihm auf der Straße ein halb nackter Bettler, der ihn bat, doch etwas zum Anziehen zu geben. Juniper dachte einen Moment lang nach, dann sagte er dem Bettler in etwa Folgendes: „Ich habe nur diese Kutte, und mein Guardian hat mir verboten, sie wegzugeben. Wenn du sie mir aber ausziehst, werde ich mich nicht dagegen wehren." Der Bettler riss ihm ohne weitere Bedenken die Kutte vom Leib und zog weiter.

Beeindruckend finde ich die Tatsache, dass diese jungen Leute die Kirche nicht hassten. Sie liebten sie offensichtlich so sehr, dass sie versuchten, die Dinge zu ändern, die schief lagen. Deswegen war ihr Engagement streckenweise ziemlich gefährlich. Aber am Ende zeigte sich, dass die Kirche erkannt hat, wie nötig sie den Einfluss dieser Bewegung hatte. Franziskus wurde schon zwei Jahre nach seinem Tod heiliggesprochen, ebenso wie seine Glaubensgefährtin Klara einige Jahre später.

Beeindruckend finde ich die Tatsache, dass diese jungen Leute die Kirche nicht hassten. Sie liebten sie offensichtlich so sehr, dass sie versuchten, die Dinge zu ändern, die schief lagen.

Tony: Franziskus war auch ein Poet. Eines seiner Gedichte ist der Lobgesang auf die Schöpfung, in dem er von „Bruder Sonne" und „Schwester Mond" spricht und uns einen tiefen Einblick in seine geistliche Verbindung zur Natur schenkt. Dieses Gedicht (eigentlich ein Gebet) wird hoch geschätzt, manche Literaturexperten meinen sogar, es sei der Beginn der modernen Dichtkunst[25].

Wenn man betrachtet, wofür Franziskus steht, ist verständlich, warum so viele junge Leute, die schon lange der Religion den Rücken zugedreht hatten, mit Franziskus viel anfangen können. In den letzten 20 Jahren sind über kein anderes Thema so viele Bücher herausgekommen wie über Franziskus. Lord Chesterton hat einmal gesagt: „Möglicherweise war Franziskus der letzte wahre Christ.“[26]

Shane: Ich denke, wenn wir uns Franziskus oder Juniper oder andere „heilige Narren“ anschauen, dann sehen wir, dass sie auch unsere eigenen Widersprüchlichkeiten mit Demut und Humor aufdecken. Sie machen unsere Heucheleien so offensichtlich, dass wir inspiriert werden, unser Leben zu ändern. Nicht, weil wir uns schuldig fühlen, sondern weil wir lebendiger sein wollen, mehr wie Jesus. Sie drängen uns förmlich in diese Richtung.

Frederick Buechner sagt, dass Heilige uns einen Hauch von Gott vermitteln, einen Geschmack von Christus. Während Gottes großer Liebesgeschichte mit der Menschheit hat er hin und wieder eine kleine Liebesgabe fallen lassen, die man Heilige nennt.

Während Gottes großer Liebesgeschichte mit der Menschheit hat er hin und wieder eine kleine Liebesgabe fallen lassen, die man Heilige nennt.

8. Reich und Arm

„Kein Diener kann für zwei Herren zugleich da sein.
Er wird entweder den einen hassen und den zweiten lieben
oder er wird den ersten verehren und den zweiten verachten.
Ihr könnt nicht beidem dienen, Gott und dem Geld."
Lukas 16,12–14

Shane: Die gesamte Weltwirtschaft steht zurzeit auf dem Prüfstand. Die Wirtschaftskrise vor einigen Jahren hat der Geschäftswelt einen gehörigen Schluckauf verpasst. Mit zunehmender Globalisierung und immer schnellerem Informationsfluss beginnen die Leute, gewohnte Abläufe zu hinterfragen, in denen es normal zu sein scheint, dass Geschäftsführer und Aufsichtsräte bis zu vierhundert Mal mehr verdienen als die Arbeiter, die in ihren Betrieben schuften.

Ich möchte die Schwierigkeiten nicht herunterspielen, die viele durch die Wirtschaftskrise durchstehen mussten, und zweifellos treffen solche Zeiten die Armen immer am härtesten. Aber auf der anderen Seite könnte dies auch unsere Kreativität neu anfachen und uns zwingen, neu leben zu lernen: einen Gemüsegarten anlegen, Geräte miteinander teilen, Nahrungsmittel aus der Region kaufen, mit dem Fahrrad zur Arbeit fahren, Dinge wieder selbst machen und Beschädigtes reparieren, statt es wegzuwerfen. Einer meiner älteren Freunde sagte mir, dass genau das in der großen Depression in den 1920er-Jahren passiert ist. Es ist alarmierend, dass viele praktische Fertigkeiten fast schon verloren gegangen sind. Vor zwei Generationen wussten die Menschen noch, wie man mit einem Stück Land als Selbstversorger klarkam. Mittlerweile sind wir vollkommen von Technik, künstlichem Material, Öl und anderen modernen Errungenschaften abhängig geworden. Viele Leute können nicht mal mehr selbst kochen, geschweige denn säen, pflegen und ernten.

Ein Freund von mir hat in seinem Studium das Auf und Ab von wirtschaftlichen Krisen und Aufschwüngen untersucht und einen unerwarteten Trend dabei entdeckt: Menschen leben in Notzeiten erst richtig auf. Ein neues Gemeinschaftsgefühl entsteht. Am Anfang ist es ein bisschen wie bei einem Drogenentzug: Es ist hart und man hat das Gefühl, es nicht zu überleben. Aber nach der „Entgiftungsphase" beginnen sie wieder Luft zu kriegen und stellen fest, dass das Leben doch weitergeht. Tatsächlich begreifen sie dann neu, was sie wirklich wichtig finden und wie vergänglich alles ist, was man als so unverzichtbar angesehen hat.

Menschen leben in Notzeiten erst richtig auf. Ein neues Gemeinschaftsgefühl entsteht.

Gottes Traum für seine Schöpfung ist ein völlig anderer als der eines Pharao, eines römischen Kaisers oder eines Börsenmaklers an der Wall Street. So steht zum Beispiel im Mittelpunkt von Gottes Wirtschaftslehre die Idee der Neuverteilung. Im Alten Testament (Buch Exodus) wird berichtet, wie Gott das hebräische Volk befreit, das als Sklaven für den Pharao schuften musste. Ironischerweise stellten sie Ziegel für ägyptische Lagerhäuser her. Sie bauten also im übertragenen Sinn Banken, in denen das Geld anderer deponiert wurde, während ihre eigenen Familien ums Überleben kämpften. Gott hörte ihr Schreien und befreite sie.

Nachdem sie aus Ägypten heraus waren, gab Gott diesem Volk einige Gebote und Verhaltensregeln. Er formte sie zu einem neuen Volk, einer „heilige Nation" (vgl. Ex 19,6). Heilig heißt „herausgerufen" oder „ausgesondert". Sie waren sozusagen Gottes kleine Gegenkultur, sein besonderes Volk, herausgerufen aus den zerstörerischen Mustern der Welt, um ebendieser zu zeigen, wie eine Gesellschaft aussehen kann, in der die Liebe regiert.

Als Gott diese „heilige Gegenkultur" formte, gab er seinem Volk die entsprechenden Regeln. Eine davon war, den Sabbat einzuhalten, unseren Körpern und dem Land Ruhe zu gönnen und nicht uns selbst (und unsere Tiere) zu Tode zu schuften. Dadurch wird auch die Arbeit heilig gehalten und artet nicht in eine sinnlose Plackerei aus.

Die Israeliten wurden dazu angehalten, gastfreundlich zu sein und Fremden mit Fürsorge zu begegnen. Vielleicht würde so manchem Politiker die Lektüre des Buchs Levitikus ganz guttun, bevor es in die nächste Diskussionsrunde zum Thema Einwanderung geht…

Gott bestimmte auch, dass die Bauern ihre Felder nicht völlig abernten, sondern die Ränder für die Armen stehen lassen sollten. Und natürlich ist da das Jubeljahr! Das Jubeljahr oder Erlassjahr war Gottes wunderbare Methode, um alle Ungerechtigkeit und Ungleichheit aufzuheben: Jedes 50. Jahr nach dem siebten von sieben Sabbatjahren, also nach jeweils 49 Jahren, sollten die Israeliten ihren untergebenen Volksangehörigen einen vollständigen Schuldenerlass gewähren, ihnen ihr Erbland zurückgeben (Bodenreform) und Schuldsklaverei aufheben.

Bei all dem scheint Gott zu sagen: „Wenn ihr all das nicht beherzigt, werdet ihr wieder da enden, wo ihr in Ägypten gewesen seid." Gott ist ein Gott des Überflusses, wenn wir uns auf seinen Weg einlassen, und ein Gott der Neuverteilung, wenn wir es nicht tun. Gottes Volk soll nicht alles Mögliche für die Zukunft anhäufen, sondern alles in dem mutigen und heiligen Vertrauen darauf teilen, dass Gott für das Morgen sorgen wird. Wenn wir dieses Vertrauen haben, brauchen wir kein Zeug zu horten oder Geld auf der hohen Kante zu stapeln, während Menschen um uns herum in Not sind.

Gott ist ein Gott des Überflusses, wenn wir uns auf seinen Weg einlassen, und ein Gott der Neuverteilung, wenn wir es nicht tun.

Als die Israeliten durch die Wüste zogen, beklagten sie sich immer häufiger darüber, wie hungrig sie seien, und kurioserweise jammerten sie dann sogar dem Essen hinterher, das sie in Ägypten gehabt hatten. Gott hörte ihre Klagen und ließ Manna vom Himmel fallen (hebr. Manhu heißt: Was ist das? – vermutlich ihre erste Reaktion). Gott ließ Nahrung vom Himmel fallen; was für ein großartiges Bild seiner Großzügigkeit. Doch gleichzeitig gebot Gott den Israeliten, nur so viel von dem Manna zu sammeln, wie sie für einen Tag brauchten. Andernfalls würden es die Maden auffressen (vgl. Exodus 16,16). Immer nur für den jeweiligen Tag; sofort denken wir an die Bitte im Vaterunser: „Unser *tägliches* Brot gib uns heute"! Gott wird uns immer mit dem versorgen, was wir für diesen Moment brauchen, und wenn wir das Vertrauen verlieren und versuchen, für uns selbst vorzusorgen, kommen die Maden und erinnern uns daran, dass das sinnlos ist.

Gott wird uns immer mit dem versorgen, was wir für diesen Moment brauchen, und wenn wir das Vertrauen verlieren und versuchen, für uns selbst vorzusorgen, kommen die Maden und erinnern uns daran, dass das sinnlos ist.

Diese Lehre findet ihr Echo in der ganzen Heiligen Schrift, nicht nur im Gebet Jesu. Paulus zitiert den Vers 16 wortwörtlich in seinem zweiten Brief an die Gemeinde in Korinth. „Momentan ist es so, dass ihr dank eures Überflusses die Not der Geschwister in Jerusalem ausgleicht. Entsprechend werden auch sie euch mit ihrem Überfluss dienen, wenn es euch an etwas fehlt. Um diesen Ausgleich geht es mir und ihn finde ich sogar in der Heiligen Schrift beschrieben: ‚Derjenige, der viel ernten konnte, hatte keinen Überfluss, und dem, dessen Ernte sehr schlecht ausfiel, mangelte es an nichts'" (2 Korinther 8,14 f.). Gott verspricht, dass immer genug da sein wird. Gandhi hat einmal gesagt: „Die Welt hat genug für jedermanns Bedürfnisse, aber nicht für jedermanns Gier."[27]

Kaum etwas macht das deutlicher als die Beschreibung der ersten Gemeinde, dieser kleinen Gemeinschaft, die Jesus geformt hatte, um der Welt zu zeigen, wie eine Gesellschaft aussehen kann, die von Liebe getragen ist. In der Apostelgeschichte (2,44 f. und 4,32–34) lesen wir: „Und alle, die zum Glauben gekommen waren, lebten mit einem Mal füreinander. Sie besaßen alles gemeinsam, das heißt: Viele verkauften alles, was sie besaßen und gaben es an andere weiter, die darauf angewiesen waren. – Die große Zahl der Glaubenden zeichnete sich vor allem durch eine tiefe Einheit aus. Sie waren wirklich ein Herz und eine Seele. Keiner beanspruchte noch privaten Besitz. Sie teilten alles miteinander." Im Text heißt es weiter, dass es keinen unter ihnen gab, der Mangel litt – sie hatten die Armut beendet!

„Die Welt hat genug für jedermanns Bedürfnisse, aber nicht für jedermanns Gier."

Das Erste, was sie regeln mussten, war die Frage, wie sie für die Verletzlichsten und Schwächsten der Gemeinschaft sorgen konnten, die Witwen und Waisen (vgl. Jakobus 1,27). Falls sie so etwas wie

Komitees bildeten, hat sich das erste davon den Nöten dieser Gemeindemitglieder zugewandt. Gerechtigkeit, Teilen und Helfen waren ganz zentrale Themen für die junge Gemeinde. Die Last des anderen zu tragen war ein Teil ihrer Identität (vgl. Galater 6,2). Wenn eine Person litt, nahmen alle an ihrem Leid Anteil (vgl. 1 Korinther 12,26). Die Mittel und Fähigkeiten des einen benutzte Gott, um für andere zu sorgen. Alles wurde mit einem dankbaren Herzen in offenen Händen gehalten.

Ein Moment, in dem wir die Vision dieser neuen Menschlichkeit und einer neuen Ökonomie am klarsten sehen können, ist das Abendmahl, die Eucharistie. Dieses Mahl, das noch immer Christen auf der ganzen Welt Tag für Tag teilen, fängt einen Teil des Geheimnisses ein, das das Christsein umgibt. Das Abendmahl ist eine Vision von dem göttlichen Festmahl, bei dem wir alle, Arme und Reiche, als neue Geschöpfe an einem Tisch sitzen werden. Bezeichnenderweise sind die Elemente bei dem Mahl nicht Brot und Wasser, sondern Brot und Wein. Brot ist das schlichte Grundnahrungsmittel der Armen, Wein ist etwas Besonderes, für viele ein Symbol für einen gehobenen Lebensstandard. Aber beide kommen beim Abendmahl zusammen.

Das Abendmahl ist eine Vision von dem göttlichen Festmahl, bei dem wir alle, Arme und Reiche, als neue Geschöpfe an einem Tisch sitzen werden.

Brot und Wein haben einige Gemeinsamkeiten. Beide bestehen aus Zutaten, die zerquetscht und zerbrochen werden mussten, damit etwas Neues aus ihnen werden konnte. Das geschieht auch mit uns, wenn wir ein Teil des Leibes Christi werden.

Der Apostel hat mit den Korinthern ein ernstes Wort zu reden. Sie haben ganz offensichtlich das entweiht, was das Mahl ausmacht: „Noch schlimmer ist jedoch, wie ihr zusammenkommt, um das Mahl des Herrn zu feiern. So, wie ihr es praktiziert, ist es eigentlich unerträglich. Jeder fängt sofort an, das zu essen, was er mitgebracht hat; wer etwas später in die Gemeinde kommt oder nichts mitbringen konnte, den lasst ihr einfach hungrig herumsitzen, während ihr bereits satt und oft sogar schon betrunken seid. – Was das anbelangt, fehlen mir einfach die Worte! Erwartet nicht auch noch, dass ich euch dafür lobe“ (1 Korinther 11,20–24). Und auch diese Schelte ist wie ein Echo aus alten Zeiten: Der Prophet Amos kritisierte in ähnlicher Weise die Israeliten, die ihren Gott anbeteten, aber die Notleidenden unter ihnen einfach ignorierten. Gott lässt seinem Volk durch Amos sagen, dass ihre Gesänge nur Lärm für ihn sind und ihre Opfer zum Himmel stinken, bis die Gerechtigkeit für die Armen wieder wie ein Fluss durch das Land fließt (vgl. Amos 5,21–24).

Ganz wesentlich zum Abendmahl gehört das Teilen des Brotes. Wir brechen bei uns immer ein Stück vom Brot ab und reichen es dann an den nächsten Bruder oder die Schwester weiter. Keiner geht leer aus. Das ist ein Symbol dafür, was einmal kommen wird. Und wie dies einer meiner katholischen Freunde sagt: „Solange noch ein Bauch vor Hunger schmerzt, ist die Eucharistie nicht vollständig." Das Festmahl ist noch immer unvollendet. Und ein Teil des Vaterunsers, das oft beim Abendmahl gebetet wird, ist die Bitte „Unser tägliches Brot gib uns heute". Diese Bitte kennen die Armen nur zu gut. Es ist aber auch eine Mahnung, dass wir nicht um das Brot für morgen bitten sollen oder um ein Steak. Und wir bitten nicht um *mein* tägliches Brot, sondern wir rufen mit den Armen zusammen zum Vater: „*Unser* tägliches Brot gib uns heute." Wir beten also nicht *für* die Armen, sondern *mit* ihnen, auch um uns wieder klarzumachen, dass wir alle noch hungrig sind, solange noch einer von uns hungrig ist.

Tony: Jesus erzählt einmal eine Geschichte (vgl. Matthäus 20) über eine Gruppe von Tagelöhnern. Die einen fangen früh am Morgen an, andere ein paar Stunden später, andere noch einmal eine ganze Weile danach. Gegen Ende des Tages wurden auch noch welche angeheuert und in den Weinberg geschickt. Sehr zum Ärger derer, die einen Großteil des Tages gearbeitet hatten, bezahlte der Weinbergbesitzer den Letzten genau den gleichen Lohn wie denen, die von Anfang an gearbeitet hatten. Die Botschaft ist klar: Gott ist nicht immer fair, aber er ist immer gut.

> Gott ist nicht immer fair, aber er ist immer gut.

Das widerspricht natürlich allem, was unsere Gewerkschaften als gerecht ansehen.

Shane: Die Welt hat Schlagseite, wenn es um Wirtschaft und Gerechtigkeit geht. Jesus hat eine Menge dazu zu sagen, wie hoch wir gepokert haben und dass Gott die Dinge wieder richtigstellen möchte. Die Mächtigen werden vom Thron gestürzt, die Niedrigen erhoben, der Hungrige wird mit Gutem gefüllt, der Reiche aber wird leer weggeschickt (vgl. Lukas 1,52); die Letzten werden die Ersten sein, die Ersten die Letzten (vgl. Lukas 13,30). Das ist das auf den Kopf gestellte Königreich unseres Gottes. Das Verblüffende dabei ist, dass Gottes Gerechtigkeit unfair aussehen kann, aber es ist genau diese Gerechtigkeit, die die brutalen Ungleichheiten in unserer Welt ausgleicht.

Tony: Wenn in der Urgemeinde nicht genug zu essen für alle da war, dann aß eben niemand etwas. Sie fasteten so lange, bis wieder genug für alle da war. Das ist eine radikale Vision für eine veränderte Wirtschaft, die in der Liebe zu Gott und zum Nächsten wurzelt. Sie würde eine Freiheit bringen, die uns der nächsten Rezession entgegenlachen ließe. Denn wir deklarieren damit, dass Gott gut ist, egal, was an der Wall Street passiert. Unsere Hoffnung ruht nicht auf unserer Regierung, auf unserer Währung, der UN oder dem DAX. Unsere Hoffnung ruht auf niemand Geringerem als Jesus selbst, und „wer Gott dem Allerhöchsten traut, der hat auf keinen Sand gebaut“[28].

Wenn in der Urgemeinde nicht genug zu essen für alle da war, dann aß eben niemand etwas. Sie fasteten so lange, bis wieder genug für alle da war. Das ist eine radikale Vision für eine veränderte Wirtschaft.

Wir vertrauen auf einen Gott, der die Israeliten aus der Sklaverei geholt und 40 Jahre in der Wüste für sie gesorgt hat; wir vertrauen auf einen Gott, der die Jünger ohne Geld, Ersatzkleidung und Proviant losgeschickt und für sie gesorgt hat; wir vertrauen auf einen Gott, der sich um die Lilien und die Spatzen kümmert und der uns einlädt, so zu leben wie sie. Sie haben nicht viel und scheinen doch ganz zufrieden zu sein, und Gott sorgt für sie, auch ohne einen Sparstrumpf oder eine satte Rente. Sie sind frei.

In meinen Kursen sage ich meinen Studenten immer, dass die Bibel weder den Kapitalismus noch den Sozialismus propagiert. Jedes Wirtschaftsbuch erklärt uns, dass die Motivation für Produktivität immer Profit ist. Doch „Red Letter"-Christen werden nie von diesem Motiv angetrieben, sondern von der Liebe und dem Wunsch, die Bedürfnisse der Menschen zu stillen. Es ist nichts Falsches an Profiten – tatsächlich ist es so, dass Unternehmen, die keinen Gewinn machen, meist nicht lange genug im Geschäft sind, um überhaupt ein Bedürfnis zu stillen. Doch es ist die Liebe und nicht der Profit, was Christen antreibt.

Doch es ist die Liebe und nicht der Profit, was Christen antreibt.

Andererseits ist Gottes Wirtschaftslehre auch nicht sozialistisch. Als Gott Adam und Eva den freien Willen schenkte, gab er ihnen die Freiheit, Entscheidungen zu treffen, die ihre weitere Entwicklung bestimmen würden – auch ihre ökonomische Entwicklung. Im Sozialismus bestimmt der Staat die ökonomische Entwicklung.

Gott hat der Menschheit den freien Willen gegeben – und nur deshalb gibt es auch die Möglichkeit, ein Wirtschaftssystem zu erschaffen, dessen Hauptziel es ist, Dinge und Dienste hervorzubringen, die den Menschen dienen. Darum geht es bei der Nächstenliebe (vgl. Matthäus 22,37–40). Wäre es nicht wunderbar, wenn wir so wirtschaften und andere dadurch „unsere guten Werke sehen und unseren Vater im Himmel preisen" (vgl. Matthäus 5,16)?

Teil II

Die Worte Jesu leben

1. Familie

Währenddessen standen seine Mutter und seine Brüder immer noch vor dem Haus.
Sie ließen Jesus eine Nachricht zukommen, dass sie mit ihm sprechen wollten.
Jesus stand inmitten der dicht gedrängten Menge, als man ihm ausrichtete:
„Deine Mutter, deine Brüder und Schwestern stehen draußen und warten auf dich."
Jesus gab zur Antwort: „Wer glaubt ihr, ist meine Mutter und wer sind meine Brüder?"
Er blickte in der Runde jeden Einzelnen an. Dann sagte er: „Genau hier, direkt vor euch, findet ihr meine Mutter und meine Brüder. Jeder, der sich auf Gottes Willen einlässt, der ist mir Bruder und Schwester und Mutter."

Markus 3, 31–35

Tony: Als „Red Letter"-Christen nehmen wir uns ein Beispiel an Jesus, der in einer Gemeinschaft gelebt hat. Aber wie sieht das genau aus? Und was ist mit unseren traditionellen Vorstellungen von Familie? Shane, du hast fünfzehn Jahre lang in der „Simple Way"-Gemeinschaft gelebt. Doch seit du neulich geheiratet hast, bist du ausgezogen und wohnst jetzt zwei Häuser weiter neben dem Haus, in dem der Rest der Gemeinschaft lebt.

Vielleicht ist ja eine verbindliche Gemeinschaft etwas, das wir jungen Leuten für das frühe Stadium ihres Lebens ans Herz legen sollten. Später können sie dann die Wohngemeinschaft verlassen und ein eher „traditionelles" Leben mit Ehepartner und Kindern leben, während sie in enger Verbindung mit ihrer Gemeinschaft bleiben. Mit der Eheschließung verändert sich vieles; Paulus selbst sagt es in seinem ersten Brief an die Korinther: Das Leben ist dann nicht mehr ganz so einfach wie zuvor. Du musst ein paar Anpassungen vornehmen, um deinem Partner gerecht zu werden und weiterhin ein Gott hingegebenes Leben zu führen (vgl. 1 Korinther 7,32–34). Hast du eigentlich das Gefühl gehabt, dass du etwas zurücklässt, als du ausgezogen bist? Wo stehst du gerade in diesem Veränderungsprozess?

Wenn jemand Verbindlichkeit schwierig findet, sollte er sich vor dem Alleinsein in Acht nehmen. Und ein Mensch, dem das Alleinsein schwerfällt, sollte sich davor hüten, sich zu schnell auf jemanden einzulassen.

Shane: Ich bin sicher, dass ich durch das Eheleben vieles lernen werde, was ich in meinem Single-Dasein so nicht erfahren habe. Beides, das Leben als Single oder als Verheirateter, kann selbstsüchtig oder selbstlos sein und beides kann uns „erziehen" und viel über Gott lehren. Wenn jemand Verbindlichkeit schwierig findet, sollte er sich vor dem Alleinsein in Acht nehmen. Und ein Mensch, dem das Alleinsein schwerfällt, sollte sich davor hüten, sich zu schnell auf jemanden einzulassen. Ich war so lange Single wie Jesus (man kann nie wissen, was bei ihm mit 34 passiert wäre!), und ich freue mich über dieses neue, wunderbare Kapitel meines Lebens mit der zauberhaften Katie Jo. Ich schätze, dass ich jetzt so etwas wie ein „Teilzeit-Mönch" bin.

In Gemeinschaft zu leben ist meiner Meinung nicht etwas, was wir tun, weil wir es sollten, sondern wir *dürfen* es tun. Es ist ein ganz wunderbarer Lebensstil. Die ganze Bibel handelt eigentlich von nichts anderem als von Gemeinschaft. Als der erste Mensch geschaffen war, war nicht alles gut, solange er allein war. Wir sind nach dem Bild und Gleichnis Gottes geschaffen und Gott *ist* Gemeinschaft. Wir nennen diese Gemeinschaft die Dreieinigkeit: Vater, Sohn und Heiliger Geist. Gott lebt seit Ewigkeiten in einer

In Gemeinschaft zu leben ist meiner Meinung nicht etwas, was wir tun, weil wir es sollten, sondern wir *dürfen* es tun.

intensiven, verbindlichen Gemeinschaft. Und darum ist auch in uns ein Hunger angelegt nach diesem Einssein, so wie Gott eins ist.

In den Evangelien lebt und formt Jesus eine Gemeinschaft, er schickt die Jünger immer zu zweit aus und er verspricht, mitten unter uns zu sein, wenn wir zu zweit oder zu dritt zusammenkommen. Das alles hat mit Gemeinschaft zu tun. Zweifellos gibt es viele Wege, Gemeinschaften zu bilden, und ganz unterschiedliche Ausprägungen. Eine Familie zu gründen ist eine davon.

Das bedeutet aber nicht, dass der allgemeine Aufruf zur Gemeinschaft bedeutet, dass jeder heiraten und eine Familie gründen muss. Das ist ein Denkfehler, denn das Geschenk des Singleseins wird damit herabgewürdigt. Als Single leben zu können, ob nun für einen Abschnitt im Leben oder immer, ist ein Geschenk. Es ist ein Geschenk für die Gemeinde und das Reich Gottes. Kannst du dir vorstellen, Mutter Teresa anzuschauen und zu sagen: „Armes Ding! Wenn sie doch nur den richtigen Mann getroffen hätte!" Es gibt unzählige Menschen in der Kirchengeschichte, die Großes bewirkt haben, unter anderem *weil* sie Single waren – allen voran natürlich Jesus.

> Kannst du dir vorstellen, Mutter Teresa anzuschauen und zu sagen: „Armes Ding! Wenn sie doch nur den richtigen Mann getroffen hätte!"

Unsere größte Sehnsucht ist Gemeinschaft und Zugehörigkeit – zu lieben und geliebt zu werden. Und eine Familie zu gründen ist ein Weg, dieser Sehnsucht in uns zu entsprechen. Aber was ist mit den anderen? Jesus fordert unsere Vorstellung von einer abgeschotteten, um sich selbst kreisenden Familie ganz schön heraus. Er fragte seine Zuhörer, wer denn seine Familie sei, und gab gleich seine Antwort: „Jeder, der sich auf Gottes Willen einlässt, der ist mir Bruder und Schwester und Mutter" (Markus 3,35). Er stellt eine neue Definition von Familie vor, die tiefer geht als Biologie oder Nationalität.

Einige zölibatär lebenden Mönche und Nonnen lehrten mich, dass unser tiefstes Verlangen sich auf die Liebe richtet, auf Gemeinschaft. Es geht nicht um Sex. Es gibt unendlich viele Leute, die alle Arten von Sex haben, aber keine Liebe finden. Und es gibt andere, wie meine

> Wir sollten das Leben leben, was uns befähigt, zuerst das Reich Gottes zu suchen, und das dann richtig und mit vollem Herzen.

zölibatären Freunde, die in ihrem ganzen Leben keinen Sex haben, aber tiefe, liebevolle Beziehungen leben. Wir sollten das Leben leben, was uns befähigt, zuerst das Reich Gottes zu suchen, und das dann richtig und mit vollem Herzen.

Tony: Sollte man also junge Christen ermutigen, sich einer Gemeinschaft anzuschließen?

Shane: Meiner Meinung nach ist Gemeinschaftsleben mehr als nur eine Art Übergangsphase im Leben junger radikaler Christen. Wenn ich Leute höre, die das behaupten, möchte ich sie immer zu Schwester Margaret schicken, meiner 80-jährigen katholischen Freundin. Sie steckt nämlich schon seit 50 Jahren in der „Phase“ und wird eigentlich immer noch Jahr für Jahr radikaler! Sie lebt mit 50 ehemaligen Drogensüchtigen zusammen. Sie war nie verheiratet, aber sie ist einer der zufriedensten Menschen, die ich kenne. Sie hat eine Familie *und* eine Gemeinschaft.

Bei „Simple Way“ lebten von Anfang an Verheiratete und Singles zusammen. Wir haben uns immer bemüht, ein Unterstützungsnetzwerk für die Singles, Paare und Familien zu bilden. Viele meiner anderen Freunde, die verheiratet sind und meistens auch Kinder haben, verstehen ihre Familie als einen großen Schirm, der auch anderen Leuten eine Zeit lang Schutz bieten kann – sie haben ganz eindeutig Gottes Augen. Ihre Häuser stehen immer offen, um Kinder in Pflege zu nehmen, Frauen aus häuslicher Gewalt zu retten oder Ex-Knackis zu helfen, wieder in der Gesellschaft Fuß zu fassen. Eigentlich fällt mir gerade überhaupt niemand ein, der einfach nur mit seiner biologischen Familie stillvergnügt vor sich hinlebt.

Eigentlich fällt mir gerade überhaupt niemand ein, der einfach nur mit seiner biologischen Familie stillvergnügt vor sich hinlebt.

Ein befreundetes Paar hat vor einigen Jahren etwas Schönes gemacht. Die Ehefrau ist Sozialarbeiterin, und sie half eines Tages einer alten Witwe dabei, deren Habseligkeiten zusammenzupacken. Die Frau hatte Alzheimer und sollte in ein Pflegeheim umziehen. Als die Sozialarbeiterin gerade etwas in eine Kiste stopfte, fand sie einen Zettel mit der Notiz: „Lieber Gott, bitte lass mich nie in einem Altersheim enden!“ Da beriet sie sich mit ihrem Mann und gemeinsam entschieden sie, die alte Frau in ihre Familie aufzunehmen. So wurde aus einem „Fall“ für das Pflegeheim eine adoptierte Großmutter. Wo immer meine Freunde auch hinfuhren, überall nahmen sie sie mit. Sie scherzten manchmal darüber, dass sie nicht geahnt hätten, wie lange sie noch leben würde, als sie Oma zu sich holten. Aber es war wunderbar zu sehen, wie sie geliebt wurde, bis sie nach Jahren starb.

Tony: Was für eine schöne Geschichte! Ich finde es großartig, dass sie ein Teil dieser Familie wurde. Kannst du dir vorstellen, dass für Jesus jemand einfach nur ein „Fall“ ist? Ein Fall ist etwas, das abgehandelt werden muss, nicht ein Mensch, der geliebt werden will. Sozialarbeiter werden oft genug dazu ausgebildet, Menschen, denen sie helfen sollen, lieber etwas distanziert zu behandeln. Aber diese Menschen sind nicht so weit weg; sie sind Menschen, und sie sind Jesus, der darauf wartet, geliebt zu werden.

Shane: Ich schätze, dass Jesus die Prüfung zum Sozialarbeiter wegen dieser Geschichte mit der „professionellen Distanz“ nie geschafft hätte. Er behandelte keinen der Menschen, die zu ihm kamen, als „Fälle“, sondern wie Freunde. Er war absolut schlecht darin, sich abzugrenzen, er wurde ständig unterbrochen, und dauernd zupfte ihn jemand am Gewand. Aber genau da passiert das Leben: in den Unterbrechungen und Überraschungen. Dorothy Day, eine Kämpferin für soziale Verbesserungen, hat einmal gesagt: „Wenn jeder Christ einen Fremden in sein Haus aufnehmen würde, hätten wir keine Obdachlosigkeit mehr.“

„Wenn jeder Christ einen Fremden in sein Haus aufnehmen würde, hätten wir keine Obdachlosigkeit mehr.“

Es gibt so viele verschiedene Arten, Gemeinschaft zu leben; es muss nicht unbedingt ein Haus in der Stadt sein, in dem alle zusammenwohnen. Es gibt in Kalifornien Gemeinschaften, die nennen sich selber „Cul-de-sac-Communities“ (Sackgassen-Gemeinschaft). Da teilen sich Leute aus einer Straße in irgendeinem Vorort Waschmaschine und Trockner, Rasenmäher und Autos und legen gemeinsam Gärten auf brachliegenden Grundstücken an.

Die gute Nachricht ist, dass wir nicht alleine sind und dass wir uns von der Illusion lösen können, wir seien unabhängig. Unabhängigkeit mag ja einen modernen Wert darstellen, aber in der Bibel sucht man ihn vergeblich. Die Bibel lehrt im Gegenteil, dass jeder von allen abhängt. Es ist eine gute Sache, von anderen Menschen und vor allem von Gott abhängig zu sein. So sind wir nun mal gestrickt.

Unabhängigkeit mag ja einen modernen Wert darstellen, aber in der Bibel sucht man ihn vergeblich.

Tony: Mein Sohn Bart lebt in Cincinnati in so einer Cul-de-sac-Gemeinschaft namens Walnut Hills Fellowship. Sie sind inzwischen sechs Familien, die nah beieinander wohnen und ihre Autos und anderen Sachen miteinander teilen, wie du das vorhin beschrieben hast. Bart hat mit seiner Frau zwei eigene Kinder, einen Sohn im späten Teeniealter und eine Tochter, die gerade 21 geworden ist. Nun haben sie einen Jungen aufgenommen, der im Alter des Sohnes ist. Bart, seine Frau und die Kinder öffnen ihre Familiengemeinschaft und sagen: „Wir haben eine gesunde, liebevolle Familie, und wir möchten das mit einem Kind teilen, das so etwas nie erlebt hat.“

Meine Frau und ich haben dasselbe getan, als unsere Kinder noch klein waren. In unserer Gemeinde zerbrach eine Familie und ließ eine Fünfzehnjährige zurück, die offensichtlich zu niemandem mehr gehörte. Wir sagten uns: „Gut, wir werden sie aufnehmen und zu einem Mitglied unserer Familie machen.“ Man kann immer seine biologische Familie öffnen, um jemandem die Hand hinzustrecken, der Liebe und ein Gefühl der Zugehörigkeit braucht. So entsteht Gemeinschaft, die mehr ist als eine Familie, die nur um sich selber kreist.

Shane: Ganz genau! Wenn wir wirklich Christen sind, und wie sich manche gerne nennen, wiedergeborene Christen, dann betrachten wir auch die Familie mit neuen Augen. Das ist nichts anderes als das, was Jesus am Kreuz gesagt hat, bevor er starb: „Frau, da ist dein Sohn." Dann sprach er den Jünger an: „Siehe, von jetzt an ist sie deine Mutter" (Johannes 19,26). Jesus hatte eine viel weitere Vorstellung von dem, was eine Familie ist, als wir heute.

Tony: Jesus hat einiges gesagt und getan, was unser traditionelles Familienbild ins Wanken bringt. Manchmal scheinen Christen zu denken, man bräuchte nur Jesus in sein Leben aufzunehmen, und schon würde die Familie zu einer Musterfamilie, ein Ort der Liebe und Harmonie. Nur leider ist das nicht immer der Fall. Jesus sagte: „Meint nur nicht, dass ich gekommen bin, um Frieden auf die Erde zu bringen. Nein, ich bringe Kampf! Ich werde Vater und Sohn, Mutter und Tochter, Schwiegertochter und Schwiegermutter gegeneinander aufbringen. Die schlimmsten Feinde werden in der eigenen Familie sein" (Matthäus 10,34–36). Wenn eine Frau Christin wird, aber ihr Ehemann davon nichts wissen will, dann kann das sogar die Ehe bedrohen. Ebenso kann es zu großen Konflikten kommen, wenn Kinder wirklich von Jesus ergriffen sind, die Eltern aber nicht das geringste Verständnis dafür haben.

Wie schon erwähnt, sprach ich 1987 auf der großen „Urbana Missions Conference" und als ich die Leute dazu einlud, sich dem Missionsauftrag Jesu ganz zur Verfügung zu stellen, gab es eine gewaltige Resonanz. Um die 9.000 junge Leute erklärten an diesem Abend ihre Bereitschaft, sich von Jesus in die Mission senden zu lassen. Billy Graham, der ebenfalls auf dieser Konferenz redete, war begeistert und sprach mich später darauf an: „Das ist ja großartig! Von diesen neuntausend werden mindestens neunhundert dann wirklich in die Mission gehen."

Das konnte ich so nicht stehen lassen: „Was? Aber es waren doch Tausende, die aufgestanden sind und so ihre Entscheidung festgemacht haben!"

„Das stimmt", meinte er, „aber erfahrungsgemäß werden sie jetzt nach Hause fahren und ihren Eltern davon erzählen, und die Eltern werden sagen: ‚Jetzt komm mal wieder runter, lass dich nicht so leichtfertig mitreißen. Ja, natürlich ist Mission eine gute Sache, und sicherlich sollst du Jesus und den Glauben ernst nehmen, aber doch bitte nicht *so* ernst.'"

Billy Graham hatte recht! Es ist traurig, aber wahr: Wenn junge Leute Jesus wirklich ernst nehmen, stellt das oft eine Zerreißprobe für die Familien dar. Wir sollten also nicht in allzu rosigen Farben ausmalen, was in Familien geschehen kann, wenn Heranwachsende oder nur einer der Ehepartner ernsthafte Nachfolger Jesu werden.

Shane: Einige der härtesten Worte, die Jesus gesprochen hat, sind ausgerechnet gegen die Familie gerichtet. Es geht ihm darum, eine ganz andere göttliche, wunderschöne Familie zu schützen: das Reich Gottes. Jesus macht klar, dass die Menschen, die uns am nächsten stehen, die größten Hindernisse für ein Leben in seinem Reich sein können (vgl. Lukas 14,26).

Wir haben die Neigung, im Namen der Familie Dinge zu rechtfertigen und Kompromisse einzugehen, die wir allein nie in Erwägung gezogen hätten.

Wir haben die Neigung, im Namen der Familie Dinge zu rechtfertigen und Kompromisse einzugehen, die wir allein nie in Erwägung gezogen hätten. Unsere jesusmäßige Radikalität ist in Gefahr, wenn wir nicht eine größere Vorstellung von unserer Familie und unserer Nation zulassen. Natürlich bin ich absolut dafür, unsere Familienmitglieder zu lieben, aber Jesus trennt nicht so scharf wie wir. Er lädt uns ein, andere Kinder mit der gleichen Leidenschaft zu lieben wie die eigenen.

Tony: Vor einigen Jahren nahm ich zusammen mit einem Priester, einem Rabbi und einem Pastor an einem Podiumsgespräch über das Thema Familie teil. Der Rabbi sagte gleich zu Anfang: „Ich weiß gar nicht, warum Sie (damit zeigte er auf den Pastor) und Sie (er zeigte auf den katholischen Priester) überhaupt hier sind. Wenn Sie das Neue Testament ernst nehmen, dann haben Sie nicht sehr viel über den Wert der traditionellen Familie zu sagen. Sie sind doch die Nachfolger des Messias, der gesagt hat: Wer ist meine Mutter, mein Vater, meine Schwester und mein Bruder? Er hat alles relativiert, was uns Juden als Familie heilig ist. Und schlimmer noch, Jesus war nie verheiratet. Auch der Apostel Paulus, eine eurer prägenden Figuren, hat nichts Besseres zu sagen als: Bleibt allein und heiratet nur, wenn ihr eure Triebe nicht im Griff habt. Je mehr ich darüber nachdenke, desto mehr komme ich zu der Überzeugung, dass Ihr Glaube eigentlich gegen die Familie ist."

„Nehmen wir mal an", fuhr er fort, „ein Jude käme in Ihr Büro (dabei deutete er wieder auf den Pastor) und würde sagen, dass er Christ werden möchte. Sie erklären ihm den Weg zur Errettung, und er nimmt auf Ihre Einladung hin Jesus als seinen Herrn an. Er wäre dann Christ. Wenn nun aber ein Christ in mein Büro käme und den Wunsch äußern würde, Jude zu werden, wäre ich verpflichtet, ihm abzuraten. Denn wenn er konvertieren würde, würde ihn das von seiner christlichen Familie entfremden. Und die Einheit der Familie ist für mich bei Weitem bedeutender, als jemanden zum Judentum zu konvertieren."

Der Rabbi hatte recht! Als Christen leben wir in einer Gemeinschaft, die die biologischen und kulturellen Bindungen übersteigt. Es kann Gelegenheiten geben, bei denen die Bedürfnisse dieser Gemeinschaft mit denen unserer biologischen Familie kollidieren.

Missionare in anderen Kulturen können ein Lied davon singen, welche Probleme eine Konversion zum Christentum für Familien mit sich bringen kann. Es gibt viele Fälle, in denen jemand, der sich zu Christus bekehrte, von seiner Familie, ja dem ganzen Stamm ausgeschlossen wurde, zu dem er sein ganzes Leben lang gehört hatte. Das klingt heroisch, aber wir sollten dabei nicht vergessen, was für einen hohen Preis solche Menschen tatsächlich dafür bezahlen. Wir können uns da nur an den Trost klammern, dass sie im Austausch eine ewige Familie bekommen.

2. Schutz ungeborenen Lebens

„Ich bin gekommen, damit sie das Leben haben, und das im Überfluss."
Johannes 10,10

Shane: Eine der bedeutendsten Aufgaben für unsere Zeit ist, eine kompromisslose und logische „Pro Life"-Ethik zu entwickeln. Katholiken und Evangelische und alle möglichen anderen Leute haben begonnen, das zu begreifen – und nicht nur, was die Abtreibungsdebatte angeht.

Jesus spricht oft über das Leben in Fülle, und sein ganzes Leben und seine Botschaft sind eine einzige Kampfansage an den Tod, eine Unterbrechung seiner Unvermeidlichkeit.

Jesus spricht oft über das Leben in Fülle, und sein ganzes Leben und seine Botschaft sind eine einzige Kampfansage an den Tod, eine Unterbrechung seiner Unvermeidlichkeit. Jesus durchkreuzt immer und immer wieder das, was das Leben und die Würde von Menschen zerstören will. Und er lädt uns ein, es ihm gleichzutun.

Als ich noch jünger war, hat es mich völlig verwirrt, dass Christen in „Lebensfragen" so widersprüchliche Positionen vertraten. Es gab viele, die auf der einen Seite gegen Abtreibung und Euthanasie waren und auf der anderen die Todesstrafe und kriegerische Militäreinsätze befürworteten. Damit konnte ich mich nicht identifizieren, aber gleichzeitig passte ich auch nicht in das progressive oder liberale Lager.

Als „Red Letter"-Christen müssen wir immer auf der Seite des Lebens stehen, von der Gebärmutter bis ins Grab.

Als „Red Letter"-Christen müssen wir immer auf der Seite des Lebens stehen, von der

Gebärmutter bis ins Grab. Abtreibung und Euthanasie, Todesstrafe und Krieg, Armut und das Gesundheitswesen, bei all diesen Themen geht es buchstäblich um Leben und Tod. Und Jesus sind diese Dinge unendlich wichtig, weil sie reale Menschen betreffen.

Tony: Es ist nicht genug, das Leben derer zu retten, die bereits geboren sind, auch wenn wir natürlich mit ganzer Kraft versuchen, durch unser Engagement beispielsweise die Todesstrafe in Amerika abzuschaffen. Doch wir müssen auch alles tun, was in unserer Macht steht, um die Ungeborenen zu schützen. Wir müssen neu die in unserem Land mittlerweile zur Selbstverständlichkeit gewordene massenhafte Abtreibungspolitik infrage stellen. Doch wenn wir „Pro Life“ sein wollen, dann müssen wir es immer, gleichermaßen und in allen Bereichen sein.

Barney Frank, ein liberal-demokratischer Kongressabgeordneter, stellte einmal ziemlich herausfordernd fest, dass die Evangelikalen anscheinend denken, das Leben beginne mit der Empfängnis und ende mit der Geburt. Er karikierte damit etwas grundsätzlich Richtiges: Wir sind bereit, das Leben zwischen Empfängnis und Geburt unter allen Umständen zu schützen, doch wenn so ein Baby dann geboren ist, sind wir nicht bereit, ihm ein Leben in Fülle zu ermöglichen. Bei all unserem „Pro Life“-Engagement sind wir nur selten bereit, Geld in das Gesundheitswesen, Kinderbetreuung oder Bildung zu investieren.

Der 1996 verstorbene Kardinal Bernardin aus Chicago sprach einmal über das „nahtlose Gewand Jesu“. Er sagte, wenn jemand sich zu seiner „Pro Life“-Haltung bekennt, dann muss das auch von Abtreibung über Krieg bis zur Entwicklungshilfe gehen.[29]

Fast 70 % aller Abtreibungen in den Vereinigten Staaten sind wirtschaftlich begründet. Leider gibt es in Deutschland keine offizielle Statistik, weil die Gründe für eine Abtreibung in fast 97 % der Fälle aufgrund der Schweigepflicht desjenigen, der das vorgeschriebene Beratungsgespräch führt, nicht bekannt werden. In den Staaten hat das Guttmacher Institut eigenes statistisches Material erarbeitet.[30]

Viele der Frauen, die abtreiben, sehen sich also nicht in der Lage, für das Kind wirklich zu sorgen. Du musst dir nur mal vorstellen, dass eine Frau als Supermarktkassiererin einen Mindestlohn bezieht und schwanger wird, ohne verheiratet zu sein; sie kann sich an fünf Fingern ausrechnen, dass sie das Kind nicht allein durchbringen kann; sie hat ja schon Probleme genug, sich selbst über Wasser zu halten. Da erscheint für sie die Abtreibung leider oft genug als einzige Möglichkeit. Sie ist eine von denen, die wir die „arbeitenden Armen“ nennen, und sie lebt in einer Gesellschaft, die ihr klar zu verstehen gibt: „Wir werden nicht für dich sorgen, wenn du das Kind bekommst. Und wir werden schon gar nicht deinen Lohn erhöhen, damit du für dich und dein Kind sorgen kannst.“ Nein, die Gesellschaft sagt ihr klipp und klar, dass sie jede Verantwortung von sich weist, sobald das Baby geboren ist.

Wirklich für das Leben zu sein heißt nicht nur, leidenschaftlich gegen Abtreibung anzugehen, sondern auch das Kind zu schützen, das auf die Welt gebracht wurde.

Wirklich für das Leben zu sein heißt nicht nur, leidenschaftlich gegen Abtreibung anzugehen, sondern auch das Kind zu schützen, das auf die Welt gebracht wurde. Gegen Abtreibung zu sein bedeutet weit mehr, als nur die Tat als solche zu verurteilen.

Wenn ich gefragt werde, ob eine befruchtete Eizelle bereits als Mensch gilt oder ob die Menschwerdung erst später beginnt, sage ich: „Ich weiß es nicht. Und weil ich es nicht wirklich weiß, habe ich mich dafür entschieden, auf jeden Fall für das Leben zu sein.“ Sollte ich mich irren, irre ich mich lieber zugunsten des Lebens, statt Gefahr zu laufen, zum Mörder eines ungeborenen Kindes zu werden. Es imponiert mir, dass die katholische Kirche da absolut konsequent ist: Vom Moment der Zeugung an hat das Kind eine unsterbliche Seele. Leider verhindert diese entschiedene Lehre nicht, dass gerade in manchen katholischen Ländern die Abtreibungsrate besonders hoch ist.

Shane: Als ich in Indien war, kam ich mit zwei Straßenkindern in engeren Kontakt. Sie waren etwa sieben und zehn Jahre alt, Waisenkinder, die vollkommen allein auf der Straße lebten. Ich rief meine Mutter an und fragte sie: „Meinst du, wir finden jemanden, bei dem diese beiden Kinder unterkommen können?" Sie fragte herum und fand in ihrem Bekanntenkreis eine Frau, die nur zu gern dazu bereit war. Damit begann der Kampf mit der Bürokratie in Indien – ohne Erfolg. Schließlich bat ich eine leitende Schwester von Mutter Teresa, ob sie mir helfen könnte. „Ja, ich werde sogar direkt zu Mutter Teresa gehen und mit ihr darüber sprechen." Sie kam zurück und sagte: „Es ist Mutter Teresas unverrückbare Überzeugung, dass keine Kinder aus Indien nach Amerika gebracht werden sollten, solange die Vereinigten Staaten nicht ihre Abtreibungspolitik ändern. Das ist im Moment das wichtigere Thema für die USA."

Während meines Aufenthaltes in Indien lernte ich viele Leute kennen, die sie nicht Mutter Teresa nannten, sondern einfach nur „Mutter". Der Grund dafür ist einfach: Sie war tatsächlich eine Mutter. Immer wieder traf ich auf Leute, die sie großgezogen hatte. Sie hat sich diesen Titel verdient ebenso wie ihre Glaubwürdigkeit als jemand, der voll und ganz für das Leben war. Und zwar nicht, weil sie vor Abtreibungskliniken Plakate hochgehalten hat mit der Aufschrift: „Abtreibung ist Mord". Sie hat den Titel verdient, weil sie Frauen und Kindern in schwierigen Situationen beigestanden hat. Gegen solche Integrität gibt es keine Argumente.

Unsere Ideologie bringt immer auch eine Verantwortung mit sich. In meiner Umgebung heißt „gegen Abtreibung sein" mittlerweile, dass wir überlegen, was wir tun können, wenn ein vierzehnjähriges Mädchen schwanger wird. Wenn wir wirklich für das Leben sind, haben wir hoffentlich ein paar Pflegekinder und Teenie-Mütter vorzuweisen, die bei uns leben.

Ich möchte nicht nur *gegen* etwas sein: gegen Abtreibung, gegen Todesstrafe, gegen Gewalt und Waffen, sondern vor allem *für* etwas, nämlich für das Leben. Schon viel zu lange sind wir Christen vor allem dafür bekannt, dass

Ich möchte nicht nur *gegen* etwas sein: gegen Abtreibung, gegen Todesstrafe, gegen Gewalt und Waffen, sondern vor allem *für* etwas, nämlich für das Leben.

wir gegen alles Mögliche sind. Kaum einer weiß eigentlich, *wofür* wir sind.

Ich bin ganz wild auf eine Christenheit, die immer und ausnahmslos für das Leben eintritt und den Tod unterbricht, wo immer er sein hässliches Gesicht erhebt. Wir sind die mit der Auferstehung. Als Jesus von den Toten auferstand, erklärte er ein für alle Mal: „Tod, du bist tot.“ Ich will endlich eine Welt voller Christen sehen, die das Gleiche mit ihrem Leben bezeugen: „Tod, du bist tot.“

3. Umweltschutz

„Seht euch die Blumen auf den Wiesen an!
Sie arbeiten nicht und kümmern sich auch nicht um ihre Kleidung.
Doch selbst König Salomo in seiner ganzen Herrlichkeit
war lange nicht so prächtig gekleidet wie irgendeine dieser Blumen.“

Matthäus 6,28f. (Hoffnung für alle)

Tony: Immer mehr Christen begreifen langsam die Bedeutung eines weltweiten Umweltschutzes. Die Verschmutzung der Meere und der Luft und die Folgen der globalen Erwärmung sind in aller Munde. Weniger wird allerdings darüber geredet, dass der Umweltschutz im Grunde auch ein Lebensschutz-Thema ist.

Shane: Ja, genau das, es ist nur ein anderer Aspekt unseres „Pro Life“-Engagements. Unter Christen wird oft sehr stark betont, dass diese Welt eigentlich nicht unser Zuhause ist, weil sie irgendwann sowieso von Gott neu gemacht wird. Konsequent weitergedacht hieße das: Es ist vielleicht auch nicht so wichtig, wie wir mit der Welt umgehen. Mittlerweile sehe ich das aber anders. Ja, wir werden einmal in einer anderen Welt leben, aber das heißt nicht, dass wir diese nicht respektieren und pflegen und sie unseren Kindern in einem guten Zustand hinterlassen sollen! Wenn wir die Schöpfung dermaßen gering achten, wie muss das bei Gott ankommen, der diesen Planeten für uns geschaffen hat, ihn für

Wenn wir die Schöpfung dermaßen gering achten, wie muss das bei Gott ankommen, der diesen Planeten für uns geschaffen hat, ihn für „sehr gut“ hielt (vgl. Gen 1,31) und uns als seine Verwalter eingesetzt hat?

„sehr gut“ hielt (vgl. Gen 1,31) und uns als seine Verwalter eingesetzt hat?

Unzählige Menschen haben mir schon erzählt, wie nah sie sich Gott in der Natur fühlen, und wir lesen häufig in den Evangelien, dass Jesus auf irgendeinen Berg stieg, um dort zu beten. In der ganzen Bibel begegnet Gott immer wieder Menschen in der Natur.

Andersherum ist es auch so: Wenn wir irgendwie das Gespür für die Schöpfung verlieren, ist auch unser Kontakt zu Gott in Gefahr. Wenn alles um uns her hässlich, kaputt und künstlich ist, dann fällt es schwer, an einen Schöpfer der Schönheit zu glauben. Deshalb machen wir bei „Simple Way“ etwas, was der Bauer und Theologe Wendell Berry „die Auferstehung praktizieren“ nennt[31]. Wir legen im Beton-Dschungel im Norden Philadelphias Gärten an. Es ist herrlich zu sehen, wie dort Kinder das Wunder des Lebens mit einem Mal hautnah erfahren können und darüber auch neu vom Schöpfer der Schönheit und des Lebens fasziniert werden! Wenn wir die erste Gurke der Saison ernten, schneiden die Kinder sie in Scheiben und verteilen sie so ehrfürchtig wie das Brot beim Abendmahl. Ich werde nie vergessen, wie ein Kind die erste Karotte seines Lebens aus der Erde zog und von Ohr zu Ohr strahlend sagte: „Das ist wie Zauberei!“ Ich sagte: „Nein, das ist Gott!“ Wenn man jede Menge Wachstum, Kreativität und Schönheit um sich herum sieht, kann man nicht anders, als zu begreifen, dass es einen Gott gibt.

Wenn man jede Menge Wachstum, Kreativität und Schönheit um sich herum sieht, kann man nicht anders, als zu begreifen, dass es einen Gott gibt.

Ich bin froh, dass ich heutzutage leben darf. Immer wieder sehe ich, wie Menschen ihre Kreativität und Vorstellungskraft für das Leben einsetzen, für die Erlösung, für das Reich Gottes. Eine Gruppe von Ingenieuren hat sich zum Beispiel einen wahren Geniestreich ausgedacht: In Afrika haben sie eine Art Drehscheibe konstruiert, die die Kinder des Dorfes als Karussell benutzen. Und während sie darauf spielen und Spaß haben, pumpen sie das Wasser für das ganze Dorf nach oben.

Ich habe ein College besucht, das ein ganzes Öko-Dorf betreibt. Die Toiletten werden mit gefiltertem Schmutzwasser gespült, die

Waschmaschinen werden mit Ergometern (Trainingsfahrrädern) betrieben, auf denen Leute Strom erzeugen, während sie ihr Fitnessprogramm absolvieren. Bei uns gibt es eine Aktion von Rentnern, die Plastik-Einkaufstüten sammeln und zu weichen, isolierenden Matten flechten, die wir dann an Obdachlose verteilen. Eine andere Gruppe sammelt Stoffreste und näht daraus Schlafsäcke mit Tragegurten aus alten Krawatten, ebenfalls für Obdachlose. Krawatten trägt ja sowieso kaum noch jemand. Wie sagte doch Mahatma Gandhi: „Sei du selbst die Veränderung, die du dir für diese Welt wünschst."

„Sei du selbst die Veränderung, die du dir für diese Welt wünschst."

Unser neuestes Projekt ist ein solarbeheiztes Gewächshaus. Wir haben es auf dem Boden errichtet, auf dem vor fünf Jahren unsere Häuser niedergebrannt sind. Nun besitzt unser „Park" ein Gewächshaus mit einem riesigen Fischbecken. Die Fische düngen das Wasser für die Pflanzen. Es ist ein integriertes System aus Fischzucht und Wasserkultur, das die Natur nachahmt. Mitten in den Ruinen des industriellen Zeitalters, die uns die dunkle Seite der Weltwirtschaft täglich vor Augen führen, blüht neues Leben auf. Wir wachen zwar jeden Morgen auf der falschen Seite des Kapitalismus auf, aber wir sehen konkrete Hoffnungszeichen. Wir errichten eine neue Welt in den Ruinen der alten. Wir sehen, wie das Gras sich durch den Beton arbeitet, wir bekommen mit, wie unsere Nachbarschaft zu neuem Leben erwacht. Wir haben jetzt eine kleine Oase in der Betonwüste von Nord-Philadelphia. Und bald gibt es Öko-Fischburger für alle!

Tony: Wenn der Prophet Jesaja voraussieht, dass einmal der Löwe und das Lamm beieinanderliegen (vgl. Jesaja 11,6), dann bedeutet das auch die Wiederherstellung der Harmonie in der Natur. Ich glaube, dass die ganze Schöpfung durch die Sünde des Menschen in Mitleidenschaft gezogen wurde, nicht nur das Zusammenleben der Menschen selbst. Wir leben in einer gefallenen Schöpfung, wie es die Theologen bezeichnen. Darum gibt es meiner Meinung nach auch so viel Grausamkeit im Tierreich. Jesaja fährt fort: „Sie sollen nicht verletzen noch zerstören in all meinen heiligen Bergen: Denn die Erde wird voll sein von der Erkenntnis des Herrn, wie das Wasser die Tiefen des Meeres bedeckt" (Jesaja 11,9). Das gibt tatsächlich Hoffnung: Wenn Gottes Wille auf Erden wie im Himmel geschieht, dann wird auch die Erde von all dem Schaden befreit, den wir ihr zugefügt haben. Die Harmonie wird in Gottes Schöpfung wiederhergestellt.

Wenn Gottes Wille auf Erden wie im Himmel geschieht, dann wird auch die Erde von all dem Schaden befreit, den wir ihr zugefügt haben.

Jesus sagt uns, dass sein Friedensreich schon angebrochen ist: „Gottes Herrschaft ist schon mitten unter euch" (Lk 17,21). Ich sehe hier und jetzt Zeichen dieses Reichs und ich bin überzeugt, dass es sich vor unseren Augen jeden Tag weiter ausbreitet. Zu seinem Reich zu gehören heißt, sich dem anzuschließen, was Gott gerade tut, zum Beispiel die Natur vor dem Chaos zu retten, das wir angerichtet haben.

Shane: Diese Veränderung geschieht nicht durch Könige und Präsidenten, sondern mit den einfachen Leuten. Jesaja sagt (vgl. 2,4), dass Gottes Volk die Schwerter in Pflugscharen umschmieden wird und die Speere in Sicheln. Es beginnt mit dem Volk Gottes, das anfängt, die Dinge einfach umzukehren, vom Tod zum Leben. Und die Könige und Präsidenten und Nationen werden folgen.

Tony: Aus der Sicht eines Skeptikers bringen solche kleinen Anstrengungen wie euer Gartenprojekt wohl kaum etwas, um die Welt zu verändern. Aber Jesus vergleicht das Reich Gottes ja auch mit einem Senfkorn. Senfsamen sind sehr klein, wir würden sie glatt übersehen. Aber Jesus weist uns darauf hin, dass aus diesen winzigen Körnern eine große Pflanze wächst, in deren Zweigen Vögel nisten können (vgl. Markus 4,31 f.). Aus lächerlich kleinen Anfängen können in seinem Reich große Dinge entstehen.

Shane: Die meisten Bilder, die Jesus für das Reich Gottes verwendet, haben mit kleinen, unauffälligen Dingen zu tun: Salz. Licht. Hefe. Alles Dinge, die eines gemeinsam haben: Sie breiten sich aus. Darum mag ich das Senfkorn als Beispiel für sein Reich so sehr, denn Senf verbreitet sich wild und verdrängt alle anderen Pflanzen. Die Juden hatten sogar ein Gesetz, das ihnen verbot, Senf in ihrem Garten zu pflanzen, weil dieses Gewächs in kurzer Zeit die ganze Nachbarschaft überwuchern würde.

Die meisten Bilder, die Jesus für das Reich Gottes verwendet, haben mit kleinen, unauffälligen Dingen zu tun: Salz. Licht. Hefe. Alles Dinge, die eines gemeinsam haben: Sie breiten sich aus.

Auf der anderen Seite ist Senf auch eine „demütige" Pflanze. Sie wächst nicht zu einem gewaltigen Baum heran wie die Zedern im Libanon oder wie die gigantischen Redwood-Riesen in Kalifornien. Eine Senfpflanze wird normalerweise nicht höher als eineinhalb Meter, ein überschaubares Kraut also. Was für ein wunderbares Bild dafür, wie das Reich Gottes die gesamte Welt erreichen will: eine unauffällige, demütige Invasion aus Güte und Gnade.

Tony: Gerade in kleinen Projekten und Programmen sehen wir das Potenzial für bedeutende Veränderungen. Doch so wichtig, wie die scheinbar kleinen Dinge sind, die jeder von uns tun kann, sollten wir auch das große Ganze nicht aus dem Auge verlieren und die gesamte Umweltproblematik auch auf höchster Ebene angehen.

Vor nicht allzu langer Zeit reiste ich nach Buenos Aires, um dort einen Vortrag zu halten. Es war ein Nachtflug, und als wir über Brasilien waren, sah ich aus elf Kilometern Höhe überall im Amazonasgebiet riesige Brände. Dort brannten Leute den Urwald nieder und das aus den unterschiedlichsten Gründen: um besser an die Rohstoffe im Boden heranzukommen und um Weideland für Rinder zu schaffen, die den weltweit immer weiter steigenden Fleischkonsum befriedigen sollen.

Warum essen wir überhaupt so viel Fleisch? Ist uns klar, dass unsere Essgewohnheiten mit dazu beitragen, unseren Planeten zu zerstören? Ernährungswissenschaftler warnen die westliche Bevölkerung schon lange davor, dass wir nicht nur zu viel, sondern auch noch das Falsche essen. Wir essen uns zu Tode, während unzählige Menschen vom Hungertod bedroht sind, weil für sie nicht einmal die Grundnahrungsmittel zur Verfügung stehen. Es gibt Studien, die zu dem Schluss kommen, dass 90 Prozent der hungernden Weltbevölkerung ausreichend ernährt werden könnten, wenn wir die Proteine aus den Pflanzen einfach direkt essen würden, statt dass das Vieh sie frisst, das wiederum wir dann essen. Von den schrecklichen Haltungsbedingungen vieler Tiere einmal ganz abgesehen.

Wir essen uns zu Tode, während unzählige Menschen vom Hungertod bedroht sind, weil für sie nicht einmal die Grundnahrungsmittel zur Verfügung stehen.

Alles hängt irgendwie miteinander zusammen und wenn wir mit einem Teil der Schöpfung schlecht umgehen, hat das Auswirkungen auf den ganzen Planeten und betrifft so letztlich alle Menschen.

Shane: Aber selbst kleine Veränderungen bedeuten auch Opfer. Wenn man im 18. Jahrhundert in Europa für die Abschaffung der Sklaverei war, musste man seine Integrität dadurch unter Beweis stellen, dass man keinen Zucker im Tee trank, denn die gesamte Zuckerindustrie beruhte auf der Ausbeutung von Sklaven. Heute müssen wir uns fragen: Was ist der Preis für unseren Lebensstil? Wessen Elend ernährt uns? Wir sollten einige Dinge aufgeben. Beim einen mag es der Fleischkonsum sein, beim anderen das Benzin oder die Schokolade. Wir werden keine Firmen mehr durch unseren Konsum unterstützen, für deren Verhalten im Ausland wir uns schämen müssen. Vielleicht müssen wir wieder selbst Gemüse anbauen oder öfter zu Fuß gehen oder Fahrrad fahren. Wir haben die Chance, einen völlig neuen Lebensstil zu entwickeln und nicht mehr den Mustern des Niedergangs zu folgen.

Die fröhlichsten und lebendigsten Menschen, die ich kennenlernen durfte, waren solche, die ganz eng mit der Natur verbunden sind und viel Zeit im Freien verbrachten. Schließlich hat Jesus dasselbe getan und uns durch sein Vorbild eingeladen, auch so zu leben. Die ersten Christen lebten wohl eher wie die Beduinen, denen wir im Heiligen Land begegneten, als wie heutige Stadtmenschen. Christen auf der ganzen Welt, die noch in eine eher ursprüngliche Kultur hineingeboren wurden, verbinden ihren Glauben ganz selbstverständlich mit dem Erhalt der Schöpfung. Sie haben uns eine Menge zu lehren. Wir müssen uns kritische Fragen in Bezug auf den ach so wunderbaren „Fortschritt" stellen, der uns so wichtig ist: Sind wir glücklicher als vor 50 Jahren oder als ein Massai im afrikanischen Busch? Wir sind auf jeden Fall beschäftigter, aber sind wir auch lebendiger?

Sind wir glücklicher als vor 50 Jahren oder als ein Massai im afrikanischen Busch? Wir sind auf jeden Fall beschäftigter, aber sind wir auch lebendiger?

Verschiedene Studien zeigen, dass in den reichsten Gebieten auf dieser Erde die höchste Rate an Vereinsamung, Depression und Selbstmord zu verzeichnen ist. Da helfen uns auch all unsere technischen Errungenschaften und virtuellen „Freunde" nicht weiter – im Gegenteil, wir werden immer einsamer. Vielleicht ist es an der Zeit, mal wieder in den Garten zu gehen. Damit meine ich nicht, dass alle ab sofort wieder auf den Bäumen leben sollten, aber vielleicht können wir uns dem wieder etwas mehr annähern, was sich Gott eigentlich für diese Welt gedacht hat.

Die ersten Christen wussten bereits, dass das Kreuz die ganze Welt zusammenhält. Der senkrechte Balken des Kreuzes steht für die Versöhnung der Menschen mit Gott. Der horizontale Balken für die Versöhnung der Menschen miteinander. Und das Ganze steht fest verankert in der Erde, was uns daran erinnern kann, dass Gott diese seine Schöpfung wiederherstellen wird.

4. Frauen

Als Jesus mitbekam, worüber sie sich aufregten, griff er ein:
„Warum macht ihr dieser Frau das Leben schwer?
Sie hat etwas Großartiges und Bedeutsames für mich getan."
Matthäus 26,10

Tony: Die Frage, welche Rolle die Frau in der Kirche hat, haben darf, haben soll, ist eines der am kontroversesten diskutierten Themen unter Evangelikalen, Lutheranern und Katholiken gleichermaßen. Eines ist sehr klar, nämlich, dass Jesus Frauen immer wieder bestätigt hat. Er lud Maria, die Schwester des Lazarus, ein, sich mitten unter seine Jünger zu setzen und seinen Lehren zuzuhören (vgl. Lukas 10,38–42). Er verletzte gesellschaftliche Regeln, als er sich allein mit der Frau am Jakobsbrunnen unterhielt (vgl. Johannes 4,4–26). Und er brach eine jüdische Reinheitsvorschrift, indem er zuließ, dass eine Frau mit Blutungen ihn berührte (vgl. Matthäus 9,20–22). Paulus machte in seinem Brief an die Galater (3,28) klar, dass „in Christus" die gesellschaftliche und religiöse hierarchische Trennung von Mann und Frau aufgehoben ist. Trotzdem gibt es viele Christen, die den ersten Timotheusbrief ins Feld führen (2, 11–15), um Frauen von Leitungspositionen fernzuhalten.

Shane, was sagst du zu Leuten, die Frauen nicht in lehrender oder leitender Funktion sehen wollen? Ist das nicht nur eine weitere Form von Herabwürdigung und Diskriminierung?

Shane: Warum sollten wir eigentlich die Hälfte aller wundervollen Geschenke, die Gott uns geben möchte, einfach links liegen lassen? Die

Heilige Schrift ist voller starker Frauen: Prophetinnen, Richterinnen, Unternehmerinnen, Jüngerinnen. Massenweise Bücher sind über sie geschrieben worden. Niemand hat ein Problem damit, dass Frauen Ärztinnen, Wissenschaftlerinnen, Pilotinnen oder Sozialarbeiterinnen sind, aber eine Predigt dürfen sie nicht halten? Wir trauen unseren Schwestern zu, dass sie uns die Milz herausoperieren oder unsere Kinder in die Geheimnisse der Mathematik einweihen, aber sie sollen keinen Hauskreis leiten? Da stimmt doch irgendetwas nicht!

> Warum sollten wir eigentlich die Hälfte aller wundervollen Geschenke, die Gott uns geben möchte, einfach links liegen lassen?

Frauen kommen nicht nur am Rand des Evangeliums vor, sie stehen mittendrin. Frauen waren die Einzigen, die bei Jesus am Kreuz geblieben sind, als alle Männer (mit Ausnahme von Johannes) das Weite gesucht hatten. Frauen waren es, die den Männern von der Auferstehung Jesu berichteten, und sie waren seine treuesten Nachfolgerinnen (vgl. Lukas 8,1–3).

Dazu kommt die unbestrittene Tatsache, dass Frauen auch in der frühen Kirche schon bald Leitungsfunktion einnahmen. So wie die zwölf Apostel die zwölf Stämme Israels repräsentieren, so sehen wir die Gemeinde Gottes sich mehr und mehr vollenden, indem Neubekehrte hinzugefügt werden und Frauen in Schlüsselpositionen dienen. Römer 16 ist voller Grüße an verschiedenste weibliche Mitarbeiter. Im 18. Kapitel der Apostelgeschichte erfahren wir von einem Ehepaar, Aquila und Priscilla, die gemeinsam Apollos, einen frühchristlichen Prediger, unterrichteten. Frauen sollen im Gottesdienst nur ihren Kopf bedecken, wenn sie in der Gemeinde prophetisch reden oder beten (vgl. 1 Korinther 11). Im Römerbrief lesen wir sogar, dass Frauen Diakoninnen sind. Paulus und andere Apostel bestimmten Frauen zu Leiterinnen, wie Euodia und Syntyche in Philippi.

Natürlich gibt es einige wenige Verse, die dazu missbraucht werden können, Frauen in Gemeinden geistlich wegzusperren. Früher wurden auch Bibelverse herangezogen, um die Sklaverei zu rechtfertigen. Das wollen wir an dieser Stelle nicht weiter breittreten. Es gibt dazu schon jede Menge spannende Diskussionen, Artikel, Bücher und andere Beiträge.

Der Dienst in einer Gemeinde ist eine Sache der Berufung und der Begabung, nicht des Geschlechts. Es wäre ein Schlag ins Angesicht der Gnade Gottes, würden wir die Hälfte der begabten Leiter in unseren Gemeinden dadurch verlieren, dass wir ein paar wenige Textstellen falsch verstanden haben. Eigentlich dürfte es nicht notwendig sein, überhaupt noch zu betonen, dass Männer und Frauen gleich sind, aber es ist leider so. Vielleicht sind wir in nochmal 10 Jahren endlich bei einer wirklichen Gleichstellung angekommen. Bis dahin fühlen wir uns hoffentlich zunehmend unwohl unter einer männerlastigen Gemeindeleitung, während die Kirchen voller Frauen sind, die mehr als befähigt zum Leiten und Lehren sind, aber immer noch schräge Blicke und kalte Schultern zu sehen bekommen.

Es wäre ein Schlag ins Angesicht der Gnade Gottes, würden wir die Hälfte der begabten Leiter in unseren Gemeinden dadurch verlieren, dass wir ein paar wenige Textstellen falsch verstanden haben.

Wenn wir wissen wollen, was es bedeutet, wirklich Mensch zu sein, dann müssen wir auf Jesus schauen. Er machte alles Mögliche, das wir von unserer Kultur her als eher feminin einstufen würden, zum Beispiel Weinen. Und er tat anderes, das eher maskulin herüberkommt, wie das Umwerfen der Wechslertische im Tempel. Aber eigentlich sind all das einfach nur Farben aus dem Spektrum menschlicher Emotionen und Handlungsweisen, und weil Jesus Gott ist, sind auch sie göttlich.

Tony: Ich stimme dir absolut zu, dass Frauen in unseren Kirchen die gleichen Rechte wie Männer haben sollten, was das Predigen und Lehren anbelangt. Wenn ich in der Heiligen Schrift lese, dann ist für mich sonnenklar, dass durch Christus Frauen den gleichen Status haben wie Männer.

Im alten Tempel von Jerusalem war im Tempelvorhof eine Absperrung, über die Heiden und Frauen nicht hinausdurften. Ihnen war es nicht erlaubt, in den inneren Hof zu gehen, wo die jüdischen beschnittenen Männer beten durften und damit vermeintlich Gott näher waren. Doch im Brief an die Epheser schreibt Paulus unmissverständlich (vgl. 2,14), dass diese Trennmauer durch Jesus niedergerissen wurde. Das bedeutet doch, dass Nichtjuden und Frauen nun den gleichen Status vor Gott haben wie die jüdischen Männer. Der Zweite-Klasse-Status, den die Heiden und Frauen im alten religiösen System der Juden hatten, wurde durch Christus für immer beseitigt. Und das sehen wir immer wieder im Neuen Testament passieren.

Wenn es um die Gaben des Heiligen Geistes geht (vgl. Epheser 4,11), gibt es nicht einen einzigen Hinweis, dass nur Männer die Gabe des Lehren und Predigens erhalten würden. Paulus sagt *allen* Christen – und das schließt offensichtlich auch die Frauen ein –, dass wir Gottes Gaben an uns benutzen sollen, um seinem Willen zu gehorchen (vgl. 1 Timotheus 4,14).

Shane: Als Feministen, die zufällig Männer sind, brauchen wir viel Kreativität und Mut. Vor ein paar Jahren wurde ich einmal eingeladen, auf einer Konferenz zu sprechen. Nachdem ich zugesagt hatte, stellte ich fest, dass ausschließlich Männer auf der Rednerliste standen. Daraufhin rief ich den Veranstalter an und bot ihm an, meinen Part doch einer Frau zu überlassen, und ich nannte ihm auch sofort eine ganze Reihe von Rednerinnen, die diesen Platz hervorragend füllen würden. Sie nahmen das Angebot nicht an. Ich betete für diese Angelegenheit und beriet mich mit einigen engen Freunden. Ich wollte die Konferenz nicht sprengen oder einen Flächenbrand entfachen, aber irgendwie fühlte ich mich gedrängt, etwas zu tun. Mitten im Gebet spürte ich, wie der Heilige Geist mir einen Wink gab. Ich ging zu der Konferenz und hielt meine Predigt, genau, wie ich sie vorbereitet hatte. Nur: Ich trug währenddessen ein T-Shirt mit dem Aufdruck: „Gott liebt Frauen, die predigen.“

Als Feministen, die zufällig Männer sind, brauchen wir viel Kreativität und Mut.

Tony: Ein guter Anfang, aber leider geht der Sexismus noch viel tiefer. Wir haben ein kulturelles Wertesystem, das Frauen unterdrückt und sie zwingt zu denken, sie müssten sich dem gängigen Schönheitsideal unterwerfen, das ihnen bestimmte Körpermaße vorschreibt. Denk nur mal daran, dass die Mehrheit der Frauen in der Werbung oder die Nachrichtensprecherinnen nicht nur jung, sondern meist auch außerordentlich hübsch sind. Hübsch in dem Sinne, wie unsere heutige Kultur und Gesellschaft es definiert. Warum lassen sich so viele Frauen Brustimplantate einsetzen? Weil sie den Erwartungen einer sexistischen Gesellschaft entsprechen wollen. Und die setzt Frauen in der westlichen Welt unter Druck, möglichst ihr Leben lang wie 23 auszusehen. Schönheitschirurgen haben alle Hände voll zu, so groß ist die Nachfrage nach verjüngenden Operationen. Und das ist in unserer Gesellschaft bereits gang und gäbe.

Die Feministin Kate Millet sagte einmal: „Ein vierzig Jahre alter Mann gilt als reif, eine vierzigjährige Frau als verbraucht."[32] Sie meinte damit nicht, dass eine Frau mit 40 nicht auch noch attraktiv sein könnte, sondern dass sie nur dann als attraktiv gilt, wenn sie wesentlich jünger als 40 aussieht. Und tatsächlich machen sich viele Frauen einen Riesenstress, um sich ein jugendliches Aussehen zu erhalten. Die Kosmetikindustrie verdient zig Millionen damit, Frauen zu beliefern, die in Bezug auf ihr Aussehen unsicher sind – weil unsere sexistische Gesellschaft ihnen das eingebläut hat.

„Ein vierzig Jahre alter Mann gilt als reif, eine vierzigjährige Frau als verbraucht."

Schon in einem sehr frühen Alter fängt es an, dass ein Mädchen die sexistischen Vorstellungen der sie umgebenden Gesellschaft übernimmt. Zum Beispiel dann, wenn sie mit Barbiepuppen spielt. Obwohl es physisch unmöglich ist, einen Körper wie Barbie zu haben, fangen manche Mädchen schon sehr früh an, Diäten zu machen, bis hin zu den krankhaften Formen der Anorexie oder Bulimie. Und zwar, weil sie aussehen wollen wie Barbie oder Models oder Schauspielerinnen. Barbie hatte einen destruktiven Einfluss auf weit mehr Mädchen, als wir denken.

Shane: Ja, wenn wir jedes Jahr zu Weihnachten Geschenke für arme Kinder sammeln, dann sagen wir immer: Bitte keine Spielzeug-Waffen und keine Barbies. Baby-Puppen und Wasserpistolen sind okay.

Tony: Wenn Frauen als Sexobjekt gesehen werden, kommen die übelsten Verhaltensmuster zum Tragen, weil das Verhältnis Mann-Frau nur noch unter einem entpersonalisierten Blickwinkel betrachtet wird. Denk mal an einen Mann, der seine 55 Jahre alte Frau ansieht, die nun einfach nicht mehr in der Form ist wie mit 23. Darum lässt er sie links liegen und schläft mit einer jungen Frau, die so aussieht, wie es nach den Vorstellungen unserer sexistischen Kultur nötig ist, um begehrenswert zu sein. Die Prostituierte, die er dann aussucht, um seinen gesellschaftlich erzeugten „Appetit" zu befriedigen, ist möglicherweise eine junge Frau, die völlig rechtlos für einen kriminellen Zuhälter arbeiten muss.

Wir sollten das Problem der ungesetzlichen Prostitution und der modernen Sexsklaverei nicht dadurch zu lösen versuchen, dass wir die Zuhälter einsperren und auch nicht die Freier, die zu diesen Frauen gehen. Solange es grundsätzlich einen Markt für Prostitution gibt, wird es immer auch „Nachschub" geben. Wir haben es mit der hässlichen Wirklichkeit zu tun, dass unsere Gesellschaft Männer mit einer wirklich frauenverachtenden Vorstellung dessen indoktriniert, was sie sexuell antörnend zu finden haben. Diese Entwicklung ist ebenso abstoßend wie falsch, doch sie ist mittlerweile ein Teil unserer Kultur geworden. Darum ist es mehr denn je Aufgabe der Kirchen und Gemeinden, Männer heranzubilden, die mit dieser „Kultur" nichts zu tun haben wollen (vgl. Römer 12,1 f.), sondern die stattdessen fest entschlossen sind, sie von Grund auf zu verändern.

Shane: Dieses ganze Problemfeld wird ja noch komplizierter, wenn wir einen Blick auf die globale Situation werfen. In extremen Fällen werden Frauen misshandelt oder gefoltert, unter anderem, indem man sie einer grausamen Beschneidung unterzieht. Das sind Dinge, die Gott betreffen. Für Gott sind Misshandlungen seiner Geschöpfe immer schlimm, egal, ob es sich um Frauen oder Männer handelt. Doch besonders übel ist es, wenn es die Schwächeren trifft, die sich nicht wehren können.

Und da wir gerade dabei sind, müssen wir sagen, dass es Gott auch nicht gleichgültig ist, welcher Lohn Frauen gezahlt wird. Frauen bekommen noch immer im Durchschnitt völlig unbegründet für dieselbe Arbeit wesentlich weniger Geld als Männer. Von der Anerkennung ganz zu schweigen. Die „College Times" listete einmal ein paar einfache Fakten auf: Es ist Tatsache, dass weltweit in vier von zehn Vorständen großer Konzerne überhaupt keine Frauen zu finden sind. Bei gleicher Arbeit erhalten Frauen in 99 % aller Betriebe wesentlich weniger als ihre männlichen Kollegen. Statistiken ändern nicht die Welt, aber sie können uns die Punkte deutlich machen, die in unserer Welt geändert werden müssen. Und wir als Nachfolger Jesu sollten uns Gedanken darüber machen, wie wir das tun können.

5. Homosexualität

„Ich gebe euch aber ein neues Gebot: Liebt einander.
Wie ich euch geliebt habe, so sollt auch ihr einander lieben.
An der Liebe, die ihr zueinander habt, werden alle Menschen erkennen, dass ihr zu mir gehört!"
Johannes 13, 34 f.

Shane: Tony, die Heirat von gleichgeschlechtlichen Paaren hat in den letzten Jahren zu den schärfsten Kontroversen geführt. Aber ich weiß, dass du einen klaren Standpunkt in dieser Sache hast. Kannst du uns einen kleinen Einblick in deine Gedanken zu diesem Thema geben?

Tony: Ich glaube, dass die Regierung keine gleichgeschlechtlichen Eheschließungen legalisieren sollte, ebenso wie sie keine verschiedengeschlechtlichen Eheschließungen legalisieren sollte. Das heißt, die Regierung sollte sich meiner Meinung nach aus der ganzen Geschichte mit der Ehe und ihrer Legalität heraushalten und sich dafür lieber um die zivilen Rechte aller ihrer Bürger kümmern. Sie sollte Homo- und Heteroehen auf die gleiche Weise behandeln, ihnen die gleichen Rechte, Privilegien und Verantwortungen auferlegen. Wenn zwei Menschen beschlossen haben, dass sie in einer verbindlichen Beziehung miteinander leben wollen, dann sollen sie einfach aufs Standesamt gehen und sich zivilrechtlich als Paar eintragen lassen. Wenn dann ein Paar möchte, dass man ihre Beziehung eine Ehe nennt, dann soll es sich eine Kirche suchen, die damit keine Schwierigkeiten hat, und dort die Trauzeremonie vollziehen lassen.

Wenn die Ehe eine „*heilige* Institution" ist, warum ist dann die Regierung überhaupt involviert? Ist es nicht ausschließlich Sache der Kirche, heilige Zeremonien durchzuführen und Paare als verheiratet zu erklären? (Anm. d. Übs: Was das anbelangt, vertrat Luther die genau entgegengesetzte Meinung ...)

Shane: Aber fragen sich nicht die Leute, warum einige Gemeinden homosexuelle Paare trauen, andere dagegen nicht?

Tony: Ja, das tun sie, und ich kann darauf nur antworten: „Genau so ist es richtig!" Ich bin Baptist und glaube an die Autonomie der Ortsgemeinde, das heißt: Jede Gemeinde kann in einem gewissen Maß selbstständig Regeln und Kriterien bilden, nach denen sie auch Fragen der Eheschließung entscheidet.

Aber lass uns noch einmal einen Moment nachdenken: Würdest du wollen, dass die Regierung entscheidet, wer zum Abendmahl gehen darf und wer nicht? Oder dass die Kirche das Ritual der Taufe dem Staat überträgt und sagt: „Es ist Sache des Staates zu entscheiden, wer getauft wird und wer nicht!"? Wenn man glaubt, dass die Ehe ein heiliges Sakrament ist, dann ist sie bei der Regierung an der ganz falschen Stelle!

Als Nachfolger Jesu sollten wir uns sehr ernsthaft mit dem Thema Homosexualität beschäftigen. Niemand weiß letztlich, was in jedem einzelnen Fall die Gründe für eine homosexuelle Orientierung sind. Aber eines wissen wir: dass Menschen sich in der Regel nicht willentlich dafür entscheiden, homosexuell zu sein. Ich habe eine ganze Reihe Männer kennengelernt, die als Christen unglaublich unter ihrer homosexuellen Neigung gelitten und immer wieder Gott angefleht haben, sie doch davon zu befreien, doch es hat sich nicht das Geringste getan. Viele von ihnen sind durch einen langen

Niemand weiß letztlich, was in jedem einzelnen Fall die Gründe für eine homosexuelle Orientierung sind. Aber eines wissen wir: dass Menschen sich in der Regel nicht willentlich dafür entscheiden, homosexuell zu sein.

Prozess von Seelsorge und Therapien gegangen, aber ihre sexuelle Orientierung hat sich nicht verändert. Manche von ihnen wurden fast irre an Gott, weil sie mit dem Gedanken nicht klarkamen, dass Gott sie anscheinend mit dieser sexuellen Ausrichtung geschaffen und damit gleichzeitig zu einem Leben in Einsamkeit und Verdammung verurteilt hat.

Ich behaupte nicht, dass Menschen homosexuell geboren werden. Niemand weiß bis heute genau, warum Leute homo- oder bisexuell werden oder sich im falschen Körper gefangen fühlen. Möglicherweise beginnt die sexuelle Orientierung schon so früh in der Entwicklung von Kindern, dass sie sich in den seltensten Fällen an eine derartige „Weichenstellung" erinnern. Eine Tatsache ist, dass eine tatsächliche, dauerhafte, vollständige „Umpolung" der sexuellen Orientierung äußerst selten ist. Viele Versuche, die sexuelle Orientierung durch sogenannte „reparative" Therapie zu verändern, richten bei den Betroffenen großen psychischen Schaden an.

Viele Versuche, die sexuelle Orientierung durch sogenannte „reparative" Therapie zu verändern, richten bei den Betroffenen großen psychischen Schaden an.

Die Kirche tut gut daran, zunächst einmal diese Realitäten zu akzeptieren, und ich habe den Eindruck, dass langsam ein Umdenken geschieht. Manche Gemeinden haben inzwischen begriffen, dass sie Menschen, die sich diese Lebenssituation nicht ausgesucht haben, zutiefst verletzt haben. Nur zu oft wurden Leute lieblos behandelt und durch falsche Informationen, die die Kirchen über Homosexuelle verbreitet haben, diskriminiert. Wenn ich einen Prediger im Radio höre, der etwas Hirnrissiges von sich gibt wie: „Jungen werden homosexuell, weil sie schwache Väter haben oder weil ihre Väter nicht da waren", würde ich am liebsten schreien: „Das ist blanker Unsinn! Und du produzierst mit diesem Gerede nur zusätzliches Leid!"

Wenn Eltern erfahren, dass eines ihrer Kinder homosexuell ist, gehen sie meist durch eine extrem schmerzliche Zeit der Selbstprüfung. Und auch wenn sie den homosexuellen Sohn oder die lesbische Tochter bedingungslos akzeptieren, wissen sie, dass ihr

Kind eine schwierige Zeit vor sich hat. Das Letzte, was solche Eltern gebrauchen können, sind Prediger, die nicht wissen, wovon sie reden, aber Dinge von sich geben wie: „Ihr müsst der Tatsache ins Auge sehen, dass eure Kinder so geworden sind, weil ihr versagt habt.“ Solche Eltern müssen schon genug aushalten inklusive der Reaktion ihrer Gemeinde. Sie brauchen nicht auch noch jemanden, der eine völlig ungerechtfertigte Schuld wie eine schwere Last auf sie legt.

Das Letzte, was solche Eltern gebrauchen können, sind Prediger, die nicht wissen, wovon sie reden.

Shane: Als ich in Indien war, arbeitete ich in dem ersten Haus von Mutter Teresa, das sie für die Sterbenden eingerichtet hatte. Dort halfen noch Dutzende andere Freiwillige, darunter einige der außergewöhnlichsten Menschen, die ich je getroffen habe. Jeden Tag fuhren wir zum Dienst hin und zurück mit dem Bus. Eines Tages bekannte mir eine Mitarbeiterin, dass sie lesbisch sei und sie einfach nicht wisse, wie sie damit umgehen soll und wie sie ein Leben führen könne, das Gott ehrt. Ich fragte sie, ob sie schon mal daran gedacht hätte, mit Mutter Teresa darüber zu sprechen. Sie sagte, das hätte sie vor.

Ein paar Tage später sagte sie, sie sei zu Mutter Teresa gegangen. Ich fragte: „Und, was hat sie gesagt?“ Sie lächelte: „Nun, nicht allzu viel. Die meiste Zeit hat sie mir eigentlich zugehört, doch dann fragte sie mich, ob ich morgen in der Messe die Lesung halten würde.“

Ich finde das genial. Wir denken so oft, es wäre unsere Aufgabe, Leute in eine bestimmte Richtung zu schubsen. Aber das ist im Grunde nichts anderes als ein Mangel an Glauben, dass der Heilige Geist schon längst in ihnen am Werk ist. Letztlich bedeutet das doch, dass der Heilige Geist unserer Ansicht nach nicht aktiv werden kann, wenn wir den Leuten nicht klarmachen, was in der Bibel steht oder wie wichtig dieses oder jenes ist.

Wir denken so oft, es wäre unsere Aufgabe, Leute in eine bestimmte Richtung zu schubsen. Aber das ist im Grunde nichts anderes als ein Mangel an Glauben, dass der Heilige Geist schon längst in ihnen am Werk ist.

Wir verwechseln immer wieder die Rolle, die wir zu spielen haben, mit der Gottes. In dem Buch unseres Freundes Andrew Marin „Love is an Orientation" (übrigens eine empfehlenswerte Lektüre zu diesem Thema) schreibt er, was Billy Graham auf die Frage antwortete, was denn nun mit der Homosexualität sei: „Die Aufgabe des Heiligen Geistes ist es zu überführen, die Aufgabe Gottes ist es zu urteilen, meine Aufgabe ist es zu lieben."[33]

Wenn wir das nicht auseinanderhalten, geraten wir in Schwierigkeiten und verursachen noch viel größere. Einmal erzählte mir ein Teenager, dass er homosexuell sei und eigentlich sein ganzes Leben lang immer nur gehört hätte, dass er falsch sei. Die Tränen rannen ihm über das Gesicht, als er mir sagte, dass er sich umbringen wollte, weil er sich fragte: „Wie kann Gott nur solche Fehler machen?!"

Ich dachte: „Wenn dieser Teenager keine Heimat in der Gemeinde findet, was ist dann aus uns geworden? Und wenn er in mir keinen Freund findet, was ist dann aus mir geworden?"

Tony: Mich würde interessieren, wie viele Menschen wie der Junge ihr Leben in stiller Verzweiflung verbringen. Nicht wenige haben aus diesem Grund Selbstmord begangen. Die amerikanische Gesundheitsbehörde hat eine Statistik veröffentlicht, die besagt, dass Selbstmord aufgrund einer gleichgeschlechtlichen Orientierung die zweithäufigste Todesursache von Teenagern ist[34] (die häufigste Todesursache ist Autofahren unter Alkoholeinfluss).

> Die amerikanische Gesundheitsbehörde hat eine Statistik veröffentlicht, die besagt, dass Selbstmord aufgrund einer gleichgeschlechtlichen Orientierung die zweithäufigste Todesursache von Teenagern ist.

Die Positionen von Gemeinden können unterschiedlich sein, aber wenn ihr Umgang mit Homosexuellen, Lesben und Transgendern dazu führt, dass solche Menschen in den Selbstmord getrieben werden, dann läuft da etwas ganz gewaltig schief.

Shane: Die Leute von der *Barna Group* (ein evangelikales Meinungsforschungsinstitut in den Staaten), mit denen wir befreundet sind, brachten vor einigen Jahren eine Studie heraus, in der sie junge Nichtchristen befragten, wie sie Christen wahrnehmen[35]. Die an erster Stelle genannte Eigenschaft war: „Sie haben etwas gegen Homosexuelle." Es sollte uns wirklich das Herz brechen, dass wir immer nur dafür bekannt sind, dass wir *gegen* alles Mögliche sind, statt für das, was uns wichtig ist. Auf jeden Fall ist das genau das Gegenteil von der Wirkung, die Jesus damals auf Menschen hatte. Er zog gerade die Außenseiter, die Gefallenen und Unperfekten an wie ein Magnet, er schloss niemanden aus, sondern ein. Ganz sicher ist niemand von einem Zusammentreffen mit Jesus weggegangen und hat gedacht: „Mann, der hat wirklich etwas gegen Homosexuelle (oder Prostituierte oder sonst jemanden)!"

Ganz sicher ist niemand von einem Zusammentreffen mit Jesus weggegangen und hat gedacht: „Mann, der hat wirklich etwas gegen Homosexuelle (oder Prostituierte oder sonst jemanden)!"

Tony: Auch die Urgemeinde kam noch ganz und gar nicht „anti" herüber. Die Nichtchristen des ersten Jahrhunderts sagten über die Christen keineswegs: „Schaut nur, gegen was die Christen alles sind!", sondern sie sagten: „Schaut nur, wie sie einander lieben!"

Es gibt Stellen in der Heiligen Schrift, die gern dazu missbraucht werden, um Homosexuelle, Lesben und Transgender zu verurteilen. Es sind insgesamt sieben, die normalerweise zitiert werden, aber interessanterweise ist nicht ein einziges Wort von Jesus dabei.

Jesus hat nicht über Homosexualität gesprochen, und das sicher nicht, weil er davon nichts gewusst hätte. Aber nicht ein Wort darüber ist von ihm überliefert. Offensichtlich standen Homosexuelle nicht sehr weit oben auf seiner Top-Ten-Liste von Leuten, die eine deutliche Ansage brauchten.

Offensichtlich standen Homosexuelle nicht sehr weit oben auf seiner Top-Ten-Liste von Leuten, die eine deutliche Ansage brauchten.

Nummer 1 auf dieser Liste waren (nach Matthäus vgl. 23,4) die religiösen Führer und deren üble Angewohnheit, Menschen schwere Lasten aufzubürden und keinen Finger zu rühren, um ihnen beim Tragen zu helfen. Es ist traurig, dass zu viele christliche Kirchen sexuell anders orientierten Menschen immer schwerere Lasten aufladen, um sie zur Umkehr zu bewegen. Doch meist treiben sie sie nur zur Verzweiflung.

Wir sollten im Zweifel immer für die Gnade sein. So wie es ein Kaplan, den ich gut kenne, beeindruckend vorgelebt hat. Eine junge Frau kam in Tränen aufgelöst in sein Büro, weil auf dem ganzen Campus herumerzählt wurde, dass sie lesbisch sei. Sie wusste, es war nur eine Frage der Zeit, bis ihr Vater davon erfahren würde. Er war einer dieser strengen Prediger, die regelmäßig über Homosexuelle und Lesben herzogen und sie in Grund und Boden stampften. Sie sagte: „Wenn mein Vater erfährt, dass ich lesbisch bin, wird er mich verstoßen. Aber bevor er es von anderen erfährt, muss ich zu ihm gehen und es ihm sagen."

Darauf entgegnete ihr der Kaplan: „Du musst das nicht machen, ich werde das für dich tun. Bleib einfach hier sitzen." Er nahm den Hörer ab, wählte die Nummer und erreichte den Pastor. Nach kurzem Smalltalk kam er zur Sache: „Ihre Tochter sitzt gerade in meinem Büro. Während der letzten zwei Jahre habe ich sie als leidenschaftliche, engagierte Christin kennengelernt. Sie leitet eine Bibelstudien-Gruppe, deren Mitglieder absolut treu jede Woche erscheinen und begeistert von alle dem erzählen, was sie dort lernen. Außerdem singt sie im Lobpreisteam mit und bereichert die Gottesdienste hier am College. Ich wollte Ihnen nur einmal sagen, dass sie wirklich ein leuchtendes Beispiel dafür ist, wie man sich eine junge Christin wünscht."

Der Vater reagierte sofort mit einer ebenso begeisterten Antwort: „Ja, das ist meine Tochter! Wenn sie in den Sommermonaten nach Hause kommt, blüht unsere Jugendarbeit unter ihr regelrecht auf und viel mehr Teenager nehmen daran teil als während des restlichen Jahres. Daneben besucht sie auch noch ältere Geschwister und auch Kranke aus der Gemeinde. Dauernd erzählen mir die Leute, was für ein Engel sie ist."

Endlich kam der Kaplan wieder zu Wort: „Dann sind wir uns also einig, dass Ihre Tochter eine wunderbare junge Frau und Christin ist. Und in den nächsten dreißig Sekunden werde ich herausfinden, ob Sie es wert sind, Ihr Vater zu heißen."

Ich könnte mir vorstellen, dass Jesus diese Situation so oder ähnlich gemeistert hätte. Vielleicht hätte er auch noch gesagt: „Bevor du irgendetwas über deine Tochter sagst, solltest du erst einmal einen gründlichen Blick auf dich selber werfen …!"

Während Jesus also kein Wort über Homosexualität verloren hat, redete er sehr klar und deutlich über Scheidung und Wiederheirat. Und das waren starke Worte, nachzulesen bei Matthäus 5,31 f. Es kommt mir ziemlich heuchlerisch vor, wenn die Denomination, zu der wir beide gehören, über Paare mit einer „falschen" sexuellen Orientierung herfällt, von der Jesus nie gesprochen hat, aber meist sehr gnädig mit geschiedenen und wiederverheirateten Paaren umgeht. Bitte nicht missverstehen: Es kann durchaus Fälle geben, in denen eine Scheidung gerechtfertigt ist, aber homosexuell Veranlagte fragen aus gutem Grund: „Wenn ihr Christen Gnade gegenüber diesen Leuten zeigt, ist dann für uns auch noch etwas übrig?"

Shane: In einer Gemeinde, in der ich neulich sprechen sollte, kam der Pastor vor dem Gottesdienst zu mir und erwähnte, dass in der ersten Reihe zwei homosexuelle Männer sitzen würden. „Ich wollte nur, dass Sie das wissen und eventuell etwas dazu sagen können, wenn Sie möchten." Ich entgegnete: „Ich bin mir nicht sicher, an was Sie da gedacht haben. Ich würde den beiden gerne sagen, wie froh ich darüber bin, dass sie in Ihrer Gemeinde willkommen sind." Das war eindeutig nicht das, was er gemeint hatte.

> Aber es ist bemerkenswert, welche Menschen sich ständig über Jesus aufgeregt haben: die Selbstgerechten, die religiöse Elite, die Wohlhabenden und die Mächtigen.

Ich sage unserer Gemeinschaft immer, dass wir die Menschen anziehen müssen, die Jesus angezogen hat, und die frustrieren, die Jesus frustriert hat. Es ist natürlich nicht unser Ziel, jemanden zu frustrieren. Aber es ist bemerkenswert, welche Menschen sich ständig über Jesus aufgeregt haben: die Selbstgerechten, die religiöse Elite, die Wohlhabenden und die Mächtigen. Dagegen waren die Menschen von ihm, seiner Liebe und Gnade fasziniert, die verwundet und ausgegrenzt waren, die nicht mehr viel zu verlieren hatten, die nur zu gut wussten, dass sie verbogen waren und einen Erlöser brauchten.

Und darum gibt es die Gemeinde Christi. Wir hören die leise Stimme, die uns zuflüstert, dass wir angeschlagene und schuldbeladene Leute sind – so wie alle anderen auch. Aber wir hören ebenso das Flüstern der Gnade, die uns zuspricht, dass wir in den Augen Gottes wunderschön sind, geliebt, als Ebenbild Gottes geschaffen – so wie alle anderen auch.

Wir müssen auch neu über die Sünde nachdenken. Gott hasst die Sünde nicht, weil wir dabei irgendwelche Gebote nicht halten und er das missbilligt. Er hasst die Sünde, weil er die Menschen liebt, und Sünde verletzt immer Menschen. Sünde ist das, was uns daran hindert, aus der Liebe zu leben.

Hier ist es an der Zeit, sich an den zentralen Satz der Evangelikalen zu erinnern, Johannes 3,16: „Denn Gott hat die Welt so sehr geliebt, dass er seinen einzigen Sohn opferte, damit jeder, der sein Vertrauen auf ihn setzt, nicht verloren geht, sondern das ewige Leben hat. Gott hat seinen Sohn nicht in die Welt gesandt, damit er die Welt richtet, sondern damit sie durch ihn gerettet wird. Wer auf den Sohn vertraut, der kommt gar nicht ins Gericht."

Jesus ist nicht gekommen, um die Welt zu verurteilen, sondern um sie zu retten.

Tony: Wenn wir über Sexualität reden, wird mir immer wieder bewusst, dass Christen keine „Theologie der Sexualität" entwickelt haben. Solange wir keine wirklich zufriedenstellende Theologie für diesen wichtigen Bereich menschlichen Lebens erarbeitet haben, werden wir uns schwer damit tun, solide Antworten auf die Frage zu bekommen, was in Sachen Sex richtig und falsch ist.

Als ich einmal mit meinen Studenten an der Pennsylvania-Universität über sexuelle Moral diskutierte, musste ich feststellen, dass diese zum größten Teil dem Christentum völlig entfremdeten jungen Menschen eine sehr klare Vorstellung von dem hatten, was es heißt, eine sexuelle Sünde zu begehen. Da sie nicht an Gott glaubten, bat ich sie zu beschreiben, was für sie Sünde ist und was richtig ist und was falsch. Ich war sehr von ihrer Antwort überrascht, die es wirklich verdient hat, ernsthaft über sie nachzudenken. Sie kamen zu der Aussage, dass Sünde ist, was einen anderen Menschen entmenschlicht oder entwürdigt.

Entwürdigt Lügen den Belogenen? Ganz sicher.

Entwürdigt Ehebruch den Partner? Aber ja.

„Sünde ist nicht einfach nur die Übertretung eines Gesetzes", sagten sie, „sondern das, was Menschen in ihrem Menschsein verletzt und herunterzieht."

„Sünde ist nicht einfach nur die Übertretung eines Gesetzes", sagten sie, „sondern das, was Menschen in ihrem Menschsein verletzt und herunterzieht."

Du und ich wissen, dass in manchen Ehen einer der Partner in übelster Weise entwürdigt wird. Wie manchmal Menschen unter dem Deckmantel der Ehe leiden, indem sie gedemütigt und oft wie wertlose Gegenstände behandelt werden, ja, wie ihre Menschenwürde täglich mit Füßen getreten wird, macht deutlich, dass in einer solchen Beziehung schwer gesündigt wird, obwohl vielleicht kein religiöses Gesetz übertreten und nicht im sexuellen Sinne Ehebruch begangen wurde.

Wenn in der Bibel über Sexualität gesprochen wird, gibt es zwei Ausdrücke dafür. Einer davon ist „beieinanderliegen". „Soundso" lag bei „Soundso". Heute existiert der Begriff vielleicht noch in der „Rohform" von „jemanden flachlegen". Ganz anders der zweite Ausdruck: „erkennen". Es heißt gleich zu Anfang: Adam erkannte Eva. Den Ausdruck finden wir auch später immer wieder. Es ist schon ein gewaltiger Unterschied zwischen einer Beziehung, in der man sich nur zusammenlegt, im Gegensatz zu einer, in der einer die andere Person *erkennt*. Paulus beschreibt mit demselben Wort, was durch die Liebe zwischen uns und Gott geschieht: „Dann aber werde ich ihn so *erkenne*n, wie ich jetzt schon von ihm erkannt worden bin" (1 Korinther 13,12). Diese Art der Intimität macht eine Beziehung menschlich.

Die Kirche sollte gegen jede Art von Erniedrigung und „Entmenschlichung" in Beziehungen angehen, egal, ob es homosexuelle oder heterosexuelle Paare betrifft. Homosexualität als „Abscheulichkeit" anzuprangern, wie es nicht wenige der sehr religiösen Christen immer noch tun, ist entwürdigend und damit Sünde. Menschen dazu zu drängen, in einer entwürdigenden Ehe bleiben zu müssen, ist ebenso eine Sünde.

Homosexualität als „Abscheulichkeit" anzuprangern, wie es nicht wenige der sehr religiösen Christen immer noch tun, ist entwürdigend und damit Sünde.

Immer wieder versuchen mich Leute herauszufordern, indem sie mir vorhalten, im Buch Levitikus würde doch stehen, dass „solche Menschen" ein Ärgernis für Gott seien. Stimmt, das steht da. Es kommt direkt nach der Stelle, in der gesagt wird, die Haut eines toten Schweines zu berühren, sei Gott ein „Gräuel" (Levitikus 11,7–11). Das würde die gesamte *National Football League* in arge Bedrängnis bringen …

Ganz egal, welche Auffassung Christen zu alledem auch haben mögen, in einem sollten wir uns alle einig sein: dass Homosexuelle, Bisexuelle und Transgender unsere Nächsten sind, die wir entsprechend dem, was Jesus gesagt hat, lieben sollen wie uns selbst (vgl. Matthäus 22,39).

6. Immigration

„Ich war ein Fremder bei euch und ihr habt mich aufgenommen."
Matthäus 25,35 (Hoffnung für alle)

Shane: Ein Thema, das sowohl im Alten wie im Neuen Testament immer wieder vorkommt, ist unser Umgang mit Fremden. An einer Stelle steht sogar, dass wir Menschen stets gastfreundlich aufnehmen sollen, denn es könnte sich durchaus auch mal um Engel handeln (vgl. Hebräer 13,12). Das Evangelium nach Matthäus geht noch einen Schritt weiter: Wenn wir Fremde bei uns willkommen heißen, heißen wir Jesus selbst willkommen (vgl. Matthäus 25,35–40). Wenn wir also jemanden Fremden bei uns aufnehmen, könnte es Jesus selbst oder ein Engel sein! Ein hervorragender Grund, Immigranten freundlich zu empfangen!

Wenn wir also jemanden Fremden bei uns aufnehmen, könnte es Jesus selbst oder ein Engel sein! Ein hervorragender Grund, Immigranten freundlich zu empfangen!

Ich habe von einer kleinen christlichen Gemeinschaft gehört, die an der Grenze zwischen den Vereinigten Staaten und Mexiko lebt. Den Mitgliedern liegt das Schicksal der Immigranten sehr am Herzen. So schufen ihre Mitglieder ein ganzes Netzwerk von Häusern, in denen Leute aufgenommen wurden, die ein Dach über dem Kopf brauchten. Zu dieser Gemeinschaft gehörten auch Rechtsanwälte, die den Immigranten mit dem Papierkram halfen.

Sie begannen auch einen ganz besonderen Gottesdienst entlang des Grenzzaunes. Christen aus Mexiko kamen mit den amerikanischen Christen auf der anderen Seite an die Grenze. Sie sangen zusammen und beteten gemeinsam, dann feierten sie gemeinsam das

Abendmahl, indem sie die Flaschen und das Brot über den Zaun warfen. Die Grenze, erbaut von Menschen im Namen einer Regierung, ist kein Hindernis für das Volk Gottes, das durch den Heiligen Geist eins geworden ist.

Jesusnachfolger müssen nicht warten, bis Politiker ihnen sagen, wie sie mit Menschen umgehen sollen. Das macht die Bibel deutlich genug. Wir finden klare Erwartungen Gottes formuliert, vom Buch Levitikus bis zum Jakobusbrief. Tatsächlich geht Jakobus so weit zu schreiben: „Eine Frömmigkeit, die unserem Gott und Vater wirklich Freude macht, sieht ganz anders aus: zum Beispiel Witwen und Waisen in ihrer Not beizustehen und sich von dem egoistischen Denken der Welt nicht verführen zu lassen“ (Jakobus 1,27). Wir brauchen nicht auf die Zustimmung der Regierung zu warten, um Liebe legalisieren zu lassen. Wir sind diejenigen, die der Welt zeigen sollen, was Gastfreundschaft ist, und die Zeugen eines Gottes sind, dessen Liebe nicht vor irgendwelchen Grenzen haltmacht.

Mauern sind immer beengend und trennend, egal, ob es ein Gartenzaun ist oder Gefängnisgitter, Sicherheitstüren, Bildungsschranken oder die Apartheid im Heiligen Land. Aber unser Gott ist ein Gott der Versöhnung. Und der hat viel Übung darin, Mauern einzureißen. Eines der letzten Bilder in der Bibel zeigt uns das neue Jerusalem, von dem es heißt: „...deren Tore Tag und Nacht nicht geschlossen werden“ (Offenbarung 21,25).

Mauern sind immer beengend und trennend, egal, ob es ein Gartenzaun ist oder Gefängnisgitter, Sicherheitstüren, Bildungsschranken oder die Apartheid im Heiligen Land. Aber unser Gott ist ein Gott der Versöhnung. Und der hat viel Übung darin, Mauern einzureißen.

Tony: Schon im Alten Testament werden die Israeliten immer wieder daran erinnert, Fremden mit Gerechtigkeit und Liebe zu begegnen und daran zu denken, dass sie selbst Fremde in Ägypten gewesen waren (vgl. Deuteronomium 10,19). Gott wollte, dass sie für immer im Gedächtnis behielten, wie sehr sie sich selbst in Ägypten gewünscht hatten, sie würden fair behandelt. Er wollte, dass sie mit anderen so umgingen, wie sie selbst gern behandelt worden wären.

Wir Amerikaner sind im Grunde doch alle illegale Einwanderer beziehungsweise die Nachkommen von illegalen Einwanderern. Wenn man mal darüber nachdenkt: Hatte auch nur einer der Europäer, die damals den amerikanischen Ureinwohnern das Land wegnahmen, irgendein Recht dazu?

Shane: So sieht es aus! Und wenn man es ganz genau nimmt, sind wir auch „illegale Einwanderer" im Reich Gottes und Jesus hat uns hineingeschleust. Darum sollten wir uns auch bei allem, was mit Immigration zu tun hat, nach mehr Gnade ausstrecken.

Jesus hat uns über die Grenze in sein Reich gebracht und dafür nichts berechnet, nicht mal eine Mitgliedsgebühr. Dabei kam er selber immer wieder in Schwierigkeiten, weil er die Rechtlosen und Verachteten einlud. Man verachtete ihn als „Fresser und Säufer", weil er ständig mit den falschen Leuten zusammen war. Und er legte sich ständig mit den Pharisäern und Schriftgelehrten an, die glaubten, dass man in den Himmel kommt, wenn man sich immer brav an alle Gesetze und Regeln hält.

Wie der Apostel Paulus schrieb: „Er [Jesus] ist gekommen, um euch, die ihr noch so weit entfernt von Gott wart, genauso den Frieden zu bringen wie denen, die wie er zum Volk Israel gehören. Durch ihn haben wir alle Zugang zum Vater und sind erfüllt von dem einen Heiligen Geist. Was folgt daraus? Nun, ihr seid nicht mehr Fremde, die man draußen stehen lassen müsste, weil sie nicht zum auserwählten Volk Gottes gehören. Nein, ihr gehört mitten hinein, gehört voll zu dem neuen Volk, das Gott sich erwählt hat, und seid Teil von Gottes Familie geworden" (Epheser 2,17–19).

Die ganze Bibel ist voll von Außenseitern, die durch die Gnade Gottes „Insider" wurden.

Die ganze Bibel ist voll von Außenseitern, die durch die Gnade Gottes „Insider" wurden. Zum Beispiel war allein schon die Geburt von Mose illegal und seine Rettung durch seine Mutter, seine Schwester und die Tochter des Pharao ein Akt zivilen Ungehorsams.

Ruth, die Moabiterin (sozusagen der Inbegriff einer Ausländerin!) erfuhr Gnade und Gastfreundschaft und später sogar eine zarte Romanze mit Boaz, und ihre „überkulturelle“ Heirat machte Ruth zu einer Vorfahrin Jesu (vgl. Ruth 2–4). Jesus hatte also eine illegal eingewanderte Urururgroßmutter ...

Selbst die Geburt Jesu passt dazu: Er kam als uneheliches Kind von – vorübergehend – Obdachlosen auf die Welt. Später musste die junge Familie ins Ausland fliehen – als politisch Verfolgte. Es gibt so viele Elemente in seiner Geschichte, die das Schicksal heutiger Flüchtlinge und Asylsuchenden widerspiegeln. Wir Christen, deren Erlöser als heimatloses Flüchtlingskind aufwuchs, sollten eigentlich voller Sympathie und Mitgefühl für alle „Fremden“ sein.

Es hat tatsächlich in der jungen Gemeinde große Diskussionen darüber gegeben, ob Nichtjuden zum Reich Gottes hinzugefügt werden dürfen oder ob es letztlich doch nur für das auserwählte Volk offen sei (vgl. Apostelgeschichte 11). Die Antwort war unmissverständlich klar: Gottes Gnade ist unermesslich – und dafür bin ich als „Heide“ sehr dankbar!

Und weil wir die Gnade Gottes erfahren haben, können wir nicht anders, als seine Liebe auf alle Menschen auszudehnen, vor allem auf die verletzlichsten und an den Rand gedrängten. Wir haben einen Gott, der seit Tausenden von Jahren „Outsider“ zu „Insidern“ gemacht hat.

Und weil wir die Gnade Gottes erfahren haben, können wir nicht anders, als seine Liebe auf alle Menschen auszudehnen, vor allem auf die verletzlichsten und an den Rand gedrängten.

Tony: In geistlicher Hinsicht sind wir Christen alle „Fremde“. Die Bibel beschreibt uns als solche, die auf den edlen Weinstock Israel aufgepfropft wurden (vgl. Römer 11, 17–25). Allein durch Gottes Gnade wurden wir Bürger des Neuen Israel (vgl. Epheser 2, 14–23).

Shane: Die Kirche hat in der Geschichte immer wieder als Asyl für Menschen gedient, die in einer Krise einen Zufluchtsort brauchten, ohne dass man diesen groß Fragen stellte. In Philadelphia gibt es mittlerweile einen interessanten neuen Aufbruch, der sich „New Sanctuary Movement“ nennt. Die Beteiligten sehen ihre Mission darin, eine Stimme für die Immigranten zu sein und sich gegen eine ungerechte Behandlung von Asylsuchenden einzusetzen.[36]

Es gibt noch eine große Zahl anderer Initiativen, die Risiken auf sich nehmen, um Fremden Gastfreundschaft zu erweisen. Erst kürzlich hat eine Gemeinde in unserer Nachbarschaft ihre Kirche geöffnet – wie es mittlerweile viele Gemeinden tun –, um Obdachlosen einen warmen und sicheren Ort zum Schlafen anzubieten. Die Stadtverwaltung bekam Wind davon und versuchte, das Ganze zu unterbinden. Dem Pastor wurde mitgeteilt, er sei nicht befugt, eine Obdachlosenunterkunft zu betreiben, er hätte keine Genehmigung dafür und würde auch keine bekommen, weil die Stadt dort keine solche Unterkunft wollte.

Aber mit Pfingstlern sollte man sich nicht anlegen! Auf der Stelle begann die ganze Gemeinde zu beten und der Heilige Geist bewegte etwas. Der Pastor und einige Älteste erklärten der Stadtverwaltung, dass sie keine Obdachlosenunterkunft betreiben würden, sondern einfach jede Nacht eine „Erweckungsveranstaltung“ abhielten, von 20:00 Uhr abends bis 8:00 Uhr morgens. Das konnte man ihnen wohl kaum verbieten. Es war ein Fest zu verfolgen, wie die Medien die Story aufgriffen.

Die Stadt wagte es nicht, diese „Erweckung“ zu boykottieren – es war herrlich! Sie begannen mit Gesang, dann gab es eine kleine Ansprache und nach zwei Stunden stand der Pastor auf und sagte: „Also hiermit beende ich den formellen Teil des Gottesdienstes für heute. Die nächsten acht Stunden verbringen wir in stiller Meditation und Anbetung. Ich wünsche allen eine gute Nacht.“ Soweit ich weiß, dauert diese „Erweckungsveranstaltung“ noch immer an! Das ist der Mut, den wir brauchen!

Geschichten wie diese bringen die menschliche Seite dieses Themas ans Licht. Und es gibt so viele davon! Ich bin Menschen begegnet, die auf ihre Anerkennung warten und in Unterkünften untergebracht werden, in denen es nicht einmal fließendes Wasser gibt und es am Nötigsten fehlt. Wir kennen eine Familie aus El Salvador, wo sie sozusagen zum Uradel gehörten und ein Leben voller unglaublicher Erfahrungen und großer Tiefe gelebt haben. Hier bei uns werden sie plötzlich behandelt wie Kriminelle.

Wir reden so oft über Dinge, die Menschen betreffen, die nicht mit am Tisch sitzen. Das Problem ist ja nicht einmal, dass Christen sich nicht um Immigranten scheren, sondern dass sie leider kaum welche persönlich kennen. Je mehr wir von ihren Geschichten mitbekommen, desto klarer wird, dass hinter jedem „Fall“ ein Mensch steht und dass das alles keine Ausnahmefälle sind. Den Umgang mit Fremden in unserem Umfeld sollten wir nicht einfach dem Staat überlassen, sondern wir sind für die persönliche Seite zuständig. Das hat Gott uns sehr klargemacht und darum müssen wir hingehen und aktiv werden. Am besten gleich heute!

Das Problem ist ja nicht einmal, dass Christen sich nicht um Immigranten scheren, sondern dass sie leider kaum welche persönlich kennen.

7. Ziviler Ungehorsam

„Mein Königreich“, erwiderte Jesus, „ist nicht von dieser Welt. Wenn es so wäre, dann würden meine Diener jetzt für mich kämpfen und ich würde nicht in die Hände der Juden ausgeliefert. Nein, mein Reich lässt sich nicht mit den Reichen dieser Welt vergleichen.“

Johannes 18,36

Tony: Shane, es gibt zwar viele engagierte Christen, die dich darin unterstützen, unbequeme Wahrheiten anzusprechen, doch es geht ihnen zu weit, wenn du „zivilen Ungehorsam“ praktizierst. Du bist bereit, ins Gefängnis zu gehen, wenn Widerstand gegen eine Regierungsentscheidung angebracht ist. Du hast schon hinter Gittern gesessen, als du dich einer Gruppe von Obdachlosen angeschlossen hast, die widerrechtlich auf dem Bürgersteig geschlafen haben. Du hast ein Gesetz gebrochen, indem du mit ihnen auf den Gehwegen Philadelphias die Nacht verbracht hast.

Wie bringst du das mit dem zusammen, was der Apostel Paulus im Römerbrief (13,1 f.) schreibt: „Wie aber sollt ihr euch gegenüber staatlicher Gewalt verhalten? Auch hier könnt ihr zeigen, wer euer wahrer Herr ist. Ordnet euch selbstverständlich der staatlichen Obrigkeit unter, denn niemand erlangt die Verantwortung, ein Volk zu regieren, wenn sie ihm nicht von Gott übertragen wurde. Daher widersetzt sich jeder der Ordnung, die Gott eingesetzt hat, wenn er sich gegen eine rechtmäßige staatliche Gewalt auflehnt.“ Wie kannst du diese Textstelle ernst nehmen und doch der Überzeugung sein, ziviler Ungehorsam könnte manchmal das richtige Mittel sein?

Shane: Ohne Zweifel sollen wir uns staatlichen Autoritäten unterstellen, aber ich denke, es gibt zwei Arten, das zu tun. Die eine ist, den guten Gesetzen zu gehorchen, die andere, die Konsequenzen zu tragen, wenn man den schlechten Gesetzen nicht gehorcht.

Ohne Zweifel sollen wir uns staatlichen Autoritäten unterstellen, aber ich denke, es gibt zwei Arten, das zu tun. Der eine ist, den guten Gesetzen zu gehorchen, der andere, die Konsequenzen zu tragen, wenn man den schlechten Gesetzen nicht gehorcht.

Es ist ja auch unsere heilige Pflicht, nicht mit dem Bösen zusammenzuarbeiten. Derselbe Paulus, der uns im Römerbrief auffordert, den „Autoritäten" zu gehorchen, schreibt im Brief an die Epheser (6,12): „Denn unser Kampf richtet sich nicht gegen Menschen, sondern gegen die Mächte der Finsternis, gegen die bösen Geister der unsichtbaren Welt." Dabei verwendet er im Originaltext für „Mächte" genau dasselbe Wort wie für die „Autoritäten" im Römerbrief. Und eines dürfen wir nicht vergessen: Er wurde selbst eingesperrt, weil er das Vorgehen der Autoritäten infrage gestellt hat.

In der Bibel finden wir von Anfang an eine Menge Beispiele für zivilen Ungehorsam, angefangen bei Mose: Er überlebte nur, weil seine Mutter sich nicht an ein Gesetz gehalten hat. Die Flucht aus Ägypten war ein gewaltiger göttlicher Akt zivilen Ungehorsams gegenüber der Autorität des Pharao. Oder denken wir an Schadrach, Meschach und Abednego, die sich der königlichen Order widersetzten und dafür in den Feuerofen wanderten. Daniel betete munter weiter bei offenem Fenster, obwohl es einen königlichen Erlass dagegen gab, und das brachte ihn in die Löwengrube. Die Propheten waren richtige Unruhestifter, wenn auch heilige: Von Jeremia wissen wir, dass er brutal behandelt und ins Gefängnis gesteckt wurde. Johannes der Täufer verlor seinen Kopf; Johannes wurde ins Exil geschickt. Die Bibel enthält eine Menge Geschichten von heiligen Unruhestiftern, die sich durch die „Autoritäten" nicht beeindrucken ließen.

Die „Weisen aus dem Morgenland" gehorchten dem Befehl von Herodes nicht, ihm mitzuteilen, wo sich Jesus befand. Als Paulus und Silas im Gefängnis saßen, brach dort ein Engel ein und befreite die beiden. Und das ganze Buch Philemon befasst sich mit dem Thema.

Und dann natürlich Jesus selbst, der wohl das beste Beispiel dafür ist, welche innere Haltung wir zur Ungerechtigkeit haben müssen. Als er vor Herodes einfach schwieg, stellte er damit dessen Autorität in krasser Weise infrage. Jesus wurde vorgeworfen, die Besatzungsmacht zu untergraben und sich selbst als König zu bezeichnen. Der Grund dafür war vermutlich, dass er tatsächlich die Macht (vor allem der religiösen Führer!) untergrub und sich selbst als König bezeichnete! Doch er tat es auf heilige und demütige Art. Er kämpfte mit den „Mächten und Gewalten", die hinter den Autoritäten standen.

Jesus hat es uns geradezu versprochen, dass wir Probleme bekommen werden, wenn wir zu ihm gehören, und dass man uns vor Gericht bringen wird. Er sagt es unmissverständlich: „Wenn ihr erfahren müsst, dass diese gottlose Welt euch hasst, dann erinnert euch daran, dass sie mich schon vor euch gehasst hat" (Johannes 15,18). Wir sollten also nicht erstaunt sein, wenn uns die Spur Jesu, der wir folgen, geradewegs ins Gefängnis führt. Wenn wir in die Geschichte der Christenheit zurückblicken, befinden wir uns dort in bester Gesellschaft.

Wir sollten also nicht erstaunt sein, wenn uns die Spur Jesu, der wir folgen, geradewegs ins Gefängnis führt.

Wenn wir über den zivilen Ungehorsam in der Bibel sprechen, dann sollten wir nie aus den Augen verlieren, dass es den Protagonisten nie darum ging, Gesetze zu brechen, sondern darum, Gott zu gehorchen. Es geht daher eigentlich nicht um zivilen Ungehorsam, sondern um göttlichen Gehorsam. In der ganzen Geschichte des Christentums geschah das immer wieder: Gute Leute brechen schlechte Gesetze.

Es geht daher eigentlich nicht um zivilen Ungehorsam, sondern um göttlichen Gehorsam. In der ganzen Geschichte des Christentums geschah das immer wieder: Gute Leute brechen schlechte Gesetze.

Die Christen des ersten Jahrhunderts kamen immer wieder in Situationen, in denen es ihnen angemessen schien, Widerstand gegen die Staatsgewalt zu leisten. Als der Hohe Rat, das höchste Leitungsgremium aller Juden in Israel, Petrus und den Aposteln verbot, diese Geschichten von Jesus weiterzuverbreiten, antworteten sie: „Seid ihr nicht auch davon überzeugt, dass man Gott mehr gehorchen muss als den Menschen?!" (Apostelgeschichte 5,29). Sofort nach dem Verlassen des Gerichtssaals machten sie mit ihrer Mission weiter.

In ihrem Buch „Revelations" beschreibt Elaine Pagels[37], wie die römischen Kaiser versuchten, das Christentum auszulöschen. Sie erklärten es zur verbotenen Religion. Die Christen brachen daraufhin fröhlich das Gesetz, indem sie ihren Glauben weiter praktizierten. Pagels schreibt, dass der sonst so tolerante Kaiser Marc Aurel (der „Philosoph auf dem Thron") gegenüber dem Christentum kein bisschen tolerant war. Aber er musste erleben, dass die staatliche Macht den „zivilen Ungehorsam" der Christen nicht verhindern konnte, die einfach nicht aufhörten, das Evangelium immer weiter zu verbreiten.

Wann immer die frühen Christen sagten: „Jesus ist der Herr", meinten sie gleichzeitig, dass der Kaiser es eben nicht ist. Es war ein radikal neues Selbstverständnis, das da aufkam. Eine Konfrontation mit der Macht ihrer Welt, aber es war eine demütige Konfrontation. Diese Art der sanften Revolution gab es immer wieder. Dr. Martin Luther King hat in seinem Kampf um die Bürgerrechte afroamerikanischer Menschen immer wieder betont, dass wir gute Gesetze brauchen. Klare Regeln im Straßenverkehr sind gut und eine Ampel ist eine sinnvolle Einrichtung. Doch wenn ein Brand ausbricht, müssen die Feuerwehrleute notfalls rote Ampeln überfahren, um das Feuer zu löschen.

Manchmal verlangen brennende Probleme in der Welt auch von uns, dass wir über rote Ampeln fahren, um Menschen zu retten, die in Gefahr sind.

Manchmal verlangen brennende Probleme in der Welt auch von uns, dass wir über rote Ampeln fahren, um Menschen zu retten, die in Gefahr sind. Das aber dürfen wir nur tun, wenn es in Demut geschieht.

Tony: Ich denke auch, dass „sich den Autoritäten unterstellen" nie blinder Gehorsam bedeuten darf. Ich stimme vollkommen mit jedem überein, der sagt: „Ein ungerechtes Gesetz ist überhaupt kein Gesetz."

Shane: Auf die Frage, ob ziviler Ungehorsam in der christlichen Tradition einen Platz hat, würde ich also sagen: „Definitiv ja! Ist in ihr auch Platz dafür, Gesichtsmasken zu tragen und Molotowcocktails in Fenster zu werfen? Definitiv nein!"

Wir haben eine große Geschichte des gewaltfreien Widerstands und einen ganz eigenen Weg, das Böse zu bekämpfen. Wir stellen Ungerechtigkeit bloß, indem wir mit den Leidenden leiden. Dr. King sagte: „Wir müssen Ungerechtigkeit aufdecken und sie so unerträglich machen, dass man sich damit beschäftigen muss."

> „Wir müssen Ungerechtigkeit aufdecken und sie so unerträglich machen, dass man sich damit beschäftigen muss."

Und genau das hat die Bürgerrechtsbewegung getan. Alle Welt schaute zu, wie unbewaffnete Menschen verprügelt, von Hunden gebissen und mit Wasserwerfern malträtiert wurden – der Rassismus zeigte sein hässlichstes Gesicht. Jesus tat dasselbe am Kreuz: Er litt gewaltlos unter brutalster Gewalt, er erfuhr Hass und Bosheit – und riss alledem die Masken herunter. Im Kolosserbrief heißt es, dass Jesus am Kreuz die Mächte und Gewalten dieser Welt als besiegt vorführte (vgl. Kolosser 2,15).

Der mennonitische Theologe John Howard Yoder nennt dieses Vorgehen „umstürzlerische Unterordnung"[38]. Durch Leiden decken wir das Böse und die Ungerechtigkeit viel deutlicher auf als durch Gegengewalt. Als meine Freunde und ich in Philadelphia ins Gefängnis gingen, weil wir die Obdachlosen mit Essen versorgt und mit ihnen in öffentlichen Parks die Nacht verbracht hatten, warf das viele Fragen auf, ob die Gesetze in Sachen Obdachlosigkeit nicht gut maskiertes Unrecht waren. Letztlich wurden wir freigesprochen. Der Richter sagte sogar: „Wenn es keine Menschen gäbe, die die schlechten Gesetze brechen, könnten wir nicht in der Freiheit leben, die wir haben. Es gäbe immer noch Sklaverei. Das ist die Geschichte unseres Landes von der Boston Tea Party bis zur Bürgerrechtsbewegung. Diese Leute hier sind keine Kriminellen, sondern Freiheitskämpfer!" Tatsächlich hatten auch Polizisten in der Verhandlung ausgesagt, dass sie diese Gesetze für falsch hielten. Und das alles, weil wir ein schlechtes Gesetz brachen und bereit waren, dafür die Konsequenzen zu tragen.

Tony: Etwas ganz Ähnliches hast du auch im Irak erlebt.

Shane: Als wir 2003 aus dem Irak zurückkamen, stellten wir fest, dass wir tatsächlich ein Gesetz gebrochen hatten, indem wir die US-Sanktionen unterlaufen hatten. Unsere Missionsärzte hatten Medizin in ein feindliches Land mitgenommen. Es hieß damals, dass sie das bis zu zwölf Jahre ins Gefängnis bringen könnte.

Als wir vor Gericht erschienen, war das Erste, was der Richter sagte: „Wow, das ist ein wirklich schwieriger Fall! Ich glaube, der Staat wird Schwierigkeiten haben, hier etwas zu beweisen!" Wir waren bereit, die Konsequenzen zu tragen und notfalls auch ins Gefängnis zu gehen, und genau das brachte die Leute durcheinander. Selbst der Richter meinte: „Das ist doch verrückt!" Anstatt ins Gefängnis zu müssen, wurden wir zu einer Strafe von 20.000 Dollar verdonnert, die wir fröhlich in irakischen Dinar bezahlten, die noch unmittelbar vor dem Krieg ungefähr 20.000 Dollar wert gewesen waren, aber zu der Zeit nur noch 8,95. Das war sozusagen ein „Augenzwinkern für Cäsar" und eine gelungene „umstürzlerische Unterordnung". Es braucht auch ein wenig Kreativität, um ungerechten Gesetzen und anderen Herausforderungen zu begegnen.

Kein anderer konnte uns das besser zeigen als Martin Luther King: Als er das Gesetz des Staates Alabama brach, das jede Art von Demonstration gegen den Rassismus verbot und das er für ungerecht und verfassungswidrig hielt, stellte er sich freiwillig der Polizei und ließ sich einsperren. Er sagte (übertragen): „ Ihr könnt unsere Häuser niederbrennen, wir werden euch noch immer lieben. Ihr könnt uns ins Gefängnis werfen und mit Wasserwerfern beschießen, wir werden nicht aufhören, euch zu lieben. Ihr könnt das Leben unserer Kinder bedrohen, und wir werden euch immer noch lieben. Aber seid versichert, wir werden euch mürbe machen mit unserer Liebe!"[39]

„Ihr könnt das Leben unserer Kinder bedrohen, und wir werden euch immer noch lieben. Aber seid versichert, wir werden euch mürbe machen mit unserer Liebe!"

Das ist die Geschichte unseres Glaubens. Die ersten Christen waren überzeugt: Die Gnade ist in der Lage, das schärfste Schwert stumpf zu machen. Das ist die Art von Bewegung, zu der ich mit ganzem Herzen gehören möchte.

Tony: Eigentlich ist das ja nichts anderes als das, was Jesus in der Bergpredigt gelehrt hat.

Shane: Genau, er nahm einfach ein paar vertraute Szenarien, die das zeigen konnten: Wenn jemand dich falsch oder sogar übel behandelt hat, zeig mit deiner Reaktion, dass man dir alles nehmen kann, aber nicht deine Würde. Jesus möchte, dass wir das Böse und Ungerechte durch unsere „umstürzlerische Unterordnung" bloßstellen und so überwinden.

Den Kindern in unserem Viertel bringe ich bei, dass man Probleme bekommen kann, wenn man etwas Falsches tut, aber man kann auch Probleme bekommen, wenn man etwas Richtiges tut. Die Frage ist: Ehrt das, was wir tun, Gott? Selbst wenn es zum Zusammenstoß mit den „Königreichen" dieser Welt kommt?

Die Frage ist: Ehrt das, was wir tun, Gott? Selbst wenn es zum Zusammenstoß mit den „Königreichen" dieser Welt kommt?

Im Laufe der Geschichte hat es eine Unzahl von schlechten Gesetzen gegeben, die manches legal machten, was deshalb aber noch lange nicht richtig war. Es war zum Beispiel vollkommen legal, Farbige aus den Geschäften zu verbannen oder von den vorderen Sitzreihen in den Bussen, aber das machte es nicht richtig. Es war legal, Menschen aus Afrika als Sklaven nach Amerika zu verschleppen und wie Tiere zu behandeln, aber das machte es nicht richtig. Es war legal, den amerikanischen Ureinwohnern das Land wegzunehmen, aber das machte es nicht richtig. Es ist in Amerika legal, tödliche Waffen zu besitzen, aber das macht es nicht richtig. Es mag legal sein, Massenvernichtungswaffen zu entwickeln, aber das macht es noch lange nicht richtig. Es mag legal gewesen sein, unseren Herrn und Erlöser ans Kreuz zu nageln, aber das macht es noch lange nicht richtig.

Wir können im Prinzip jeden Job machen, solange wir bereit sind, gefeuert zu werden, sollte unser Gewissen und unser Glaube irgendwann sagen: bis hierhin und nicht weiter. Natürlich ist das bei manchen Berufen nicht ganz so einfach. Wenn man zum Beispiel in einem Pornoladen arbeitet. Aber ernsthaft, wie ist es mit dem Militärdienst? Oder in der Waffenindustrie? Oder der Arbeit bei einem Unternehmen, das ohne Skrupel in Übersee Menschenrechte missachtet, billige Arbeitskräfte ausbeutet (wie in der Textilindustrie) oder die Umwelt schädigt? Wie sollte sich da ein Christ verhalten?

Für die frühen Christen bedeutete die Taufe, dass sie eine neue Schöpfung wurden. Das alte Leben war tot, ins Wasser der Taufe versenkt, man war zu einer neuen Person auferstanden. Das bedeutete für manchen auch einen neuen Beruf: Wenn jemand bis dahin Götterfiguren hergestellt oder beim Militär gedient hatte, dann musste er sich vielleicht etwas Neues suchen. Letztlich hat sich daran bis heute nichts geändert, nur: Unsere Welt ist wesentlich komplizierter geworden.

Wir leben in einer ungleich liberaleren Gesellschaft als früher, die sich wirklich um gutes Funktionieren bemüht. Aber das klappt manchmal nicht. Es ist für uns unmöglich zu wissen, was Jesus tun würde, wenn er im Amerika oder Europa unserer Tage leben würde. Aber ich kann mir nicht helfen: Ich glaube, er würde kreative Wege finden, um die Gesellschaft und Lebensart unserer Tage ebenso zu kritisieren wie die damalige. Zumal Amerika und Europa durchaus Gemeinsamkeiten mit dem alten Römischen Reich haben – man schaue sich nur einmal die gewaltigen Summen an, die für das Militär ausgegeben werden.

> Es ist für uns unmöglich zu wissen, was Jesus tun würde, wenn er im Amerika oder Europa unserer Tage leben würde. Aber ich kann mir nicht helfen: Ich glaube, er würde kreative Wege finden, um die Gesellschaft und Lebensart unserer Tage ebenso zu kritisieren wie die damals.

Zusammengefasst können wir festhalten: In allen Jahrhunderten wurden Christen ins Gefängnis geworfen oder sogar umgebracht, weil sie nicht bereit waren, für irgendwelche Flaggen oder Idole zu kämpfen. Für sie war klar, dass es etwas gibt, das es wert ist, dafür zu sterben, aber nichts, was es wert ist, dafür zu töten. Sie weigerten sich, jemand anderem als Jesus ewige Treue zu schwören. Und sie wurden, genau wie Jesus, des Aufruhrs angeklagt (vgl. Lukas 23,2).

Wir brauchen Fantasie. Wir alle müssen einen Weg finden, Cäsar zuzuzwinkern.

8. Geben

„Hütet euch davor, nur deshalb Gutes zu tun, damit euch die Leute bewundern."
Matthäus 6,1 (Hoffnung für alle)

Shane: Neulich habe ich eine Studie gelesen, die zeigt, dass junge Leute der Kirche so wenig Geld spenden wie nie zuvor. In der gleichen Studie konnte man aber auch lesen, dass die jungen Leute von heute die großzügigste Generation ist, die im Rahmen der Studie verglichen werden konnte. Diese Generation versorgt großzügig Eltern und Großeltern, aber hat wenig Lust, der Kirche ihr Geld anzuvertrauen. Das wirft eine Menge guter Fragen auf.

Diese Generation versorgt großzügig Eltern und Großeltern, aber hat wenig Lust, der Kirche ihr Geld anzuvertrauen. Das wirft eine Menge guter Fragen auf.

Weil wir mit dem Internet groß geworden sind, haben wir einen ziemlich guten Einblick in die unerträgliche Ungleichheit der wirtschaftlichen Verhältnisse in unserer Welt. Der Globus ist geschrumpft und wir erfahren jederzeit und sofort, was im Sudan oder in Syrien los ist. Wenn eine Katastrophe wie ein Tsunami, ein Wirbelsturm oder ein Erdbeben in irgendeinem Teil der Welt Schaden anrichtet, sehen wir Minuten später die Bilder und können uns über Hilfsmaßnahmen Gedanken machen; denk nur an Haiti oder Indonesien.

Das heißt aber auch, dass wir den klaffenden Unterschied zwischen Arm und Reich hautnah mitbekommen. Menschen sterben, weil sie keine drei Dollar für ein Moskitonetz haben, das sie vor der Malaria schützen könnte, während westliche Gemeinden darüber diskutieren, ob sie eine Heizanlage für ihr Taufbecken anschaffen sollen.

Es ist nicht verwunderlich, dass junge Christen lieber gemeinnützige Organisationen unterstützen als ihre eigene Gemeinde, weil sie etwas Positives in der Welt bewegen möchten. Sie sind einfach unsicher, ob ihr Geld von den Kirchen gut verwaltet wird.

Tony: Wenn Jesus die Wahl hätte, einen Bischofssitz schick auszustatten oder hungrige Kinder in Haiti zu speisen, was würde er wohl tun? Die Kirche ist vielfach mit dem ihr anvertrauten Geld unverantwortlich umgegangen und die jungen Menschen haben das mitbekommen. Søren Kierkegaard bemerkte einmal ziemlich sarkastisch, als er in einer prächtigen Kathedrale saß: „All dieses viele Geld, um Gebäude dem zu Ehren zu errichten, der einmal gesagt hat: Ich halte mich nicht in Tempeln auf, die Menschen errichtet haben."[40]

> Wenn Jesus die Wahl hätte, einen Bischofssitz schick auszustatten oder hungrige Kinder in Haiti zu speisen, was würde er wohl tun?

Jim Wallis, der uns schon bekannte Gründer der *Sojourners*, ist überzeugt, dass der Haushaltsentwurf einer Gemeinde ein moralisches Dokument ist. Wenn man sich eine solche Aufstellung näher ansieht, dann weiß man, mit welcher Gemeinde man es zu tun hat und was für sie wichtig ist. In den meisten Fällen wird man allein anhand des Budgets erkennen, dass sie vollkommen selbstzentriert ist. Leider ist es so, dass die meisten Gemeinden immer weniger an jemanden oder etwas außerhalb ihrer eigenen Mauern spenden. Sie kümmern sich in erster Linie darum, dass ihre Rechnungen bezahlt und ihre eigenen Bedürfnisse erfüllt werden. Ich habe einmal gehört, die Kirche müsste der einzige Verein der Welt sein, der zum Wohl seiner *Nichtmitglieder* existiert. Nur wenige Gemeindebudgets lassen darauf schließen.

> Ich habe einmal gehört, die Kirche müsste der einzige Verein der Welt sein, der zum Wohl seiner *Nichtmitglieder* existiert. Nur wenige Gemeindebudgets lassen darauf schließen.

Shane: Da gibt es eine sehr interessante Studie, das „Leere Grab-Projekt". Jedes Jahr zeigt diese Studie, aufgelistet nach Denominationen, wofür Gemeinden ihr Geld ausgeben. Sie ist in erster Linie dafür gedacht, die Gemeindemitglieder wissen zu lassen, wohin das Geld fließt. Jedes Jahr wird nach dieser Studie mehr und mehr Geld nur für den Gemeindebetrieb verbraucht, vor allem für die Gehälter und die Erhaltung der Gebäude. Durchschnittlich verbleiben 90 % aller Einnahmen aus Opfer, Spenden und Zehntem innerhalb der Mauern der Gemeinde (bei manchen Denominationen gehen gerade einmal 2 % in Mission oder Hilfsprojekte). Das ist mittlerweile das komplette Gegenteil vom Beispiel der Urgemeinde! Dort legte man alles gespendete Geld vor die Füße der Apostel, die es dann an die verteilten, die Hilfe brauchten (vgl. Apostelgeschichte 4,35).

Tony: Es ist kein Wunder, dass junge Leute, die mitbekommen, wofür ihre Gemeinden das Geld ausgeben, sich sagen: „Ich denke nicht, dass Jesus dafür Geld ausgeben würde." Dann kommen Berühmtheiten wie der Sänger Bono und rütteln die Leute wach, auf die Not der Armen zu reagieren. Das bringt in ihnen den richtigen Akkord zum Klingen.

Wenn ich zu einer Jugendkonferenz komme und die jungen Leute frage, wie viele von ihnen bereit wären, 35 Dollar im Monat aufzubringen, um einem Kind in der Dritten Welt Unterhalt und Ausbildung zu sichern (so viel brauchen christliche Organisationen wie Compassion International oder World Vision pro Kind), dann erhalte ich eine weit höhere Resonanz als in einer gleich großen Gruppe gut situierter Erwachsener. Junge Menschen möchten ihr Geld dafür einsetzen, dass es im Leben der Armen etwas verbessert. Unglücklicherweise scheint das die Gemeinden immer weniger zu bewegen.

Shane: Ein Freund von mir, der Theologe Ray Mayhew, hat sich intensiv mit der Frage beschäftigt, was es mit dem Zehnten und den Opfern auf sich hat. Er brachte die entsprechenden Stellen aus der hebräischen Bibel in Verbindung mit den neutestamentlichen Texten. Er entdeckte, dass wir die ursprüngliche Absicht Gottes, ein System zu etablieren, durch das der Wohlstand an die Armen „rückverteilt" wird, furchtbar ins Gegenteil verkehrt haben.[41]

In unserer Gemeinschaft hat die Beschäftigung mit den biblischen Grundlagen für eine gerechtere Wirtschaftsordnung uns zu einigen Projekten inspiriert. Eines davon nennen wir den „Ausgleichs-Zehnten", bei dem Christen aus unserer ganzen Gegend zehn Prozent ihres Einkommens in einen Fonds zahlen, der benutzt wird, um Freunden und Nachbarn in akuter Not zu helfen. Wir haben uns entschieden, nicht die anderen zu kritisieren, sondern den Balken aus unserem eigenen Auge zu entfernen. Denn die beste Kritik an etwas, das falschläuft, ist, es besser zu machen. Das Ganze ist noch nicht perfekt, aber es ist ein tolles Projekt, das auf solidem, biblischem Boden steht und Substanz hat. Vor einigen Wochen wurden bei dem Auto eines Bekannten, der gegenüber von uns wohnt, die Reifen zerstochen und die Windschutzscheibe eingeschlagen. Ich brachte diesen Fall vor das Gremium des „Ausgleichs-Zehnten" und wir haben ihm geholfen, die Kosten aufzubringen. Der Nachbar war so bewegt davon, dass er nun auch bei uns mitmacht. Das ist nur ein Weg, das Evangelium praktisch werden zu lassen, von dem wir sonst immer nur reden. Die ersten Christen sind unser Vorbild, die Gemeinschaft so gelebt haben, dass sie auf Außenstehende faszinierend gewirkt haben muss. Niemanden lässt es kalt, wenn ihm Hilfe und Liebe zuteilwird.

Zum Glück werden mehr und mehr Gemeinden die Ausnahme zu den Umfrageergebnissen und beginnen ähnliche Projekte, um Menschen in Not zu helfen. Andere fühlten sich durch den Satz angesprochen, dass wir unseren Nächsten so lieben sollen wie uns selbst – und sie haben sich verpflichtet, für jeden Dollar, den sie für gemeindeinterne Dinge ausgeben, einen Dollar für externe Projekte zu geben – Brunnen in Afrika oder Renovierungsarbeiten in der Schule um die Ecke. Andere Gemeinden veranstalten parallel zu irgendeiner großen Sammelaktion eine „Jubeljahr-Kampagne" (nach Levitikus 25,10). Das heißt: Der Betrag, der für die eigene Gemeinde gesammelt wird, muss dem entsprechen, was weggegeben wird. Das macht viel Hoffnung!

Es gibt eine große Gemeinde in Michigan, die ein größeres Gebäude zu bauen begann und mittendrin dachte: „Sollen wir wirklich unser ganzes Kapital in dieses neue Gebäude stecken?“ So riefen sie ein Jubeljahr aus und stoppten den Bau. Stattdessen gaben sie 400 000 Dollar an ein Projekt, das den Ärmsten der Armen hilft. Im nächsten Jahr konnten sie trotzdem mit dem Bau beginnen wie geplant. Ich glaube, dass Gott sich darüber gefreut hat. Es ist keine Frage von Entweder-oder, aber wenn Sie demnächst etwas Größeres vorhaben und in Ihrer Gemeinde Geld aufbringen wollen, denken Sie doch einmal über so etwas nach.

Tony: Der Gründer der *People's Church* in Toronto, Oswald Smith, hat in seiner Gemeinde etwas Ähnliches etabliert. Für jeden Dollar, den sie für Betrieb und Erhalt der Gemeinde aufwenden, spendet diese einen Dollar an ein missionarisches Werk, das sich vor allem um Arme kümmert. Diese Gemeinde wurde für andere zum Vorbild und zieht immer mehr Menschen an.

Für jeden Dollar, den sie für Betrieb und Erhalt der Gemeinde aufwenden, spendet diese einen Dollar an ein missionarisches Werk, das sich vor allem um Arme kümmert.

Shane: Nun wird es sicher Leute geben, die sich fragen, wie man denn so viel Geld aufbringen und die Gemeinde trotzdem noch finanzieren kann. Eine gute Frage. Vielleicht sollten wir etwas von den Pastoren lernen, die in zwei Berufen arbeiten. Es ist durchaus üblich für Pastoren, vor allem in innerstädtischen Projekten, dass sie zwei Berufe haben, um die Rechnungen bezahlen zu können. Die Pastoren in unserer Gegend sind auch noch Elektriker oder Schreiner. Paulus war Zeltmacher und Petrus Fischer. Jesus selbst hat vermutlich das Zimmermannshandwerk von Josef gelernt. Vielleicht sollten wir so etwas auch erwägen, um eine Gemeinde nicht finanziell auszubluten, die eigentlich zu wenige Mitglieder hat, um ein Pastorengehalt zu generieren.

In diesem Zusammenhang ist auch das Modell der katholischen Klöster ziemlich gut: Menschen schließen sich in einer Gemeinschaft zusammen, teilen alles und legen ein Armutsgelübde ab. Das macht die Gemeinschaft leichter finanzierbar. Zusätzlich betreiben viele Kommunitäten noch zusätzlich einen Klosterladen mit Büchern, Kunsthandwerk, Kräutern, Wein oder Bier aus eigener Herstellung.

Auch von den Anonymen Alkoholikern können wir eine gute Anregung übernehmen, deren Organisation folgende Prinzipien hat: „Wir wollen keine bezahlten Hauptamtlichen und wir wollen keine eigenen Gebäude. Dies ist eine organische Gemeinschaft, die sich in Parks und öffentlichen Gebäuden trifft." Die Treffen sind dezentral, unkommerziell und sind sehr effektiv darin, Menschen zu retten. Klingt fast wie eine andere Bewegung: die frühe Kirche.

Dass es möglich ist, auch als Gemeinde kein eigenes Gebäude zu haben, hat Rick Warren mit seiner Saddleback Community Church gezeigt, die während ihrer ersten Jahrzehnte über 80-mal umgezogen ist, bis sie ihr jetziges Gemeindezentrum baute.

Tony: Das ist wirklich ein interessanter Punkt, ob Gemeinden immer ein eigenes Gebäude brauchen. In China gibt es nur wenige Kirchengebäude und die Gemeinden, die ein solches Gebäude haben, gehören zu der staatlich kontrollierten „Kirche", die man, was ihre missionarische Wirksamkeit anbelangt, eigentlich vergessen kann. Auf der anderen Seite wächst das Christentum in China bei Weitem schneller als alle anderen Religionen. Die meisten chinesischen Christen treffen sich in Hauskirchen, wo jeder jeden kennt und wo auch jeder bereit ist, für die anderen Opfer zu bringen. So sind die Christen in China von 900.000 im Jahr 1945 auf etwa 80 Millionen heute angewachsen[42]. Diese explosive Entwicklung war nur möglich, weil sie eine lebendige, aktive und großzügige Gemeinschaft sind.

So sind die Christen in China von 900 000 im Jahr 1945 auf etwa 80 Millionen heute angewachsen. Diese explosive Entwicklung war nur möglich, weil sie eine lebendige, aktive und großzügige Gemeinschaft sind.

Tony: Immer, wenn wir unter Christen auf das Thema Geld kommen, führt jemand, der sein angenehmes Leben behalten will, den Vers an, den Jesus gesagt hat: „Arme, die eure Hilfe nötig haben, wird es immer geben. Ihnen könnt ihr jederzeit helfen. Aber ich bin nicht mehr lange bei euch" (Markus 14,7 Hoffnung für alle).

Shane: Da ist wieder einmal wichtig, auf den Zusammenhang zu schauen, in dem diese Aussage steht. Jesus war wie immer umgeben von armen und am Rande der Gesellschaft stehenden Leuten. Nach dem Markusevangelium war er im Haus eines ehemaligen Aussätzigen, als eine Frau hereinkam, die zumindest nach Lukas eine stadtbekannte „Dame des Gewerbes" war. Sie goss ein ganzes Fläschchen kostbaren Öls über seine Füße (vgl. Markus 14,3). Jesus war buchstäblich von Armen umgeben. Als die Jünger sich wegen der Verschwendung aufregten, die da vor ihren Augen passiert war, wies Jesus sie zurecht. Sie waren mehr auf das verlorene Geld fixiert als auf die Menschen – vor allem die direkt vor ihnen.

Wenn Leute diese Aussage von Jesus zitieren, ist das oft eine Rechtfertigung für Passivität gegenüber dem Elend anderer. Dabei interpretiere ich Jesu Worte eher so: „Ihnen könnt ihr jederzeit helfen (sobald ich, Jesus, nicht mehr da bin)." Der Auftrag Gottes hat immer noch die gleiche Wichtigkeit, nur für diesen Moment sollen die Anwesenden sich auf Jesus konzentrieren.

Es gibt einen ähnlichen Satz im Buch Deuteronomium: „Es wird im Land immer arme Leute geben" (Deuteronomium 15,11). Aber schon der nächste Vers zeigt, dass das keine Beschwichtigung ist, nach dem Motto: „Es gibt immer Arme, da kann man nichts machen." Da steht, dass Gott uns befiehlt (!), mit offenen Händen – großzügig – unseren Brüdern, den Armen und Bedürftigen in unserem Land zu begegnen. Jesus entlässt uns nicht aus der Verantwortung. Gott hat uns berufen anzupacken, wo es nötig ist. Armut ist unsere Zuständigkeit.

Jakobus sagt es kurz und bündig: „Eine Frömmigkeit, die unserem Gott und Vater wirklich Freude macht, sieht ganz anders aus: zum Beispiel Witwen und Waisen in ihrer Not beizustehen und sich von dem egoistischen Denken der Welt nicht verführen zu lassen" (Jakobus 1,27).

Tony: Hier möchte ich gern das aufgreifen, was unser Freund John Perkins bei dieser ganzen Frage für wesentlich hält. Wir kennen die Stelle bei Markus (10,21), wo Jesus dem reichen Jüngling sagt: „Verkauf alles, was du hast, und gib das Geld den Armen." John ist der Meinung, dass es nicht nur darum geht, dass den Armen geholfen wird, sondern dass es vor allem auch für den jungen Mann selbst notwendig gewesen wäre loszulassen und großzügig zu sein, weil es ihn verändert hätte.

Wenige Dinge verändern uns stärker, als die Not armer Menschen zu lindern. Denn in ihnen begegnen wir Jesus selbst, manchmal so, dass wir es direkt spüren. Wenn wir Armen helfen, scheint das viel direkter Jesus zu erreichen, als wenn wir den Zehnten in den Opferkorb legen. Ich betone ausdrücklich, dass ich das Spenden zur finanziellen Unterstützung einer Gemeinde in keiner Weise schlechtreden will. Das ist wichtig. Aber nicht so wichtig wie die direkte Hilfe, die wir Armen zukommen lassen. Es gibt keine Formel, wie viel ein Christ der Gemeinde und wie viel er den Armen spenden sollte. Eine solche Entscheidung kann nur sehr individuell erfolgen – und nachdem man sorgfältig die Jahresbilanz der eigenen Gemeinde angesehen und überprüft hat, wie mit dem Geld umgegangen wird.

Wenige Dinge verändern uns mehr als die Not armer Menschen zu lindern. Denn in ihnen begegnen wir Jesus selbst, manchmal so, dass wir es direkt spüren.

Die entscheidende Frage bei Ausgaben ist: Würde Jesus dafür auch Geld ausgeben? Das gilt für eine Gemeinde nicht weniger als für den Einzelnen. Eine ziemlich herausfordernde Frage wäre zum Beispiel: Brauchst du so ein teures Auto? Würde es nicht auch ein Gebrauchter tun, der nur einen Bruchteil von deinem kostet? Natürlich ist der dann

Die entscheidende Frage bei Ausgaben ist: Würde Jesus dafür auch Geld ausgeben?

nicht mehr ganz so bequem oder so prestigeträchtig wie ein Mercedes oder ein BMW. Aber du hättest eine Menge Geld übrig, um Menschen konkret zu helfen. Aber es gibt noch andere Fragen, die unseren Lebensstil betreffen: Brauchst du wirklich alle Räume in deinem Haus? Wie viele deiner Anzüge oder Kostüme ziehst du wirklich an? Brauchst du wirklich so viele Schuhe? Weißt du noch, was Johannes der Täufer empfahl? „Wenn ihr zwei Mäntel habt, gebt einen weg!“ (Lk 3,11). Es kann nicht richtig sein, dass wir nicht mehr wissen, wohin mit unseren Sachen, während andere Menschen nicht mal das Nötigste haben.

Shane: Überfluss schadet eben nicht nur den Armen, weil sie nichts davon abbekommen, sondern auch den Reichen. Bei der Begegnung des reichen jungen Mannes mit Jesus ist es ja spannend, dass der junge Mann mit der Frage beginnt, wie er ewiges Leben bekommen kann. In ihm war ein Hunger nach Leben und damit ist er bis heute in bester Gesellschaft. In den reichsten Ländern der Welt gibt es auch die höchsten Selbstmordraten, die größte Einsamkeit und die schlimmsten Depressionen. Das sind nicht nur die Superreichen, sondern auch „Wohlstands-Normalos“ wie du und ich. Das uralte Paradoxon gilt noch immer: Wer das volle Leben haben will, muss es loslassen. Wer nicht will, dass sein Besitz ihn beherrscht, muss ihn weggeben. Das in unserer Zeit zu leben fällt Christen in der westlichen Welt unglaublich schwer. Wie Mutter Teresa es ausdrückt: „Je mehr wir haben, desto weniger können wir geben.“[43]

Wer das volle Leben haben will, muss es loslassen. Wer nicht will, dass sein Besitz ihn beherrscht, muss ihn weggeben.

Die Erlösung eines Lebens durch Jesus zeigt sich oft daran, dass man mit einem Mal Besitz loslassen kann. Das ist keine Bedingung, um frei zu werden, sondern eine Beschreibung. Wenn Jesus in unserem Leben das Sagen hat, dann wollen wir teilen. Wir merken, dass wir viele Geschwister haben, von denen wir nichts wussten und von denen viele schwer leiden.

Zachäus ist dafür vielleicht das beste Beispiel. Er wurde als Zuarbeiter der Römer gehasst und war durch Betrug reich geworden. Aber als er Jesus begegnete, war er plötzlich bereit, die Hälfte seines Vermögens den Armen zu geben. Jesus feierte mit ihm die Wende in seinem Leben und sagte: „Heute ist ein großer Tag für dich und deine Familie; denn Gott hat euch heute als seine Kinder angenommen. Du warst einer von Abrahams verlorenen Söhnen" (Lk 19,9). Wir wissen nicht, ob Zachäus ein ordnungsgemäßes Übergabe-Gebet gesprochen hat... aber wir wissen, dass er Jesus begegnet ist und das hat einfach alles, auch sein Verhältnis zum Geld, komplett auf den Kopf gestellt. Er war von der Sucht nach mehr befreit. Und damit auch seine ganze Familie.

Tony: Im Grunde hat Jesus zu Zachäus einfach nur gesagt: „Komm, lass uns zu dir nach Hause gehen und eine Party feiern!" Wenn wir unsere Verantwortung gegenüber den Armen wahrnehmen, gibt es immer etwas zu feiern. Die Botschaft ist sehr einfach: Gute Verwalterschaft bedeutet, dass jeder von uns seine finanziellen Möglichkeiten überprüft und dann zehn Prozent davon für gemeinsame Feiern abzweigt, wie es uns im Buch Deuteronomium empfohlen wird (vgl. 14,22–27). Und generell sollten wir uns fragen: „Wie würde Jesus mit diesem Geld umgehen? Wie würde er es einsetzen?" Wo unser Schatz ist, da wird auch unser Herz sein. Und unser Umgang mit Geld zeigt deutlich, wie es um unser Herz bestellt ist.

Wenn wir unsere Verantwortung gegenüber den Armen wahrnehmen, gibt es immer etwas zu feiern.

Teil III

Die Worte Jesu und die Öffentlichkeit

1. Politik

„Also, dann gebt dem Kaiser, was ihm gehört, und Gott, was Gott gehört.“
Matthäus 22,21

Tony: Shane, ich habe da eine Frage, bei der du dich vielleicht ein bisschen winden wirst. Wenn ich mir deine Vorträge anhöre und deine Bücher lese, scheint mir deine Meinung zu sein, Christen sollten sich nicht so sehr politisch engagieren und aktive politische Betätigung sei letztlich ziemlich fruchtlos. Habe ich deine Position da richtig verstanden?

Shane: Für mich ist nicht die Frage, *ob* wir politisch engagiert sind, sondern *wie*. Wir müssen uns politisch engagieren – aber klug. Jesus und die frühe Christenheit hatten ein außerordentlich interessantes politisches Konzept: Sie stellten alle Vorstellungen und Ideen über Macht und Segen auf den Kopf.

Jesus und die frühe Christenheit hatten ein außerordentlich interessantes politisches Konzept: Sie stellten alle Vorstellungen und Ideen über Macht und Segen auf den Kopf.

Die ersten Christen erlebten einen massiven Zusammenprall zwischen ihrem Glauben und dem politischen Machtgefüge, in dem sie lebten. Ohne Zögern überwanden sie Grenzlinien zwischen einzelnen Gruppierungen und schlossen subversive Freundschaften. Und wir sollten uns genau wie sie verhalten. Wir sollten keine Partisanen sein, aber politisch aktiv müssen wir sein. Wir sollten uns mit aller Macht dagegen wehren, für irgendein politisches Lager vereinnahmt zu werden, doch aus allen das Beste herauskitzeln. Genau das hat Jesus getan – er hat die schlechten Seiten der politischen Lager angeprangert, aber auch das Beste herausgestellt. Darum gab es unter seinen Jüngern Essener, Zeloten, Herodianer, Pharisäer und Sadduzäer; doch sie alle mussten eine „neue Schöpfung“ werden und sich von einigen Dingen befreien. Jesus forderte das Steuersystem der Besatzungsmacht genauso heraus wie das Schwert der Zeloten, die nur zu gerne mit Gewalt Veränderung herbeigeführt hätten.

Aber um jetzt auf deine Frage konkret zu antworten: Ich engagiere mich auf lokaler Ebene, weil das Menschen betrifft, die ich liebe. Und ich engagiere mich landespolitisch, weil es Menschen betrifft, die ich liebe.

Regierungen können eine Menge tun, keine Frage. Aber es gibt noch sehr viel mehr, was sie *nicht* tun können. Eine Regierung kann gute Gesetze erlassen, aber kein einziges Gesetz kann das Herz eines Menschen verändern. Das kann nur Gott. Eine Regierung kann für Wohnraum sorgen; deswegen müssen sich die Menschen noch lange nicht zu Hause fühlen. Wir können Menschen dank unseres Gesundheitssystems am Leben erhalten, aber das heißt noch lange nicht, dass sie wirklich lebendig sind. Das, was Gemeinschaft, Liebe, Versöhnung und Wiederherstellung bewirken, können wir nicht den Politikern überlassen. Es ist unsere Aufgabe, zu der wir berufen sind. Wir können nicht auf die Politiker warten, damit sie die Welt verändern. Wir können nicht auf eine Regierung warten, dass sie Liebe gesetzlich verordnet, weil das nicht funktioniert. Und wir können keine Richtlinien ausgeben, nach denen wir Menschen behandeln – sondern die Art, wie wir Menschen behandeln, beeinflusst auch unsere Ethik.

Eine Regierung kann gute Gesetze erlassen, aber kein einziges Gesetz kann das Herz eines Menschen verändern. Das kann nur Gott.

Tony: Also, damit ist klar, dass du nicht dazu aufrufst, sich aus politischem Engagement herauszuhalten. Stattdessen verstehe ich deinen Standpunkt eher als eine Warnung an Christen, nicht ihr ganzes Vertrauen in die falschen Leute zu setzen. Wir sollen uns immer in den politischen Prozess einmischen und die Wahrheit besonders in den Zeiten und an den Orten hochhalten, an denen Macht auf eine Art und Weise ausgeübt wird, die Gottes Willen widerspricht.

Shane: Wir „trachten zuerst nach dem Reich Gottes". Wie würde es aussehen, wenn Jesus in meinem Wohnviertel, in meiner Stadt, in meinem Land, ja in der Welt wirklich das Sagen hätte? Genau das müssen wir uns vor Augen halten, wenn wir von einer Welt unter seiner Herrschaft träumen. Und davon liefern uns die Evangelien genügend wunderschöne Bilder: Die Armen werden gesegnet und die (hartherzigen) Reichen werden mit leeren Taschen weggeschickt, die Machtversessenen werden vom Thron geschubst und die Leute aus der „Unterschicht" emporgehoben. Menschen, die Frieden stiften, und solche mit einem freundlichen Wesen werden gesegnet, und die Stolzen werden zerstreut (vgl. Lukas 1,51 ff.).

Wie würde es aussehen, wenn Jesus in meinem Wohnviertel, in meiner Stadt, in meinem Land, ja in der Welt wirklich das Sagen hätte?

Wir sind bereit, mit jedem zusammenzuarbeiten, der sich uns anschließen will, egal, ob es darum geht, die Armut zu bekämpfen oder Abtreibungen zu verhindern, etwas wirklich Wesentliches für die Umwelt zu tun oder schlechte Gesetze in gute zu verändern. Ganz besonders, wenn es darum geht, die Schwächsten zu schützen.

Wir haben einen besonderen Grund, auf den wir unsere Hoffnung setzen. Wenn ich ein Plakat von Barack Obama sehe, auf dem groß „Hoffnung" in Verbindung mit seinem Namen steht, dann winde ich mich unwillkürlich. Die Enttäuschung ist vorprogrammiert, wenn wir unsere Hoffnung auf irgendetwas Geringeres setzen als Jesus selbst.

Was die Wahlen anbelangt, so halte ich sie nicht für den Vorgang, in den ich meine Hoffnung setze, sondern eher als Gelegenheit für eine Auseinandersetzung mit den Mächtigen der Welt. Wählen zu gehen ist letztlich Schadensbegrenzung. Und wir Christen wählen ohnehin jeden Tag. Wir wählen, für was wir unser Geld ausgeben und welche Anliegen wir unterstützen. Wir wählen, wie viel Benzin wir verbrauchen und welche Produkte wir kaufen. Wir schlagen uns jeden

Tag auf diese oder jene Seite und verpflichten uns irgendwelchen Dingen. Die Frage ist dabei nur: Stimmen diese Dinge mit den oft auf den Kopf gestellten Prinzipien des Reiches Gottes überein, in dem die Armen, die Sanftmütigen, die Barmherzigen, die Friedensstifter als „gesegnet“ bezeichnet werden?

Tony: Wir haben eben auch über Steuern geredet. Die Leute zitieren oft die Antwort von Jesus auf die Frage, ob man dem weltlichen Herrscher überhaupt Steuern entrichten dürfe. Jesus ließ sich daraufhin eine Münze geben und fragte: „Diese Prägung – wen stellt sie dar? Und die Beschriftung – wessen Name ist das?“ Als sie ihm die Antwort gaben, dass es sich um den Kaiser handelte, erwiderte er: „Also, dann gebt dem Kaiser, was ihm gehört, und Gott, was Gott gehört“ (Mt 22,21). Ich würde gern wissen, wie du diese Stelle interpretierst.

Die Tatsache, dass Jesus selbst offensichtlich nicht mal Kleingeld besaß, ist ziemlich bezeichnend!

Shane: Es gibt zwei Szenen, bei denen Jesus von offizieller Seite gefragt wurde, was er von Steuern hält. Bei der einen musste er sich eine Münze ausleihen (die Tatsache, dass Jesus selbst offensichtlich nicht mal Kleingeld besaß, ist ziemlich bezeichnend!) und du hast eben seine Antwort zitiert. Bei der anderen beauftragte er Petrus, angeln zu gehen und dem ersten Fisch, der anbeißt, ein Geldstück aus dem Maul zu ziehen. Genau so geschah es und der Steuereintreiber bekam sein Geld (vgl. Matthäus 17,27).

Beide Geschichten werden normalerweise als Hinweis dafür genommen, dass Christen sich der staatlichen Autorität zu beugen haben und dem Kaiser geben sollen, was immer er von uns verlangt (ungeachtet der Frage, ob dieser „Kaiser“ ein Diktator oder ein demokratisch gewählter Präsident ist; gut oder schlecht). Doch ich glaube, dass Jesus hier ein anderes Ass im Ärmel hat.

Schauen wir einmal genauer hin: Jedes Mal wird Jesus eine direkte Frage gestellt, auf die man eigentlich nur mit Ja oder Nein antworten kann: „Zahlst du Steuern an den Kaiser oder nicht?" In beiden Fällen unterläuft Jesus mit seiner Antwort die Fragen und fordert die ihr zugrunde liegenden Annahmen heraus. Dabei weicht er den Fragen nicht aus, sondern er geht weit über sie hinaus. Er zwingt seine Zuhörer – die Steuerzahler und die Steuereintreiber –, weiter zu denken. Auf was hat der Kaiser eigentlich genau ein Anrecht? Auf was ist das Bild des Kaisers geprägt und auf was Gottes? Was gehört dem Kaiser und was gehört Gott?

Mich begeistert vor allem die Story mit dem Fisch. Es kommt mir so vor, als würde Jesus dem Kaiser zuzwinkern und sagen: „Hey, Cäsar, natürlich kannst du deine Münze haben ... ich habe den Fisch geschaffen, der mir gehorcht." Der Kaiser kann sein dämliches Edelmetall haben, schließlich kann er so viele Münzen prägen lassen, wie er will, selbst wenn sie dann nichts mehr wert sind. Aber Geld hat nun mal kein Leben in sich. Das Leben ist mit dem Angesicht Gottes geprägt, und das besitzt Cäsar nicht. Leben geben konnte keiner der römischen Potentaten (nur im Leben nehmen waren sie ganz groß).

In einem Land, in dem ein hoher Prozentsatz der Steuern in Militär und Rüstung investiert wird, also letztlich in den Tod, sollte das jedem steuerzahlenden Christen eine Menge zu denken geben. Wenn wir Gott gegeben haben, was ihm zusteht, dann bleibt nicht mehr viel für den „Kaiser" übrig.

Tony: Du hast recht. Natürlich sehe auch ich, dass die Regierungen immer wieder das Geld der Steuerzahler für Dinge ausgeben, die uns als Christen nicht passen, oder in Maßnahmen investieren, die überhaupt nichts bringen. Aber ich sehe auch das Gute, das durch viele Regierungen geschieht. Sie fangen oft einen Großteil der Not auf, die weltweit vorhanden ist und der die Christen einfach nicht gerecht werden können. Meine Aufgabe als Bürger meines Landes ist es, die Regierung herauszufordern und darin zu unterstützen, mehr Gutes zu tun und weniger Mittel zu verschwenden. Für mich ist es keine Frage, dass Gott größer ist als die Kirche und dass er sie in seine Vorhaben mit einbezieht – aber nicht nur sie allein. Gott wirkt in dieser Welt durch alle, die in irgendeiner Weise Verantwortung für eine Nation oder ein Werk haben (vgl. Epheser 1,19–23). Gott sieht die Regierungen nicht neutral, was wir im Kolosserbrief, 1. Kap. deutlich ausgedrückt finden: „Alle Könige, Herrscher und Gewalten haben ihren Ursprung in ihm [Jesus] und alle werden eines Tages auch vor ihm stehen. Jesus hat vor allem existiert und alles in dieser Welt hat nur durch ihn Bestand" (17 f.).

Es ist die Aufgabe einer Regierung, die ja nur eine Ausprägung der „Herrscher und Gewalten" ist, den Willen Gottes zu tun, so wie das auch die Aufgabe der Kirche ist. Wenn die Kirche darin versagt, den Willen Gottes zu tun, bin ich herausgefordert, dies nicht nur anzumahnen, sondern sie auch darin zu unterstützen. Und nicht weniger gilt das für mich als Bürger meines Landes: Auch hier bin ich berufen, der Regierung dabei zu helfen, dass sie den Willen Gottes tut. Das gilt nicht nur auf der politischen Ebene, sondern betrifft auch Organisationen wie Gewerkschaften, Großkonzerne und andere einflussreiche Einrichtungen in meinem Land. Ich darf, ja eigentlich *muss* ich alles hinterfragen, ob es dem Willen Gottes entspricht, denn alle diese Organisationen haben einen immensen Einfluss auf das tägliche Leben der Menschen.

Wenn eine Regierung, die in der Lage wäre, einen Großteil der hungernden Bevölkerung Afrikas aus ihrer unvorstellbaren Armut zu befreien, dies nicht tut, sind wir Christen aufgerufen, sie an ihre Verpflichtung zu erinnern. Obwohl die westlichen Länder nur wenige Prozent der Weltbevölkerung ausmachen, verbrauchen sie doch fast die Hälfte aller weltweiten Ressourcen. Dazu kommt, dass wir uns einen Lebensstil leisten, der nicht zuletzt die Notlage ärmerer Länder ausnutzt und verschärft.

Wenn eine Regierung, die in der Lage wäre, einen Großteil der hungernden Bevölkerung Afrikas aus ihrer unvorstellbaren Armut zu befreien, dies nicht tut, sind wir Christen aufgerufen, sie an ihre Verpflichtung zu erinnern.

Wenn wir an die dramatische Entwicklung der Aids-Krise in Afrika denken, zu deren Bekämpfung damals George W. Bush 19 Milliarden Dollar versprach, dann sollte das gesamte Volk eine solche Entscheidung nach Kräften unterstützen. Das ist kein Anliegen der Demokraten oder eines der Republikaner, sondern etwas, das Gott von einer Regierung eines solchen Landes will, um Gerechtigkeit zu schaffen. Regierungen sind nach Römer, Kap.13 dazu da, gut für ihre Bürger zu sorgen. Wenn sie das nicht tun, haben wir das Recht, Widerstand zu leisten und an die Verantwortung zu appellieren. Genauso stehen aber auch wir in der Verantwortung, unsere Regierung zu unterstützen und zu bestätigen, wenn sie gute Ziele verfolgt.

Im Matthäusevangelium (25,31–46) lesen wir, dass Gott die Völker danach beurteilen wird, ob sie sich um die Armen und Gefangenen gekümmert und sich Fremden gegenüber gastfreundlich verhalten haben. Es ist interessant, dass Gott damit die *Völker* anspricht, nicht nur die Kirche. Diese Aussage stellt auch klar, dass es eine nationale Verantwortung für die Armen gibt.

Wir leben in einer Zeit, die von wachsender Armut weltweit geprägt ist. Darum ist es ein Gebot der Stunde, dass die westliche (Erste!) Welt beide Kräfte, die staatlichen wie die kirchlichen, bündelt, um eine grundlegende Veränderung für die Not leidenden Menschen in der Welt herbeizuführen. Meine Hoffnung ist, dass die „Red Letter"-Christen gemeinsam an diesem Ziel arbeiten.

2. Krieg und Gewalt

„Steck das Schwert wieder ein. Alle, die das Schwert gebrauchen, werden auch durch das Schwert umkommen."
Matthäus 26,52

Shane: Ich habe einen ganzen Stapel Briefe von Soldaten, die letztlich immer dieselbe Aussage beinhalten: „Ich komme mir vor, als würde ich ständig versuchen, zwei Herren zu dienen – meinem Gott und meinem Land –, und ich weiß nicht, wie ich das Gewehr mit dem Kreuz vereinbaren kann. Ich weiß nicht, wie ich meine Feinde lieben soll, während ich mich gleichzeitig darauf vorbereite, sie umzubringen." Ein anderer schrieb mir: „Mir scheint, ich kämpfe nur für abstrakte Begriffe wie Freiheit und Demokratie, aber es fühlt sich ganz anders an als das Evangelium."

> Natürlich würden wir jemandem, der in einem Sexshop arbeitet, zu einem Jobwechsel raten, wenn er sich taufen lässt. Aber sagen wir das Gleiche auch zu jemandem, der in einer Firma arbeitet, die in Drittweltländern Menschen ausbeutet und Menschenrechte mit Füßen tritt?

Irgendwann muss man sich auch mal der Frage stellen, ob Christen überhaupt Militärdienst leisten sollten. In der frühen Kirche gab es einen klar erkennbaren Übergang bei jedem, der sich taufen ließ: Das alte Leben war gestorben, vor dem Getauften lag ein neues Leben. Sie waren mutig genug, um damit auch das Ende einer Karriere hinzunehmen. Wenn einer Götterfiguren herstellte, als Gladiator oder Bordellbesitzer sein Geld verdiente oder eben auch in der Armee Dienst tat, dann war es Zeit, den bisherigen Job zu überdenken. Wir sind da heute wesentlich gehemmter und toleranter. Natürlich würden wir jemandem, der in einem Sexshop arbeitet, zu einem Jobwechsel raten, wenn er sich taufen lässt. Aber sagen wir das Gleiche auch zu jemandem, der in einer Firma arbeitet, die in Drittweltländern Menschen ausbeutet und Menschenrechte mit Füßen tritt? Oder wie ist es mit der Rüstungsindustrie? Die Betroffenen stecken in einem Dilemma: Auf der einen Seite wollen sie Gott dienen, auf der anderen müssen sie für ihren Lebensunterhalt aufkommen. Das gilt besonders für Berufssoldaten, die in einen geradezu lähmenden Konflikt geraten und oft eine richtige Identitätskrise durchmachen. Viele Soldaten, die in kriegerische Auseinandersetzungen verwickelt waren, haben danach mit schweren psychischen Störungen zu kämpfen.

In Amerika sterben mehr Soldaten durch Selbstmord, nachdem sie aus den Kriegsgebieten zurückkamen, als im eigentlichen Kampf umgekommen sind. Es sind zurzeit an die zwölf Selbstmorde pro Tag[44]! Wir erkennen darin das Muster, vor dem Jesus uns gewarnt hat: „Wer das Schwert gebraucht, wird durch das Schwert umkommen." Im Krieg erleiden nicht nur Frauen und Kinder Kollateralschäden, sondern auch die Soldaten selbst. Eigentlich sollten wir diese Lektion gelernt haben. Wir sind nicht dazu geschaffen zu töten. Wenn wir es dennoch tun, töten wir einen Teil von uns. Doch Gott kann und will alle Wunden heilen, auch dort, wo sie entstanden sind, weil wir seine Grenzen überschritten haben.

In Amerika sterben mehr Soldaten durch Selbstmord, nachdem sie aus den Kriegsgebieten zurückkamen, als im eigentlichen Kampf umgekommen sind.

Ich werde nie die Begegnung mit einem jungen Mann vergessen, der mich nach einer Predigt ansprach – mit Tränen in den Augen. Er erzählte mir, dass er im Irakkrieg Bomben abgeworfen hatte und nicht damit leben konnte, was er getan und gesehen hatte. Er war erst 19 Jahre alt – nicht alt genug, um Alkohol kaufen zu dürfen, aber alt genug, um Bomben abzuwerfen und Menschen zu töten! Wir beteten zusammen und man konnte förmlich sehen, wie ihm eine Zentnerlast von den Schultern genommen wurde.

Tony: Eine Menge Frauen und Männer, die im Irak oder in Afghanistan im Einsatz waren, stellen sich Fragen wie: „Was soll das eigentlich? Mir wurde beigebracht, ich würde mit meinem Einsatz Gott und meinem Land dienen, aber ich bin mir nicht mehr sicher, dass Gott und unser Land einer Meinung sind, was den Krieg angeht. Wer genau hat eigentlich etwas von diesem Krieg?" Je mehr solcher Fragen jemand sich stellt, desto heftiger wird der innere Konflikt, dem er sich ausgeliefert sieht.

Shane: Bei einer „Ehe" zwischen Nation und Religion steht ja nicht der Ruf des Landes, sondern noch viel mehr das Ansehen des Christentums auf dem Spiel. Beides hängt in der Wahrnehmung der Menschen untrennbar zusammen. Ich habe schon erlebt, wie eine Frau ihre Fäuste gen Himmel reckte und schrie: „Ich bin fertig mit dir, Gott!" Als ich später die Gelegenheit hatte, mir ihr zu sprechen, erzählte sie mir, dass sie als Muslimin aufgewachsen sei, sich aber sehr zum Christentum hingezogen gefühlt habe, gerade wegen der Botschaft der Liebe und der Gnade. Aber als sie die Schrecken des Krieges miterlebte, verging ihr aller Glauben. Sie sagte: „Meine Regierung und Ihre Regierung machen beide das Gleiche: Sie schaffen unvorstellbare Gewalt und bitten Gott, das zu segnen. Ich möchte mit einem solchen Gott nichts zu tun haben!"

Tony: Offiziell geht es ja bei kriegerischen Auseinandersetzungen immer darum, „das Böse" in der Welt zu bekämpfen. Generell gegen den Krieg zu sein ist ein bisschen zu einfach. Wir müssen uns der wirklich harten Frage stellen, wie wir mit dem Bösen in der Welt umgehen sollen.

Generell gegen den Krieg zu sein ist ein bisschen zu einfach. Wir müssen uns der wirklich harten Frage stellen, wie wir mit dem Bösen in der Welt umgehen sollen.

Shane: Das Böse ist nun mal eine Realität, die wir nicht ernst genug nehmen können. Leider bieten die meisten Friedens-Aktivisten keine realistische Alternative an, wie man das tatsächlich Böse denn nun bekämpfen kann. Die Mission, die Welt von dem Bösen zu befreien, ist ja durchaus reizvoll. Unzählige Filme und die meisten Präsidenten der USA haben sich dies auf ihre Fahnen geschrieben. Sie trifft ja auch mitten hinein in den Wunsch der Menschen, dass das Gute triumphieren soll und die Bösen zum Schluss doch verlieren. Die Leute freuten sich, als Osama bin Laden getötet wurde. Doch Nachfolger Jesu haben eine seltsame Art, die Geschichte zu verstehen und das Böse zu betrachten. Jesus sagt uns, dass wir nicht versuchen sollen, das Böse in der Welt auszurotten, wir würden sonst den guten Weizen mit dem Unkraut zusammen ausreißen. Schließlich gibt es einen Gott, der allein richtet und Vergeltung übt (vgl. Matthäus 13,24–30). Und Gott ist nun mal in solchen Dingen erheblich vertrauenswürdiger als wir.

Jesus selbst zeigt uns, wie wir mit dem Bösen umgehen sollen. Wenn wir sehen wollen, wie Liebe aussieht, wenn sie in die Fratze des Bösen schaut, dann brauchen wir nur auf das Kreuz zu schauen. Da sehen wir den Triumph der Liebe über den Hass. Natürlich sieht das Kreuz im ersten Moment nicht sonderlich triumphal aus. Es fordert heraus, aus Liebe Leid auf sich zu nehmen.

Wenn wir sehen wollen, wie Liebe aussieht, wenn sie in die Fratze des Bösen schaut, dann brauchen wir nur auf das Kreuz zu schauen.

Das ist es, was die ersten Christen verstanden hatten: „Für Christus können wir sterben, aber wir können nicht töten.“ Wenn wir jemanden umbringen, und sei es, um andere zu schützen, dann kann das im Moment als das Richtige erscheinen. Es ist vielleicht sogar mutig, beim Militärdienst nennt man das dann patriotisch. Es kann völlig selbstlos und opferbereit sein. Aber wenn wir töten, dann unterscheidet sich das gewaltig von dem, wie Liebe aussieht – zumindest wie die Liebe bei Jesus sich zeigte.

Tony: Können wir überhaupt die Bergpredigt lesen mit diesen fundamentalen Aussagen Jesu, ohne den Weg des gewaltlosen Widerstandes gegen das Böse einzuschlagen? Aufgepasst, ich sage nicht: Pazifismus. Ich glaube nicht, dass Jesus von uns verlangt, völlig passiv zu sein, sondern dass wir vielmehr dem Bösen auf eine sehr aktive, aber gewaltfreie Art begegnen sollen.

Shane: Dem Professor und Autor Walter Wink verdanken wir eine brillante Studie über die bekannte Aufforderung, „die andere Wange hinzuhalten", in der er zeigt, wie kreativ die Lehre Jesu in Wirklichkeit ist. Er zeigt auf, dass Jesus uns nicht dazu ermuntert, geradezu masochistisch andere Leute auf uns herumtrampeln zu lassen. Jesus lehrte eine Feindesliebe, die unsere Fantasie herausfordert. Er gab uns drei deutliche Beispiele, wie wir uns gegenüber einem Widersacher verhalten sollen. In allen dreien geht es darum, den Gegner zu entwaffnen. Wir sollten uns weigern, dem Bösen mit dessen eigenen Mitteln zu begegnen. Er lädt uns ein, falsche Passivität genauso zu überwinden wie unseren Hang, Gewalt anzuwenden. Er wirbt für einen „dritten Weg"[45]: Wenn dir jemand eine Ohrfeige gibt, wende dich der Person zu und schau ihr in die Augen[46]. Wende dich nicht ab und schlag nicht zurück. Sorge dafür, dass er dir in die Augen schaut und deine geheiligte Menschlichkeit sieht, und es wird immer schwerer für ihn werden, dich zu verletzen.

Jesus lehrte eine Feindesliebe, die unsere Fantasie herausfordert.

Die Armen waren zu Zeiten Jesu vielleicht noch benachteiligter als heute. Wenn eine arme Person Schulden hatte, konnte sie vor Gericht gestellt werden (vgl. Deuteronomium 24,10–13) und musste dann sogar die Kleidung abgeben, die sie auf dem Leib trug. Zu solchen Leuten sprach Jesus hier. Er riet ihnen nicht weniger, als sich nackt auszuziehen und so die Gier des Anklägers bloßzustellen. Nacktheit war für Juden ein Tabu, aber diese Aktion sollte weniger den beschämen, der ohne Kleidung dastand, als vielmehr den, der hinschaute oder die Schuld trug (vgl. Genesis 9,20–27). „Du willst mein Gewand? Du kannst es haben. Nimm auch noch meine Unterwäsche dazu, aber meine Seele und meine Würde kannst du mir nicht nehmen."

Eine Aussage Jesu, die wir ohne Einblick in die historischen Hintergründe nur halb verstehen, ist die Aufforderung: „Und wenn jemand dich zwingt, eine Meile mit ihm zu gehen, dann geh mit ihm zwei"

(Matthäus 5,41 Gute Nachricht). Zunächst kommt einem die Formulierung etwas seltsam vor (wieso sollte mich jemand zwingen, eine Meile mit ihm zu gehen?), aber für die Juden der damaligen Zeit war das eine sehr lästige und ärgerliche Realität. Wenn römische Soldaten zu einem anderen Einsatzort beordert wurden, mussten sie zu Fuß dort hingehen. Sie konnten Zivilisten befehlen, eine Meile mit ihnen zu gehen und ihre Ausrüstung zu schleppen. Als Jesus seine Nachfolger also aufforderte, freiwillig zwei Meilen mitzugehen, kann man sich die Reaktion zumindest der Zeloten lebhaft vorstellen … Aber auch für jeden „normalen" Juden war die Vorstellung absurd, der Besatzungsmacht auch nur einen Funken Freundlichkeit entgegenzubringen. Ganz abgesehen davon, dass selbst der römische Soldat in seinem Feindbild völlig verunsichert wurde, wenn der Jude ihm anbot, seine Ausrüstung doppelt so weit zu schleppen wie befohlen. Am Ende würde sogar noch eine freundschaftliche Beziehung zwischen den beiden entstehen!

In allen diesen Bereichen möchte uns Jesus einen „dritten Weg" aufzeigen. Wir begegnen einem Jesus, der sowohl Passivität als auch Gewalt ablehnt, der weder Unterwerfung noch Kampf vorlebt, weder Flucht noch harte Konfrontation. Und das alles macht nur Sinn, wenn wir verstanden haben, dass es Jesus nicht um den besten Weg geht, den jahrtausendealten Kampf gegen das Böse zu gewinnen. Er gibt diesem Verlangen eine völlig andere Richtung: „Widerstehe nicht einer bösen Person!", weil er eine völlig andere Sicht des Bösen hat (vgl. Matthäus 5,39). Es ist dieser „dritte Weg", der lehrt: „Man kann dem Bösen Widerstand leisten, ohne es nachzuahmen … Unterdrückern kann man die Stirn bieten, ohne ihrem Verhalten nachzueifern … Feinde können entwaffnet werden, ohne dass man sie umbringt."[47] Das ist die prophetische Sicht, die den Teufelskreis aus Gewalt und Unterdrückung und deren Abwehr durchbrechen kann. Wenn die Christen die Welt für Gott begeistern wollen, müssten diese wahrhaft revolutionären Lehren im Zentrum stehen.

Wir begegnen einem Jesus, der sowohl Passivität als auch Gewalt ablehnt, der weder Unterwerfung noch Kampf vorlebt, weder Flucht noch harte Konfrontation.

Wenn die Christen die Welt für Gott begeistern wollen, müssten diese wahrhaft revolutionären Lehren im Zentrum stehen.

Dann könnten wir in die Augen eines römischen Hauptmanns blicken und in ihm nicht die Bestie, sondern ein Kind Gottes erkennen, und dann mit diesem Kind ein paar Meilen zurücklegen. Schau in die Augen der Steuereintreiber, wenn sie dich vor Gericht bringen, erkenne ihre Armut und gib ihnen auch noch dein letztes Hemd. Schau in die Augen derer, die du am wenigsten lieben kannst, und sieh in ihnen den Einen, den du liebst. Denn Gott liebt wahrhaftig die Guten und die Bösen. Nicht, dass Gott nicht zwischen beiden unterscheiden könnte, aber er lässt es auf die Felder der Gerechten wie der Ungerechten regnen (vgl. Matthäus 5,45). Darum macht Jesus zufolge die Feindesliebe wirklich Gott ähnlich (5,67).

Tony: Wir müssen immer wieder neue Wege finden, Jesus' Aufruf zur Gewaltlosigkeit unter die Menschen zu bringen. Eine originelle Idee fiel einigen Christen ein: Sie ließen einen Aufkleber herstellen mit dem Satz: „Als Jesus uns aufgetragen hat, unsere Feinde zu lieben, hat er vermutlich gemeint, dass wir sie nicht töten sollen." Selbst ein sehr militant eingestellter Mitbürger wird wohl oder übel über diesen Aufkleber nicht nur lächeln, sondern auch nachdenken müssen. Es ist eben auch zu absurd, nach der Aufforderung, jemanden zu lieben, noch irgendwie einen Mord an dieser Person zu rechtfertigen.

„Als Jesus uns aufgetragen hat, unsere Feinde zu lieben, hat er vermutlich gemeint, dass wir sie nicht töten sollen."

Natürlich gibt es eine Menge Situationen, in denen Gewaltlosigkeit sehr unvernünftig erscheint. Zum Beispiel werde ich manchmal gefragt: „Wenn jemand in dein Haus einbricht und deine Frau und deine Kinder bedroht und du keine andere Möglichkeit siehst, als ihn zu erschießen, was würdest du dann tun?" Ich habe darauf keine schöne Antwort. Wenn ich ehrlich bin, ich würde diese Person wahrscheinlich erschießen.

Auch ein Dietrich Bonhoeffer hat sich die Frage gestellt, wie man sich gegenüber Verbrechern wie Hitler verhalten soll. Für Bonhoeffer war das allerdings keine hypothetische Frage, sondern sehr real, und er entschied, sich dem Kreis um Stauffenberg anzuschließen, der entschlossen war, Hitler umzubringen. Es wäre zu einfach, das zu missbilligen, besonders wenn man die pazifistische Überzeugung Bonhoeffers kennt, aber wir haben nicht in seinen Schuhen gesteckt. Wir sind nicht mit dem konfrontiert, womit er Tag für Tag leben musste. Und als sich Bonhoeffer dem Widerstand anschloss, tat er das mit sehr gemischten Gefühlen. Er gab zu, dass er damit auch einen Mangel an Glauben und Vertrauen auf Gott in dieser dramatischen Zeit bewies. Nie hat er versucht, diese Entscheidung zu rechtfertigen.

Shane: Bonhoeffer ist in jeder Hinsicht ein besonders interessanter Fall, weil ihm bewusst war, dass seine Mitwirkung an dem Komplott vermutlich eine Sünde war. Er bat niemanden, für diese Sache zu beten oder ihn zu segnen; tatsächlich tat er genau das Gegenteil. Es war so, als ob er sagen wollte: „Ich bin dabei, eine schwere Sünde zu begehen, aber ich weiß schlichtweg nicht, was ich sonst tun soll. Mir scheint, nichts zu tun wäre eine noch größere Sünde. Und ich bin bereit, Gott mit meiner Schuld gegenüberzutreten." Das ist schon ein großer Unterschied zu dem, wie wir theoretisch über Gewaltlosigkeit reden und letztlich doch hoffen, dass Gott unsere Seite des Kriegs segnet. Manchmal ist es wirklich schwer zu entscheiden, ob es so etwas wie ein „notwendiges Übel" gibt. Aber vielleicht können wir uns darauf einigen, dass wir es selbst dann noch beim Namen nennen: das Böse.

Tony: Als die Apostel vom Hohen Rat genötigt wurden, nicht mehr von Jesus zu reden, brachten sie es auf den Punkt: „Seid ihr nicht auch davon überzeugt, dass man Gott mehr gehorchen muss als den Menschen?" (Apostelgeschichte 5,29). Diese Reaktion würde uns auch heute noch gut stehen. Auch wenn das zu einem Konflikt mit der gängigen, opportunen Politik führen kann.

Shane: Kaum einer hat das besser ausgedrückt als Ron Sider auf der mennonitischen Weltkonferenz von 1984. Seine Ansprache hat mit dazu beigetragen, dass christliche Friedensstifter-Teams entstanden, die einen mutigen und heilsamen Dienst in aller Welt leisten: „Solange wir nicht bereit sind, für unsere gewaltfreie Opposition gegen die Ungerechtigkeit, die unsere Gesellschaft fördert, Unrecht, ja den Tod zu erleiden, sollten wir es nicht wagen, unseren Schwestern und Brüdern in diesen verzweifelten Ländern auch nur ein Wort über Pazifismus zuzuflüstern. Solange wir nicht bereit sind, notfalls zu sterben bei dem erneuten Versuch, internationale Konflikte gewaltfrei zu lösen, sollten wir zugeben, dass wir nie wirklich davon überzeugt waren, dass das Kreuz eine echte Alternative zum Schwert ist. Solange nicht die Mehrheit der Christen in den Ländern, die Nuklearwaffen besitzen, soziale Ablehnung und staatliche Benachteiligungen in Kauf nimmt, weil sie sich entschieden gegen nukleare Bewaffnung aussprechen, müssen wir voller Trauer bekennen, dass wir unser Erbe als Friedensstifter verraten haben. Frieden zu stiften kostet nicht weniger, als einen Krieg zu riskieren. Solange wir nicht bereit sind, die Kosten für einen gewaltfrei errungenen Frieden zu tragen, haben wir kein Recht, uns als Friedensstifter zu bezeichnen oder andere anzupredigen."[48]

Solange wir nicht bereit sind, notfalls zu sterben bei dem erneuten Versuch, internationale Konflikte gewaltfrei zu lösen, sollten wir zugeben, dass wir nie wirklich davon überzeugt waren, dass das Kreuz eine echte Alternative zum Schwert ist.

3. Staatsverschuldung

Und vergib uns unsere Schuld,
wie auch wir vergeben unseren Schuldigern.
(Matthäus 6,12)

Tony: Die Finanzkrise hat dafür gesorgt, dass das Thema Staatsverschuldung uns allen neu ins Bewusstsein gerückt ist. Viele Menschen haben mit privaten Schulden zu kämpfen, und weltweit sieht die Lage ziemlich bedenklich aus – und damit geht sie uns Christen sehr viel an.

In Sachen Staatsverschuldung höre ich mir gern die Argumente aller Beteiligten und verschiedener politischer Gruppierungen an. Man muss aber nicht Quantenphysik studiert haben, um zu begreifen, dass man die Staatsverschuldung nur verringern kann, indem der Staat weniger ausgibt und mehr einnimmt.

Ich mache mir Sorgen um die amerikanische Wirtschaft, und so geht es auch über 70 Prozent unserer Mitbürger, die der Meinung sind, dass unser Land sich in einer wirtschaftlichen Abwärtsspirale befindet und kein Ende in Sicht ist[49]. Das ist keine Randmeinung irgendwelcher abgedrehten Endzeitpropheten, sondern die allgemeine Ansicht der Öffentlichkeit. Die Majorität der jungen Leute heutzutage geht nicht davon aus, dass sie einmal so viel verdienen werden wie ihre Eltern. Die meisten Amerikaner glauben, dass der amerikanische Traum ausgeträumt ist.

> In der Zukunft werden wir vielleicht nicht mehr in der Lage sein, Missionare zu finanzieren und Hilfswerke wie World Vision oder Compassion International zu unterstützen.

Wenn die Wirtschaft zusammenbricht, wird das auch Auswirkungen auf die Kirche haben. Wenn die Ressourcen eines Landes ausgeschöpft sind, werden auch die Ressourcen der Kirche, mit denen sie ihren Auftrag erfüllt, das Evangelium zu verbreiten und den Schwachen und Unterdrückten zu helfen, weniger werden. In der Zukunft werden wir vielleicht nicht mehr in der Lage sein, Missionare zu finanzieren und Hilfswerke wie World Vision oder Compassion International zu unterstützen. Schon allein deshalb ist die Staatsverschuldung ein Thema, das Christen nicht ignorieren können.

Wobei unsere finanzielle Lage natürlich nicht mit den Lasten zu vergleichen ist, die die Entwicklungsländer zu tragen haben.

Shane: Die *International Jubilee 2000*-Kampagne (in der das biblische Prinzip des „Jubeljahrs“ mit einem allgemeinen Schuldenerlass propagiert wurde) hat viel Aufmerksamkeit erregt. Erst dadurch haben viele Menschen erfahren, dass einige der ärmsten Länder dieser Welt riesige Summen an die reichsten Länder abführen müssen, weil sie in Schulden ertrinken. Viele haben die ursprüngliche Summe, die sie aufgenommen hatten, längst mehrfach abbezahlt, und die Zinsen fressen sie auf. Über solchen Umgang mit Schulden haben sich schon die alttestamentlichen Propheten aufgeregt, und deshalb spricht sich wohl die Bibel auch so deutlich gegen Zinsen aus. Das ist eine Sünde, über die viel zu wenig gesprochen wird. Wir müssen den Banken dringend ein paar Dämonen austreiben!

Das ist eine Sünde, über die viel zu wenig gesprochen wird. Wir müssen den Banken dringend ein paar Dämonen austreiben!

In den letzten 50 Jahren haben reiche Länder wie die USA vielen Entwicklungsländern Geld geliehen, deren Diktatoren sich die eigenen Taschen damit gefüllt und es dazu verwendet haben, Militärmacht aufzubauen, um ihre eigenen Leute in Schach zu halten. Viel von dem Geld wurde auch in sinnlosen Programmen oder Projekten verpulvert, die der Bevölkerung überhaupt nichts gebracht haben. Der Westen hat solche Kredite oft gewährt, obwohl durchaus bekannt war, dass das Geld missbraucht werden würde. Der Wunsch, die Entwicklungsländer in Abhängigkeit von den westlichen Ländern zu halten, reicht bis in den Kalten Krieg zurück.

Tony: In allen afrikanischen Ländern zusammengenommen werden rund 40 % der gesamten Steuereinnahmen dafür verwendet, die Schulden bzw. Schuldzinsen abzugleichen, die diese Länder haben.[50] In Lateinamerika sieht es nicht viel anders aus; am Schlimmsten ergeht es Ecuador, bei dem der Anteil sogar bei 60 % liegt. Die Staatsverschuldung Ecuadors entspricht 21 % des Bruttosozialprodukts des Landes von 72 Milliarden US-Dollar.[51] Solche Entwicklungsländer sind nicht in der Lage, ein vernünftiges Gesundheitswesen, ein Straßennetz oder ein funktionierendes Schulsystem aufzubauen. Es ist ihnen unmöglich, die Art von Infrastruktur aufzubauen, die nötig ist, um ihren wirtschaftlichen Status irgendwann einmal zu verbessern, weil die Schulden sie auffressen.

Das alles hat die *International Jubilee 2000*-Kampagne inspiriert, die du eben erwähnt hast. Im Jahr 2000 haben Christen den Gedanken aus Levitikus 25 aufgegriffen, dass Gott möchte, dass alle 50 Jahre sämtliche Schulden aufgehoben werden.

Viele einflussreiche Christen haben damals mit dazu aufgerufen, den Drittweltländern ihre Schulden und Schuldzinsen zu erlassen. In England waren es vor allem junge christliche Aktivisten, die diesen Gedanken vorangetrieben haben. Clare Short, die britische Ministerin für internationale Entwicklung in Tony Blairs Kabinett, sagte, dass es nur den jungen Christen zu verdanken sei, dass die Debatte um den Schuldenerlass für Drittweltländer überhaupt in Gang gekommen ist. Als sich die G8-Nationen 1998 in Birmingham trafen, fanden sich einige Tausend Christen ein, um die Staatsoberhäupter dazu zu ermutigen, etwas gegen die fatale Verschuldung der Entwicklungsländer

Clare Short sagte, dass es nur den jungen Christen zu verdanken sei, dass die Debatte um den Schuldenerlass für Drittweltländer überhaupt in Gang gekommen ist.

zu unternehmen. Sie haben nichts angezündet, nicht herumgeschrien und nicht mit Steinen geworfen. Sie haben lediglich eine zweitägige Gebetswache vor dem Gebäude abgehalten, in dem das Treffen stattfand. Nachts saßen sie mit brennenden Kerzen da und beteten, dass die Leiter der einflussreichsten Industrienationen dazu bewegt würden, den hoffnungslosen Kreislauf der Verschuldung zu durchbrechen. Was diese jungen Christen taten, hatte so viel Wirkung, dass die Staatschefs aller teilnehmenden Nationen den Antrag auf Annullierung der Schulden unterstützten, den Bill Clinton schließlich vorstellte. Seitdem sind große Fortschritte auf dem Weg der Befreiung der Drittweltländer aus dem Schuldenkreislauf erzielt worden. George W. Bush hat dieses Erbe von Clinton übernommen und daran weitergearbeitet. Wie sich das Ganze im Angesicht des enormen Finanzdrucks weiterentwickeln wird, bleibt abzuwarten.

Das beste Beispiel für das Gute, das aus der Aufhebung von Schulden entstehen kann, ist Uganda. Als die ugandischen Staatsschulden annulliert wurden, wurde der ugandischen Regierung die Auflage gemacht, das Geld, das sie ansonsten zur Tilgung der Schulden aufgewendet hätte, in einen Fonds zu investieren, der sich um das Aids-Problem im Land kümmern sollte. Ein umfassendes Schulungsprogramm wurde entwickelt, um die Bevölkerung über die Krankheit und ihre Prävention aufzuklären. Im ganzen Land wurden Krankenhäuser aufgebaut und viel Geld für Medikamente ausgegeben, um die Menschen zu behandeln, die bereits mit dem HIV-Virus infiziert waren. Als Folge ging in den nächsten fünf Jahren die Zahl der Aids-Toten um 30 % zurück und es gab weniger Neuinfektionen.[52]

Shane: Dr. Martin Luther King sprach davon, dass wir alle in einem „unentrinnbaren Netzwerk der Gegenseitigkeit"[53] miteinander verbunden sind. Und wenn wir genau hinschauen, sehen wir, dass wir alle voneinander abhängig sind – wir trinken Kaffee aus Südamerika aus chinesischen Tassen mit Kakaopulver aus Afrika bestreut und rühren ihn mit einem Löffel aus Schweden um. King sagte, dass wir mit der halben Welt zu tun hatten, noch bevor wir mit dem Frühstück fertig sind! Gott hat uns so erschaffen, dass wir uns gegenseitig brauchen. Statt uns gegenseitig auszunutzen, müssen wir uns unterstützen. Statt Leben zu versklaven, sollten wir es kultivieren.

> Wir trinken Kaffee aus Südamerika aus chinesischen Tassen mit Kakaopulver aus Afrika bestreut und rühren ihn mit einem Löffel aus Schweden um.

In dieser Hinsicht ist die Welt zusammengeschrumpft. Immer mehr Leute beginnen sich dafür zu interessieren, woher ihre Nahrungsmittel kommen und wie die Leute behandelt wurden, die ihre Kleidung herstellen. Und diese Dinge interessieren auch Gott. Viele tolle Initiativen und Gruppen rücken diese Fragen immer mehr in den Blick der Öffentlichkeit. Ein Beispiel ist „TOMS Shoes", ein Schuhhersteller, der für jedes verkaufte Paar Schuhe ein Paar kostenlos für Bedürftige zur Verfügung stellt. Oder „Ten Thousand Villages", eine Organisation, die Fair-Trade-Verträge für die Menschen aushandelt, die tatsächlich unsere Nahrungsmittel anbauen oder Kleidung herstellen.

Meine Lieblingsfirma ist „CRED", eine britische Juweliersvereinigung. Als die beteiligten Juweliere den Film „Blood Diamond" gesehen und verstanden hatten, unter welchen schrecklichen Bedingungen die Arbeiter in den Diamantenminen Afrikas ihr Dasein fristen, waren sie so erschüttert, dass sie etwas verändern wollten. Zuerst überlegten sie, das ganze Geschäft hinzuwerfen, doch dann beschlossen sie, sich da hineinzubohren und etwas gegen diese himmelschreiende Ungerechtigkeit zu unternehmen. Sie begannen, in den Minengebieten Dörfer zu besuchen und gezielt die Rädelsführer ausfindig zu machen, die die Arbeiter ausbeuteten und diese auszahlten. Dann boten sie den Arbeitern vernünftige Bedingungen und zogen ihr eigenes Business auf. Natürlich müssen sie oft dorthin reisen, um alles in Gang zu halten, aber das erste Fair-Trade-Juwelenhandelsprojekt ist auf dem Weg!

All diese kreativen Geschäftsideen verändern langsam das weltweite Denken weg vom „Business as usual". Indem die Aktivisten dieser Ideen die Hand heben und „Nein" zu den üblichen Geschäftspraktiken sagen, geben sie gleichzeitig den Menschen eine Stimme, die sonst immer an den Rand gedrängt werden.

Ich durfte einmal einer wirklich beeindruckenden Protestaktion gegen ausbeuterische Praktiken in Drittwelt-Betrieben beiwohnen. Statt Aktivisten auf das Sprecherpodest zu stellen, wurden hier tatsächliche Kinder aus den tatsächlichen Betrieben eingeflogen und diese erzählten ihre Geschichten. Ich erinnere mich noch gut an einen Jungen, der eine große Narbe quer über das ganze Gesicht hatte. Er berichtete: „Das hat mein Herr gemacht. Er hat mich jeden Tag verprügelt. Eines Tages hat er so stark zugelangt, dass ich eine klaffende Wunde über die ganze Gesichtshälfte hatte. Da hat er ein Feuerzeug genommen und die Wunde ausgebrannt, damit ich wieder weiterarbeiten konnte. Das ist alles geschehen, um eure T-Shirts zusammenzunähen."

„Das hat mein Herr gemacht. Er hat mich jeden Tag verprügelt. Eines Tages hat er so stark zugelangt, dass ich eine klaffende Wunde über die ganze Gesichtshälfte hatte. Da hat er ein Feuerzeug genommen und die Wunde ausgebrannt, damit ich wieder weiterarbeiten konnte. Das ist alles geschehen, um eure T-Shirts zusammenzunähen."

Ich weiß noch, wie ich dachte: *Jesus spürt mit jeder Zelle diese Narbe, denn was wir diesem Geringsten unter ihnen angetan haben, das haben wir ihm angetan. Wer sind diese „Herren", denen ich mein Geld gebe und es noch nicht einmal mitbekomme?*

Tony: Wir reden immer gern von der freien Marktwirtschaft und den Freihandel, und das klingt so schön demokratisch. Freihandelsgesetze besagen, dass keine Steuern auf Güter erhoben werden, die in unser Land ein- oder von uns in die teilnehmenden Länder ausgeführt werden. Das klingt gut, bis man bedenkt, dass dadurch die Armut in der Dritten Welt noch vorangetrieben wird. Zum Beispiel hat der Kongress im Jahr 2007 beschlossen, amerikanische Farmer mit einer Summe von 285 Milliarden Dollar zu subventionieren.[54] Das bedeutete, dass die amerikanischen Farmer ihre Produkte zu einem weit niedrigeren Preis in Drittweltländer verkaufen können, als dieselben Produkte in diesem Land erzielen würden. Da unsere Farmer subventioniert werden und arme Länder sich das nicht leisten können, gehen Hunderte von landwirtschaftlichen Betrieben in Ländern wie Haiti oder Südafrika jedes Jahr bankrott. Das ist nicht fair, und deswegen setzen sich „Red Letter"-Christen für fairen Handel ein, nicht für freien Handel.

Deswegen setzen sich „Red Letter"-Christen für fairen Handel ein, nicht für freien Handel.

Das wirft die Frage auf, ob man Ländern wie Haiti gestatten sollte, eine Einfuhrsteuer auf Waren aus westlichen Ländern zu erheben, während ihre Exportartikel nicht besteuert werden. Unsere Antwort darauf ist Ja. Denn das ist nur fair, wenn man die Sache mit den Subventionierungen einbezieht. Alles, was wir fordern, sind faire Wettbewerbsbedingungen. Und was könnte kapitalistischer sein als das?

Es ist unsere christliche Pflicht, Missstände nicht nur auf der persönlichen und individuellen Ebene anzugehen, sondern auch auf einer gesellschaftlichen. Ich kann mir vorstellen, dass einige Leser jetzt denken, dass wir wie Kommunisten klingen. Diese möchte ich daran erinnern, dass ein Bischof in Lateinamerika einmal gesagt hat: „Wenn ich den Armen zu essen gebe, nennen sie mich einen Heiligen. Wenn ich frage, warum die Armen nichts zu essen hatten, nennen sie mich einen Kommunisten."[55]

„Wenn ich den Armen zu essen gebe, nennen sie mich einen Heiligen. Wenn ich frage, warum die Armen nichts zu essen hatten, nennen sie mich einen Kommunisten."

Shane: Mir gefällt folgende Aussage: „Wenn wir wirklich anfangen, unseren Nächsten zu lieben wie uns selbst, ist der Kapitalismus, wie wir ihn kennen, nicht mehr möglich, und der Kommunismus unnötig."

Doch letztendlich wacht immer noch der größte Teil der Menschheit jeden Morgen auf der falschen Seite des Kapitalismus auf.

4. Der Nahostkonflikt

„Ihr selbst tut euch etwas Gutes, wenn ihr immer und überall den ersten Schritt zur Versöhnung unternehmt. Viele beharren auf ihrem vermeintlichen Recht und bringen sich selbst immer tiefer in Schwierigkeiten. Der Preis dafür ist unendlich viel höher als alles, was man in eine Versöhnung investiert hat.“

Matthäus 5,25 f.

Tony: Es irritiert mich, dass es Christen gibt, die hingebungsvoll den Staat Israel unterstützen, dabei aber ganz die Palästinenser aus den Augen verloren haben, selbst die, die ihre christlichen Brüder und Schwestern sind. Sie sehen überhaupt nicht, dass es auch für sie eine gerechte Lösung geben muss. Bitte beachte, dass ich vom *Staat Israel* gesprochen habe. Es ist eine Sache, die Israelis als Volk zu lieben und sich zu wünschen, dass ihre Kinder ohne die Angst aufwachsen können, dass ein Terrorist ihren Schulbus in die Luft sprengt oder Raketen aus dem Gazastreifen in ihren Wohnorten einschlagen. Aber es ist etwas völlig anderes, wenn man bedingungslos die Politik der israelischen Regierung unterstützt, ungeachtet dessen, was diese für das palästinensische Volk für Folgen hat. Es ist frustrierend, wenn ich Christen sagen höre: „Wer sich kritisch zu Israel (und damit seiner Regierung) äußert, stellt sich gegen Gott.“ Und normalerweise zitieren sie dann den Satz: „Wer immer Israel

Es gibt wenig Zweifel daran, dass diese Einstellung bei den christlichen Zionisten in den Vereinigten Staaten zur größten Barriere auf dem Weg zu einem Frieden im Nahen Osten geworden ist.

segnet, wird von Gott gesegnet werden, und wer immer Israel flucht, der wird von Gott verflucht sein" (vgl. Genesis 27,29).

Es gibt wenig Zweifel daran, dass diese Einstellung bei den christlichen Zionisten in den Vereinigten Staaten zur größten Barriere auf dem Weg zu einem Frieden im Nahen Osten geworden ist. Jeder Versuch, die israelische Regierung dazu zu bewegen, den Palästinensern das Land zurückzugeben, das sie in Kriegszeiten annektiert hat oder während der „Friedenszeiten" gestohlen hat, scheiterte an den evangelikalen Zionisten. Und das, obwohl die israelische Regierung gezeigt hat, dass sie willens ist, den Palästinensern Land zurückzugeben (siehe Gaza), wenn dies dem Frieden dient.

Shane: Als ich letztes Jahr im Heiligen Land war, sagte mir ein Priester sehr traurig, dass Jesus, wenn er heute von Bethanien nach Jerusalem gehen wolle, nicht mehr durch die Kontrollposten durchkäme. Wir beklagten beide sehr diese Mauer, die das Heilige Land unvorstellbar hart zerteilt. Ein israelischer Politiker nannte sie „das ausgeklügeltste Apartheid-System, das die Welt je gesehen hat".

Als ich den Fußspuren Jesu in seinem Land folgte, wurde ich an eine Geschichte erinnert, die Jesus über einen reichen Mann erzählte, der hinter seinen Mauern fröhlich lebte, während die Armen draußen vor dem Tor bleiben mussten (vgl. Lukas 16,19–31). Wir alle kennen die Geschichte vom reichen Prasser und dem armen Lazarus. Ihre Welten waren durch eine Mauer voneinander getrennt. Drinnen ließ der Reiche es sich gut gehen, während Lazarus draußen Hunger litt. Nachdem beide gestorben waren, kam Lazarus direkt in den Himmel, während der Reiche mit den Worten abgewiesen wird, er habe seinen Teil bereits auf Erden gehabt. Nun trennte sie ein noch weit größerer Abstand. Es ist eine ziemlich harte Geschichte, und sie klärt heute mehr denn je, wie Jesus unsere „Zwei-Klassen-Gesellschaft" sieht.

Dieser Bettler Lazarus ist übrigens die einzige Person, die in den Gleichnissen Jesu je einen Namen hat. Und dieser Name (die griechische Form des hebräischen Eleasar) bedeutet: „Gott hat geholfen." Der reiche Mann dagegen hat keinen Namen – den hatte er sicher innerhalb der Gesellschaft, aber offensichtlich nicht für Jesus. Obwohl wir also seinen Namen nicht kennen, wissen wir doch so viel von ihm, dass er religiös war. Er kannte die Propheten und bezog sich auf Abraham als „Vater“, doch seine religiöse Prägung hat nichts gegen die Mauer zwischen ihm und seinem armen Nachbarn bewirkt. Und nun muss er erkennen, dass seine Trennung von Bettlern wie Lazarus ihn auch von Gott getrennt hat. Gott zu lieben heißt auch, die schwächsten und benachteiligtsten seiner Kinder zu lieben. Wir sind zum Mitfühlen geschaffen.

Jedes Mal, wenn wir Mauern bauen, um uns zu schützen, finden wir uns am Ende als unsere eigenen Gefangenen wieder. Wir denken, wir könnten andere ausschließen, aber in Wirklichkeit schließen wir uns selbst ein. Es ist nicht nur so, dass die Armen der Gemeinschaft und des Mitgefühls beraubt werden, sondern auch die Reichen. Wenn der reiche Mann Lazarus die Tür geöffnet hätte, wäre nicht nur der Bettler befreit worden, sondern auch er selbst.

Jedes Mal, wenn wir Mauern bauen, um uns zu schützen, finden wir uns am Ende als unsere eigenen Gefangenen wieder.

Ich habe einen Rabbi einmal sagen hören, dass die Gleichnisse Jesu wie Diamanten sind. Je nach Lichteinfall und Blickwinkel eröffnen sie immer wieder neue Dimensionen. Als ich im Nahen Osten war, habe ich vieles mit ganz anderen Augen gesehen. Die vielleicht wichtigste Erkenntnis war für mich, dass sowohl die Israelis als auch die Palästinenser Gefangene sind. Beide sind hinter Mauern eingeschlossen. Auf beiden Seiten hörte ich Leute sagen, dass es ihnen mittlerweile ganz egal ist, ob es nur einen Staat oder zwei oder gar keinen mehr gibt. Sie wünschen sich nur, dass alle Menschen gleich und respektvoll behandelt werden.

Das Tröstliche ist, dass keine Mauer zu hoch ist, um nicht eines Tages doch zu fallen. Eine der großartigen Verheißungen Jesu in den Evangelien ist, dass selbst die Pforten der Hölle nicht standhalten werden. Es gibt heutzutage genug „Höllen“, in denen Menschen gefangen gehalten werden, und wir sollten ihre Pforten stürmen, um die Opfer menschenverachtender Systeme zu befreien. Und wenn wir das tun, werden wir entdecken, dass sowohl Lazarus als auch der Reiche besser dran sind, wenn die Mauern einstürzen. Christen sind immer und überall dazu berufen, Mauern einzureißen und die Hölle auf Erden zu beseitigen.

Tony: In unseren Tagen Israel und Palästina als das „Heilige Land“ zu bezeichnen ist ein ziemlicher Missgriff, denn was dort zurzeit passiert, ist alles andere als heilig. Gerade die eifrigen Christen scheinen überhaupt nicht mitzubekommen, dass es einmal eine große Gemeinde palästinensischer Christen gab, die dramatisch reduziert wurde. Viele Christen haben Palästina verlassen, weil die Auflagen und Schwierigkeiten, die ihnen von Seiten der israelischen Regierung gemacht wurden, sie dazu zwangen. Vor 25 Jahren war die palästinensische Stadt Bethlehem zu 80 Prozent von Christen bewohnt. Heute sind es weniger als 15 Prozent. Tausende palästinensischer Christen sind aus Bethlehem geflohen, weil sie in dieser Stadt, in der sie aufgewachsen waren, nicht mehr frei leben konnten.

In unseren Tagen Israel und Palästina als das „Heilige Land“ zu bezeichnen ist ein ziemlicher Missgriff, denn was dort zurzeit passiert, ist alles andere als heilig.

Beschlüsse der Vereinten Nationen, die Israel auffordern, endlich die Besatzung von palästinensischem Land zu beenden, werden von der israelischen Regierung regelmäßig ignoriert. Das ist schon sehr eigenartig, wenn man bedenkt, dass es die UN war, die durch ihre Resolution von 1947 Israel überhaupt die Möglichkeit gab, in diesem Land einen Staat zu errichten. Der Staat Israel begrüßt die UN-Resolutionen, die ihm sein Existenzrecht garantieren, lehnt aber Beschlüsse der UN ab, die verlangen, dass den Palästinensern das besetzte Land zurückgegeben wird. Es ist aber nun mal ein Grundsatz der Vereinten Nationen, dass kein Land das Recht hat, nach Kriegsende Land zu behalten, das es durch militärische Maßnahmen erobert hat.

Als Präsident Obama sagte, er trete dafür ein, dass die Grenzen zwischen Israel und Palästina wieder so errichtet werden, wie sie vor dem Sechstagekrieg 1967 waren, hat er damit nur erklärt, was nach internationalem Recht gültig und richtig ist. Trotzdem gab es in den ganzen USA einen Aufschrei, nicht zuletzt von führenden Politikern beider Kongressparteien. Jeder Politiker wusste, dass ihm sofort sämtliche evangelikalen Zionisten (deren Zahl in die Millionen geht) im Nacken sitzen würden, sollte er dieses Ansinnen unterstützen. Dabei hat Obama von 1967 gesprochen, nicht von den durch die UN festgelegten Grenzen von 1947.

Als Israels Premierminister Netanyahu vor dem amerikanischen Kongress verkündete, dass Israel sich niemals hinter die Grenzen von 1967 zurückziehen würde, erhielt er Standing Ovations. Diese Politiker wussten sehr gut, was evangelikale Zionisten und auch eine große Anzahl der gemäßigteren Christen von ihnen erwarten. Und darum ermutigten sie den israelischen Premierminister, obwohl Israel damit sowohl die Forderungen des Internationalen Gerichtshofs als auch der UN missachtete. Die israelische Regierung hat Hunderte von illegalen Siedlungen auf palästinensischem Land errichtet, nicht zuletzt durch die Haltung christlicher Zionisten ermutigt. Mittlerweile leben mehr als 300 000 Israelis in den Siedlungen der Westbank und im Gazastreifen[56].

Shane: Mit drei Leibwächtern für jeden israelischen Siedler.

Tony: Und das ist leider noch nicht alles. Die israelische Regierung ließ gute Straßen zu diesen Siedlungen bauen, allerdings mit Zäunen und Mauern zu beiden Seiten. Diese Straßen dürfen Palästinenser nicht benutzen und wenn jemand von ihnen ein Familienmitglied besuchen will, das zufällig auf der anderen Seite dieser abgeschotteten Straße lebt, muss er weite Umwege gehen oder fahren, um dann durch einen der israelischen Checkpoints auf die andere Seite der Straße zu gelangen.

> Doch ganz offensichtlich haben gerade evangelikale Christen für diese Ungerechtigkeit überhaupt kein Gespür.

Vor nicht allzu langer Zeit sprach ich auf einer Konferenz am *Bethlehem Bible College* und hatte dabei die Gelegenheit, mit palästinensischen Christen zu sprechen, deren

Häuser von israelischen Bulldozern dem Erdboden gleichgemacht worden waren, um Platz für diese illegalen Siedlungen zu schaffen. In vielen Fällen waren die Häuser und das Land seit Generationen im Besitz der dort ansässigen Familien. Das ist schlicht und einfach Landraub und Zerstörung von fremdem Eigentum. Doch ganz offensichtlich haben gerade evangelikale Christen für diese Ungerechtigkeit überhaupt kein Gespür.

Shane: Hast du eine Vorstellung, wie sich an dieser festgefahrenen Situation etwas ändern könnte? Siehst du irgendwelche Möglichkeiten? Natürlich können wir als Außenstehende keine Lösungsvorschläge verteilen, aber wir beide kennen viele Betroffene. Außerdem bist du ja seit Jahrzehnten aktiv an den Verhandlungen beteiligt. Hast du eine Idee, die eine Versöhnung zwischen Juden und Palästinensern voranbringen würde? Schließlich stammen ja beide vom selben Stammvater Abraham ab.

Tony: Es gibt zwei alles dominierende Probleme, die bis heute Frieden im Nahen Osten verhindern. Erstens die Tatsache, dass sowohl im Gazastreifen als auch im Westjordanland viele palästinensische Flüchtlinge leben. Sie pochen auf „das Recht auf Rückkehr". In der Zeit zwischen den beiden Kriegen 1948 und 1967 flohen viele Palästinenser in das Gebiet westlich des Jordan und in den Gazastreifen, als die israelische Armee ihr Land besetzte. Ihre Häuser und Weinberge wurden ihnen einfach abgenommen. Eine entscheidende Forderung der Palästinenser ist also, dass sie wieder in ihr Land zurückkehren dürfen, das ihnen einmal gehört hat, und auch in ihre Häuser (falls die noch stehen), die ihnen illegal abgenommen wurden.

Demgegenüber vertritt die israelische Regierung die verständliche Position, dass die Palästinenser aus einem ganz einfachen Grund im Augenblick noch nicht zurückkehren können, weil sie eine so hohe Geburtenrate haben, dass sie sehr schnell die Israelis zahlenmäßig übertreffen würden und somit die Möglichkeit hätten, den Staat Israel einfach durch Wahlen abzuschaffen. Für die Israelis ist dies eine sehr konkrete und verständliche Befürchtung.

Die zweite große Hürde für einen Frieden im Nahen Osten ist die Forderung der Palästinenser im Westjordanland, dass die illegalen jüdischen Siedlungen geräumt werden und die Bewohner dorthin zurückkehren, wo sie hergekommen sind. Aber die gegenwärtige israelische Regierung denkt nicht im Traum daran, die großen Wohnanlagen zu räumen oder die über 300 000 Juden, die dort leben, aus ihren Häusern zu vertreiben.

Shane: Das würde heißen, den Palästinensern die Schlüssel für ihre Häuser zurückzugeben, richtig? Oder vielleicht sogar die Schlüssel der vielen Häuser in den Siedlungen?

Tony: Dazu gibt es einen Vorschlag, der von Politikwissenschaftlern der Princeton-Universität erarbeitet wurde. Sie nennen es die „Condominium Solution“[57]. Zunächst einmal beruht sie auf der Basis, dass es zu einer „Zwei-Staaten-Lösung“ kommt. Sie setzt voraus, dass Israel in festen und sicheren Grenzen lebt. Und Palästina ebenso. Hinzu kommt, dass jeder von beiden Staaten den jeweils anderen und dessen Regierung voll anerkennt. Beide Nationen würden Jerusalem als ihre Hauptstadt haben. Es gibt einen Teil Jerusalems, der heute als „Ost-Jerusalem“ bezeichnet wird und den Palästinensern zusteht. Dieser Bereich könnte zur Hauptstadt des palästinensischen Staates ausgebaut werden. Die Israelis würden in diesem Plan den übrigen Teil der Stadt als Hauptstadt ansehen.

Im zweiten Schritt würden alle, die jüdischer Abstammung sind, israelische Staatsbürger werden, egal, wo sie leben. Ob diese Juden nun direkt in Israel wohnen oder im Gazastreifen oder im Westjordanland – sie wären immer Bürger des Staates Israel.

Auf der anderen Seite wäre jede Person arabischer Abstammung Bürger des neuen Staates Palästina. Das würde bedeuten, dass alle Araber, die in Israel leben und vielleicht sogar die israelische Staatsbürgerschaft haben, diese aufgeben müssten, um die Staatsbürgerschaft von Palästina anzunehmen. Das würde wahrscheinlich ziemlich hart für diejenigen Araber werden, die israelische Staatsbürger sind und die Vorteile genießen.

Drittens und vielleicht am wichtigsten: Juden wie Araber könnten dort im Heiligen Land leben, wo sie wollen. Das bedeutet, dass Araber wieder nach Israel hinein könnten und Juden weiter in den Siedlungen im Westjordanland leben oder sich sogar im Gazastreifen niederlassen könnten. Wenn Araber und Juden zusammenleben, hätte die Hamas kein wirkliches Ziel mehr, auf das sie ihre Raketen abfeuern könnten, denn dann würden sie auch ihr eigenes Volk damit treffen. Dann würden Palästinenser neben Israelis in Israel genauso leben wie Juden mit Arabern im Gazastreifen oder dem Westjordanland.

Juden wie Araber könnten dort im Heiligen Land leben, wo sie wollen. Das bedeutet, dass Araber wieder nach Israel hinein könnten und Juden weiter in den Siedlungen im Westjordanland leben oder sich sogar im Gazastreifen niederlassen könnten.

Nur Juden wäre es dann erlaubt, an israelischen Wahlen teilzunehmen, sodass die israelische Regierung die Sorge vergessen könnte, von den Palästinensern „hinausgewählt" zu werden. Das Gleiche gilt auch für die Palästinenser, egal, wo sie sich niedergelassen haben.

Natürlich müssten die USA eine große Summe an Geld investieren, um das Land und die Gebäude für die Palästinenser zurückzukaufen, die die Israelis in einem halben Jahrhundert kultiviert bzw. gebaut haben. Aber das wäre immer noch viel günstiger, als die israelische Armee auf dem Stand der viertstärksten Armee der Welt zu halten und ständig mit der Bedrohung durch die PLO zu rechnen. Noch besser wäre es allerdings, wenn die Vereinten Nationen einen Großteil der finanziellen Lasten mit übernehmen würden – schließlich sind sie ja nicht ganz unschuldig an diesem seit Jahrzehnten schwelenden Konflikt.

Wir sind berufen, mit Vorschlägen zu kommen, die es beiden Seiten möglich machen, in Frieden miteinander zu leben.

Als ich diesen Plan sowohl an offizieller Stelle in Israel als auch bei den gewählten Vertretern Palästinas vortrug, hatte ich den Eindruck, dass sie eine solche Lösung für durchaus möglich halten.

Da wir als Nachfolger Jesu den Auftrag haben, Botschafter der Versöhnung zu sein, können wir nicht einfach stur auf irgendwelchen verhärteten Positionen beharren. Wir sind berufen, mit Vorschlägen zu kommen, die es beiden Seiten möglich machen, in Frieden miteinander zu leben.

Shane: Es ist schon interessant, wie schizophren manche Christen über die Juden denken. Auf der einen Seite verkünden sie laut, wie sehr wir Christen unsere älteren Brüder, die Juden, lieben müssen, auf der anderen sind sie überzeugt, dass die Juden ihr ewiges Heil verwirkt haben, wenn sie sich nicht bis zur Wiederkunft Christi kollektiv bekehren.

Tony: Da gibt es noch mehr solche Ungereimtheiten. Ich nahm einmal an einer Talkrunde in Neuseeland teil, bei der ein christlicher Zionist die Behauptung in den Raum stellte, Jesus könne nicht wiederkommen, bevor nicht die Juden wieder das ganze Heilige Land besitzen. Damals habe ich ungefähr folgendermaßen darauf reagiert: „Einen Moment mal! Ist Ihnen eigentlich klar, dass das Land, das Abraham versprochen war, weit größer ist als das heutige Israel? Sie können das im Buch Genesis nachlesen. Ich denke, Sie reden hier sicher nicht nur von dem, was wir den Staat Israel nennen, egal, ob mit oder ohne das besetzte Land der Palästinenser. Es geht um ein großes Gebiet vom Euphrat bis zum Nil. Dazu gehören dann auch ein ziemliche Stück von Jordanien, ganz Libanon und Teile Ägyptens und nicht zuletzt weite Gebiete Syriens. Alle diese Gebiete müssten dann nach Ihrer Vorstellung von Nichtjuden befreit werden, und nur Juden wäre es erlaubt, in diesem Land zu leben. Was sollte man denn dann mit all den Leuten machen, die in diesen Ländern wohnen?“

Daraufhin sagte er tatsächlich: „Tja, die müssen dann halt gehen, und wenn sie es nicht freiwillig tun, dann muss man sie zwingen. Und wenn sie sich dann immer noch nicht bewegen, dann muss man sie … beseitigen."

Im ersten Moment war ich so schockiert, dass ich nur noch fragen konnte: „Reden Sie da gerade von Völkermord?!"

Seine Antwort daraufhin: „Nun, hat Gott nicht selbst einen solchen Völkermord angeordnet, als die Juden das erste Mal in das Heilige Land einmarschierten? Wurde den Juden nicht befohlen, jeden Mann, jede Frau, jedes Kind und sogar die Tiere umzubringen? Der Gott, der damals den Völkermord befahl, als Josua in das Verheißene Land eindrang, ist auch heute noch derselbe."

Der Gott, der damals den Völkermord befahl, als Josua in das Verheißene Land eindrang, ist auch heute noch derselbe.

Da musste ich diesem Christen sagen, dass mein Verständnis von Gott, wie er uns durch Jesus offenbart wurde, vieles relativiert, was wir über den Gott des Alten Testaments lesen. Ich glaube nicht, dass der Gott, der uns in Jesus vorgestellt wurde, einen Völkermord anordnet: „Wenn Sie das anders sehen, dann bin ich mir ziemlich sicher, dass wir nicht den gleichen Gott verehren", erklärte ich.

Ganz abgesehen von der zynischen Idee, andere Völker kurzerhand aus dem Weg räumen zu wollen: Diese Vorstellung ist vor allem völlig unbiblisch. Gerade in den Briefen des Paulus, aber auch denen anderer Verfasser wird deutlich, dass ein Christ zu jeder Zeit mit dem Wiederkommen Jesu zu rechnen hat, völlig unabhängig davon, ob nun das ganze Heilige Land in den Händen der Juden ist oder nicht. Die Schrift redet vom „eschaton", dem Ende der Geschichte, wenn Jesus wiederkommt. Darum sollten Christen auch nicht davon reden, am Ende würde die Welt einfach im Feuer untergehen. Die Bibel spricht von einem neuen Himmel und einer neuen Erde (vgl. Jes 65,17 und Offenbarung 21,1).

Diese Sicht des „eschaton" ist wirklich eine gute Nachricht. Sie ist die Vision einer Zukunft, die mich motiviert, auf dieses Ziel im Hier und Jetzt hinzuarbeiten.

Jesaja 65 beschreibt diese Welt mit wunderbaren Begriffen. Wenn dieser große Tag kommt, dann wird jeder in seinem eigenen Haus wohnen. Jeder wird gut von dem leben, was er sich erarbeitet hat. Das heißt auch, dass in Thailand Kinder keine Schuhe mehr für weniger als einen Dollar pro Tag zusammenkleben müssen, damit wir sie möglichst billig kaufen können.

Es wird keine Kindersterblichkeit mehr geben und alte Menschen genießen ihre späten Jahre bei bester Gesundheit. Diese Sicht des „eschaton" ist wirklich eine gute Nachricht. Sie ist die Vision einer Zukunft, die mich motiviert, auf dieses Ziel im Hier und Jetzt hinzuarbeiten.

Shane: Eines der deutlichsten Zeichen der Hoffnung habe ich dieses Jahr im Westjordanland miterlebt. Ich lernte eine Familie kennen, die jetzt meine ganz persönlichen Helden sind: die Familie Nassar. Sie haben dem Konflikt ein Gesicht und einen Namen gegeben. Die Nassars sind palästinensische Christen, die ein einfaches Leben auf dem Land führten, das ihnen seit Generationen gehört. Bis vor einigen Monaten. Mit einem Mal wurden israelische Siedlungshäuser um sie herum gebaut und die israelische Regierung versuchte alles, um ihnen ihr Land wegzunehmen. Im Gegensatz aber zu den meisten Familien, die vor Generationen lediglich durch Handschlag besiegelte Landkäufe getätigt hatten, konnte diese Familie Papiere vorweisen, die eindeutig belegten, dass ihnen das Land seit mehr als hundert Jahren gehörte. Das machte die ganze Angelegenheit für die Regierungsbeamten ausgesprochen prekär.

Während die Familie Nassar also weiterhin auf ihrem Land lebte, mussten sich die israelischen Behörden etwas einfallen lassen – und das waren ständige Störaktionen. Da wurden zahlreiche Ölbäume herausgerissen oder riesige Findlinge so auf die Zufahrtsstraße gelegt, dass kein Fahrzeug mehr durchkam. Obwohl ihnen das Land gehörte, erhielten sie keine Erlaubnis, Strom oder Wasser aus dem öffentlichen Netz zu beziehen. Also versorgten sie sich selbst mit Solarzellen und einer Regenwasserzisterne. Als ihnen die Genehmigung für einen Anbau verweigert wurde, bauten sie einfach unter der Erde weiter.

Die Geschichte der Nassars ist ein wunderbares Lehrstück voller unerschütterlicher Liebe und von Jesu motivierter Gewaltlosigkeit. Am Eingang zu ihrem Grundstück haben sie ein Schild angebracht, auf dem steht: „Wir weigern uns, Feinde zu sein."

Nachdem ihre Olivenbäume ausgerissen worden waren, kam eine jüdische Gruppe, die davon Wind bekommen hatte, und half ihnen, die Bäume wieder einzupflanzen. Immer neue Beweise für die Kraft der Versöhnung geschahen.

> Am Eingang zu ihrem Grundstück haben sie ein Schild angebracht, auf dem steht: „Wir weigern uns, Feinde zu sein."

Noch einmal versuchten es die Behörden, diesmal mit dem Angebot, jeden Preis für das Land zu zahlen, den die Nassars wollten. Doch sie sagten: „Für unser Zuhause gibt es keinen Preis." Sie blieben dort wohnen und lernten ihre neuen Nachbarn kennen. Einmal luden sie eine israelische Siedlerin zum Essen ein. Die Frau fing an zu weinen und sagte: „Ihr habt nicht mal fließendes Wasser und wir haben Swimmingpools voll! Das ist doch falsch!" Jedes Mal, wenn die Familie Nassar gefragt wird, wie sie in all dieser Ungerechtigkeit nicht den Mut und die Hoffnung verlieren, dann antworten sie einfach mit einem breiten Lächeln: „Durch Jesus!"[58]

5. Ökumene

„Das ist der Fels, auf den ich meine Kirche bauen möchte."
Matthäus 16,18

Shane: Wir haben schon ein wenig über das Dilemma gesprochen, das wir in den letzten Jahrzehnten verstärkt erlebt haben: wenn zu viel Gewicht auf Evangelisation gelegt wird und zu wenig auf geistliches Wachstum. Wenn wir nur darauf aus sind, neue Mitglieder zu gewinnen, ohne wirkliche Nachfolge zu fördern, fehlt etwas unverzichtbar Wichtiges. Nachfolger heranzubilden ist in einer großen Gruppe sehr schwierig. Jesus hatte schon mit seinen Zwölf alle Hände voll zu tun.

> Wenn wir nur darauf aus sind, neue Mitglieder zu gewinnen, ohne wirkliche Nachfolge zu fördern, fehlt etwas unverzichtbar Wichtiges.

Ironischerweise verlieren stark wachsende Gemeinden oft genau das, was die Menschen eigentlich an ihnen angezogen hat – nämlich die innige Gemeinschaft. Darum sind die meisten großen Gemeinden bemüht, ihre Mitglieder in Kleingruppen zu beheimaten. Kleine Gruppen in Megagemeinden – das hat etwas von einer Pendelbewegung von Groß zu Klein. Menschen wollen Christsein leben und erleben, an ihrem Esstisch und in ihren Wohnzimmern. Sie suchen eine Gemeinschaft in ihrer Nähe. Und das ist großartig! Eigentlich ist das die Rückkehr der kleinen Ortsgemeinde, eine Versammlung von Christen vor Ort, nicht besonders hip oder angesagt. Einfach eine Gruppe von Menschen, die ihr Leben miteinander teilt, jeder mit jedem und alle mit Christus.

Tony: Es gibt leider viel zu viele Christen, die davon überzeugt sind, dass die Grundvoraussetzung für Gemeinschaft vollkommene theologische Übereinstimmung sei. Solche Christen vermeiden die Interaktion mit Menschen, die nicht exakt ihre Auffassung teilen. Egal, ob es da um die Irrtumslosigkeit der Heiligen Schrift, die Lehre über Himmel und Hölle oder die Frage geht, wo wer nach dem Tod landet. Das geht so weit, dass man sogar bezweifelt, ob jemand Christ ist, wenn er nicht die eigene Position bis aufs i-Tüpfelchen teilt. Diese starke Betonung der theologischen Genauigkeit verdanken wir vielleicht der Tatsache, dass die Reformation aus Deutschland kam. Im Deutschen gibt es für die beiden englischen Begriffe „spirit“ und „mind“ nur ein Wort, nämlich „Geist“. Damit hängt es wohl zusammen, dass die Reformation die Ansicht hervorbrachte, dass Menschen, die „das Richtige“ denken oder glauben, als „geistlich“ betrachtet werden. Und genau diese Intellektualisierung des Evangeliums hat uns bis heute fest im Griff.

Es gibt leider viel zu viele Christen, die davon überzeugt sind, dass die Grundvoraussetzung für Gemeinschaft vollkommene theologische Übereinstimmung sei.

Die pfingstlich-charismatische Bewegung bildete den Gegenpol zu der Idee, das Christsein auf eine reine Kopfsache zu reduzieren. Seit sich zu Beginn des 20. Jahrhunderts eine Handvoll Menschen in Azusa bei Los Angeles zum Gebet trafen und eine tiefe Erfahrung mit dem Heiligen Geist machten, breitete sich die Pfingstbewegung in ungeahnter Weise über die gesamte Welt aus. Mittlerweile gibt es weltweit an die 800 Millionen Christen, die sich selbst als Charismatiker bezeichnen würden. Diese pfingstlich-charismatischen Christen finden es nicht genug, nur die rational erfassbaren Wahrheiten des Evangeliums richtig verstanden und feste Vorstellungen von Richtig und Falsch im Kopf zu haben. Für einen Pfingstler ist es wichtig, dass er etwas von Gott *erlebt*. Ein Schwerpunkt ihrer Auffassung vom Christsein liegt darin, dass jeder ein inneres Gespür für die Gegenwart Gottes entwickeln sollte.

Auch hier könnten wir einiges von der katholischen Kirche lernen. Für Katholiken ist es wichtig, dass sie das Richtige glauben, aber auch, dass sie Gott begegnen. Viele Katholiken legen großen Wert darauf, ihr inneres geistliches Leben zu entwickeln. Sie stellen sich der Frage: „Bist du auf dem Weg, heiliger zu werden?" Das Wort „heilig" hat für ernsthafte Katholiken eine ganz besondere Bedeutung, weil es beschreibt, dass ein Mensch innerlich zu immer größerer Christusähnlichkeit hinwächst. In der letzten Zeit lassen auch Protestanten eine wachsende Aufmerksamkeit gegenüber den Erfahrungen der katholischen Mystiker erkennen, die uns lehren können, wie wir durch geistliche Übungen diesem Ziel, Jesus ähnlicher zu werden, näherkommen können. Sie entdecken Mystiker wie Johannes vom Kreuz ganz neu für sich, Franz von Assisi, Katharina von Siena und ganz besonders auch die Erfahrungen des Ignatius von Loyola, die er in seinen „Exerzitien" zusammengefasst und weitergegeben hat.

Mittlerweile wird an fast jedem protestantischen Seminar zumindest ein Kurs über geistliches Wachstum angeboten. Es gibt Protestanten, die zu katholischen Schweigeexerzitien gehen, in denen es um die Hingabe an Gott und die Erfahrung seiner Gegenwart geht. Eine Bewegung weg von einer simplen Intellektualisierung des Glaubens hin zu einem erfahrungsgetragenen und eher sogar mystischen Zugang zu Gott ist ganz deutlich zu spüren.

Eine Bewegung weg von einer simplen Intellektualisierung des Glaubens hin zu einem erfahrungsgetragenen und eher sogar mystischen Zugang zu Gott ist ganz deutlich zu spüren.

Persönlich bin ich davon überzeugt, dass all diese Entwicklungen dazu beitragen, ein ganzheitlicheres Christentum zu schaffen. Natürlich dürfen wir dabei die intellektuelle Seite unseres Glaubens nicht vernachlässigen. Christ zu sein bedeutet, dass man einerseits auf dem Boden einer soliden Lehre steht, andererseits aber Gott auch spürbar und auf übernatürliche Weise erlebt. Karl Rahner, der große Theologe des 20. Jahrhunderts, sagte: „Der Christ von Morgen wird ein Mystiker sein, einer, der etwas erfahren hat, oder er wird überhaupt nicht mehr sein."

Die Betonung des „richtigen" Glaubens, den uns die Reformation mit Luther, Calvin und Zwingli vermittelt hat, wird durch die pfingstlich-charismatische Erfahrung und das katholische geistlich-mystische Wissen ausbalanciert. Alle diese Strömungen innerhalb des Christentums fließen zusammen und egal, in welcher Tradition jemand seinen Weg begonnen hat, so wird er hoffentlich irgendwann merken, dass die anderen Traditionen das dringend benötigte Gegengewicht bilden.

Shane: Die Mystiker eröffnen uns eine Seite unseres Glaubens, die uns zum Staunen bringt und schwer mit Worten zu beschreiben ist. Sie sahen Dinge, für die wir unsere Augen erst noch ausbilden müssen – Engel, Feuer, Dämonen, Wunder. Wir sind, wie die Bibel sagt, tatsächlich von einer „Wolke von Zeugen" umgeben und Engel stehen uns zur Seite. Wir sollten wie die Mystiker vorbehaltlos mit Wundern rechnen, kurz: Sie haben uns eine Menge zu lehren.

Auf völlig anderer Ebene könnten uns die Mennoniten viel Praktisches beibringen. Abgesehen von einer gesunden Theologie und der Verpflichtung zu einem einfachen Lebensstil und totaler Gewaltfreiheit wissen sie auch, wie man eine Scheune baut, Obst einkocht und überhaupt vieles selbst macht. In einer Zeit, in der wir Unmengen von Büchern, Konferenzen und Talkrunden haben, wissen sie schlichtweg, wie man überlebt, vielleicht sogar: wie man wirklich vernünftig lebt.

Mir scheint, dass wir als Christen des 21. Jahrhunderts auch eine Menge von den Amischen lernen können – mindestens so viel wie von den Megagemeinden. Es gibt eine Redensart, dass die Spiritualität der „Megachurches" einen Kilometer lang und einen Zentimeter tief ist, die der Amischen dagegen einen Zentimeter lang und einen Kilometer tief. Natürlich gibt es auch eine Menge, was man an den Amischen aussetzen könnte, aber noch mehr, was wir von ihnen lernen sollten. Und nicht nur, wie man gute Möbel herstellt.

Es gibt eine Redensart, dass die Spiritualität der „Megachurches" einen Kilometer lang und einen Zentimeter tief ist, die der Amischen dagegen einen Zentimeter lang und einen Kilometer tief.

Ich bin mir sicher, dass sie jede Wirtschaftskrise überleben werden. Und sie müssen sich auch keine Gedanken darüber machen, wie hoch der Benzinpreis klettert. Obwohl sie scheinbar keine Rolle in unserer Gesellschaft spielen, wird ihr Beitrag zu der Frage, wie wir in Zukunft in dieser Welt leben wollen, immer wichtiger. Sie haben die „Gegenkultur" und die Absage an alles Machtgehabe, wie es das frühe Christentum lebte, bis heute bewahrt. Sie haben verstanden, dass wir nur Gäste auf diesem Planeten sind, zwar in der Welt sind, aber nicht von ihr. Wo die Mystiker uns lehren können, mit Gott zu reden und mit ihm in Kontakt zu bleiben, sehen wir bei den Amischen, wie unser Glaube zu einem Lebensstil werden kann.

Wo die Mystiker uns lehren können, mit Gott zu reden und mit ihm in Kontakt zu bleiben, sehen wir bei den Amischen, wie unser Glaube zu einem Lebensstil werden kann.

Tony: Die Amischen sind uns einfach einen Schritt voraus, wenn es darum geht, sich den immer brennenderen Fragen des Umweltschutzes zu stellen. Ihre Position ist eindeutig: „Wir verschmutzen nicht wie ihr ‚Engländer' die Atmosphäre mit Autoabgasen und wir verwenden natürlichen Dünger statt Chemie." Wie viele Beiträge der Reformer, der Pfingstler und der Katholiken dazu beigetragen haben, unsere Sicht von einer radikalen Nachfolge Jesu in unserer Zeit zu erweitern, so sollten wir auch auf die Christen achten, die aus der „Wiedertäufer-Tradition" kommen, weil auch sie uns helfen können, dem Ziel eines ganzheitlicheren Christentums näher zu kommen. Hier sind es vor allem die Mennoniten, die Brüdergemeinden und die Amischen, die einen einfachen Lebensstil pflegen und deren gewaltfreier Widerstand historisch vielfach belegt ist. Genau das sind die Elemente, die immer mehr Faszination und Einfluss vor allem auf die junge Generation ausüben.

Viele Jugendgruppen werden von ihren Ortsgemeinden zu Kurzzeit-Einsätzen in Länder der Dritten Welt geschickt. Auf diese Weise kommen die Jugendlichen an Orte wie zum Beispiel die Lager auf Haiti, in denen die Erdbebenopfer zum Teil noch immer leben, oder die Slums von Mexico City. Hier begegnen sie einem Elend und einem Leid, das jenseits

Wenn wir wirklich dem folgen wollen, was Jesus gesagt hat, dann werden wir unser Leben vereinfachen müssen.

ihrer Vorstellungskraft liegt. Wenn sie zurückkommen, haben sie dann massive Anfragen an unseren westlichen Lebensstil, an den wir uns schon so gewöhnt haben. Viele können nur noch feststellen, wie pervers eigentlich unser Leben ist. Wie viel Geld wir für Autos, Häuser und Kleidung ausgeben, für allen möglichen unnützen Luxus, während die Menschen, die sie kennengelernt haben, in einer unvorstellbaren Armut leben müssen.

Es wird wohl nicht anders gehen: Wenn wir wirklich dem folgen wollen, was Jesus gesagt hat, dann werden wir unser Leben vereinfachen müssen. Nicht ohne Grund erscheinen uns deshalb heute Traditionen, die das bereits vorleben, besonders attraktiv.

Shane: Mennoniten leben die „Mikro-Kirche". Sie nennen ihre Zusammenkünfte oft nur nach der Straße, in der das jeweilige Haus steht – nichts Pseudo-Hippes mit coolem Namen. Und wenn dann eine Gemeinde wächst, dann teilen sie sich und schwärmen aus wie ein Bienenvolk. Sie wehren sich einfach dagegen, zu groß – und damit zu fett – zu werden. Eine Mennoniten-Gemeinde hier in Philadelphia wächst gerade ziemlich stark, aber wenn sie mehr als 200 Leute sind, gründen sie kurzerhand eine neue Gemeinde.

Interessant an der bekannten Willow Creek-Gemeinde in Chicago ist, dass sie als überschaubare Gemeinschaft anfing. Zunächst bestanden sie aus einer Handvoll junger Leute, die von Tür zu Tür gingen und Tomaten verkauften. Dabei kamen sie mit den Leuten in ihrer Nachbarschaft ins Gespräch, etwa so: „Also, ich habe mit der Kirche nicht so gute Erfahrungen gemacht. Die Sache dahinter finde ich aber gut. Wir würden hier in dieser Gegend gerne etwas Neues anfangen ..." So hat Willow Creek begonnen.

Ein Problem ist, dass andere Leute Willow Creek nachahmen wollen; sie kopieren die Musik und die Theaterstücke und alles, was auf der Bühne passiert, und sie meinen, dass sie damit auch die gleiche Art von Gemeinschaft erhalten wie ihr großes Vorbild. Die Leute von Willow Creek sind wahrscheinlich die schärfsten Kritiker dieses Phänomens. Nachahmer sind meist nicht bereit, die vielen wenig spektakulären kleinen Schritte zu gehen, die eine Gemeinschaft braucht, um gesund zu wachsen. Sie wollen gleich mit einer großen Show anfangen, die viele Leute anzieht. Vielleicht klappt das sogar, aber das hat dann herzlich wenig mit echter Gemeinschaft zu tun.

Willow Creek hat viele beeindruckende und geniale Sachen gemacht, um so nah wie möglich an der Vision zu bleiben, die sie aus der Apostelgeschichte Kapitel 2 und 4 entnommen haben. Sie entwickeln immer neue Ideen, wie die Gemeinschaft noch besser und intensiver werden kann. Sie waren zum Beispiel die Ersten, die sich mal speziell um alleinerziehende Mütter (und Väter) gekümmert haben und einen Autoreparaturdienst mit Freiwilligen aufgebaut haben, die ärmeren Mitbürgern den fahrbaren Untersatz wieder flott machen.

Tony: Sie ermuntern ihre Mitglieder, ihre alten Autos nicht in Zahlung zu geben, wenn sie ein neues kaufen, sondern sie zu spenden. Diese Autos werden dann in der Gemeinde-Werkstatt wieder in einen Topzustand gebracht und Leuten geschenkt, die sich kein Auto leisten können, aber dringend eins bräuchten.

Während einer normalen Woche sind rund 4.000 Gemeindemitglieder im Durchschnitt 10 Stunden unterwegs, um den Armen im Einzugsgebiet von Chicago zu dienen. Das sind 40.000 Wochenstunden im Dienst an denen, die auf diese Hilfe angewiesen sind. Ich werde wirklich ungehalten, wenn mir Leute erzählen wollen, Willow Creek betreibe nur so etwas wie eine große, christliche Show. Dahinter steckt so viel mehr, dass sich jeder Kritiker fragen sollte, ob er Ähnliches von sich und seiner Gemeinde sagen kann. Willow Creek und auch die Saddleback Community Church im Süden Kaliforniens leisten wirklich Großes für das Reich Gottes.

Die zahlenmäßige Größe hat noch nie die Bedeutung einer Gemeinde in den Augen Gottes bestimmt.

Manchmal sehen wir, wie der Heilige Geist durch große Gemeinden weht und manchmal finden wir denselben Geist in kleinen, unscheinbaren Landgemeinden oder städtischen Kirchen, die zu kämpfen haben. Die zahlenmäßige Größe hat noch nie die Bedeutung einer Gemeinde in den Augen Gottes bestimmt.

Shane: Egal, ob eine kleine, unscheinbare Gemeinde oder eine gewaltige Megakirche: Wenn sie nur um sich selbst kreist, wird sie irgendwann implodieren. Wir sind hier, um die Vision Jesu vom Reich Gottes zu leben, für die Menschen, die außerhalb der Kirche leben. Wenn wir das nicht begreifen, werden unsere Gemeinden krank und sterben.

Tony, ich weiß, dass du ziemlich gute Beziehungen zur riesigen Crystal Cathedral in Los Angeles hast. Die Tatsache, dass diese Gemeinde vor Kurzem Insolvenz anmelden musste, kommt mir wie ein Zeichen dafür vor, dass sich die Zeiten ändern.

Tony: Im Fall der Crystal Cathedral ist die Situation nicht so hoffnungslos, wie sie im ersten Moment erscheint. Wenn man zum Sonntagsgottesdienst ging, den die Menschen in aller Welt im Fernsehen verfolgen konnten, war es deprimierend zu sehen, dass die früher einmal riesige Gemeinde den Raum nicht mal mehr annähernd füllen konnte. Doch was die meisten Menschen nicht wissen ist, dass die spanischsprachige Gemeinde, die ein Zweig der Crystal Cathedral war, jeden Sonntagnachmittag das ganze Auditorium so füllte, dass es kaum noch Stehplätze gab. Mittlerweile ist diese Gemeinde in das *Anaheim Convention Center* umgezogen, das ihnen Platz für 10.000 Besucher bietet.

Jede Woche kommen an die 50 000 neue Mitglieder zu den Gemeinden in Afrika hinzu. Das Christentum verbreitet sich wie ein Buschfeuer über den ganzen Kontinent.

So großartig solche wachsenden Gemeinden in Amerika auch auf uns wirken mögen, sie sind kaum mit dem zu vergleichen, was sich in Afrika abspielt. Jede Woche kommen an die 50.000 neue Mitglieder zu den Gemeinden in Afrika hinzu. Das Christentum verbreitet sich wie ein Buschfeuer über den ganzen Kontinent. Oder denken wir an Lateinamerika. Auch dort breitet sich eine Erweckung aus, die für uns unvorstellbar ist. Ich war erst kürzlich in einer Kirche in Buenos Aires, die nicht nur übervoll war, sondern fast jeden Monat eine neue Gemeinde mit rund 200 Mitgliedern gründet.

Die Gemeinde von Pastor Yonggi Cho in Seoul/Südkorea hat bereits über eine Million Mitglieder. Etwa 700.000 Menschen kommen jedes Wochenende zu den Gottesdiensten, von denen es vom Samstagabend bis spät am Sonntagabend Dutzende gibt. Natürlich bringt ein solches Mega-Wachstum auch einige Probleme mit sich.

Shane: Es ist ja nicht immer das Schlechteste, wenn es Schwierigkeiten gibt. Im Gegenteil: Wenn man besonders lebendige Gemeinden sehen will, dann muss man in Länder gehen, in denen es Probleme gibt. Und wann immer eine Gemeinde satt und zufrieden wird, ist sie schon krank. Christsein ist dann am besten, wenn es in Demut gelebt wird.

Wenn man besonders lebendige Gemeinden sehen will, dann muss man in Länder gehen, in denen es Probleme gibt. Und wann immer eine Gemeinde satt und zufrieden wird, ist sie schon krank.

In Europa, das sie noch vor ein paar Generationen komplett dominiert hat, liegt die Kirche zu einem großen Teil in Trümmern. Ihre vergangene Pracht ist noch erkennbar an den gewaltigen Bauten, die man sich – zur Ehre Gottes natürlich – geleistet hat. Doch viele dieser herrlichen Kirchen sind heute Museen oder Denkmäler, Turnhallen oder sogar Nachtclubs.

Verglichen mit Europa ist die Geschichte der Kirche in den Vereinigten Staaten noch relativ jung. Amerika scheint noch immer an seiner Geschichte zu schreiben und steckt noch in einem Experimentierstadium. Vieles, was wir an christlichem Gedankengut importiert haben, ist nicht gesund. Wir haben einem Wohlstandsevangelium geglaubt, das einfach nicht dem entsprach, was Jesus wollte. Menschen wurden angelockt, indem man ihnen Wohlstand, Gesundheit und Segen versprach. Wir haben ihnen eine egozentrierte, auf den eigenen Vorteil bedachte, narzisstische Botschaft verkauft. Die Vermarktung des Glaubens als der Schlüssel zu einem besseren – sprich: wohlhabenderen – Leben hat herzlich wenig mit dem zu tun, was wir von Jesus lesen und was er uns vorgelebt hat. Kein Wunder, dass die Menschen verwirrt sind.

Tony: Als Soziologe habe ich viel über die Unterscheidung zwischen christlichem Glauben und magischem Denken nachgedacht. Meine persönliche Definition ist, dass Magie der Versuch ist, übernatürliche Kraftquellen zu manipulieren, um das zu erhalten, was man haben will. Im Christentum geht es dagegen darum, sich Gott auszuliefern, damit er das tun kann, was er tun will. Leider haben manche Prediger den christlichen Glauben in eine Form von magischem Denken verdreht, indem sie eine Wohlstandstheologie verbreiteten, die letztlich nichts anderes ist als der christlich verkleidete Versuch, Gott zu manipulieren: Gott wird, ja *muss* eigentlich Wohlstand und Gesundheit „freisetzen".

Tragisch wird es, wenn solche Prediger in die Entwicklungsländer reisen und den armen Menschen dieses Wohlstandsevangelium verkünden, für das sie dann auch noch denen, die fast nichts haben, Geld abknöpfen. Geld, das einigen dieser Prediger ein sorgenfreies Leben ermöglicht. Jesus hat denen, die ihm nachfolgen, wahrhaftig nicht versprochen, sie vor allen Schwierigkeiten zu bewahren und sie reich zu machen! (Die Apostelgeschichte berichtet sehr anschaulich davon, was seine Jünger stattdessen erwartete!)

Tragisch wird es, wenn solche Prediger in die Entwicklungsländer reisen und den armen Menschen dieses Wohlstandsevangelium verkünden, für das sie dann auch noch denen, die fast nichts haben, Geld abknöpfen.

Mich würde interessieren, wie Paulus wohl reagieren würde, wenn er einer Predigt über das Wohlstandevangelium lauschen würde. Vielleicht würde er aufstehen und seinen Kommentar dazu abgeben. „Ja, es ist eine unglaubliche Erfahrung, Jesus nachzufolgen: Ich habe drei Schiffbrüche überlebt, saß so oft im Gefängnis, dass ich zu zählen aufgehört habe, Brüder haben mich verraten, ich erkrankte schwer, wurde fünfmal ausgepeitscht, einmal gesteinigt und zum Sterben liegen gelassen (vgl. 2 Korinther 11)." Trotz alledem war Paulus voller Freude, was wir übrigens von vielen verfolgten Christen immer wieder mitbekommen, die auch in unseren Tagen oft nur unter ständiger Bedrohung ihren Glauben leben können. Was für ein Unterschied zwischen einem oberflächlichen Wohlstandsevangelium und dem Leben, das Paulus und so viele Christen um Jesu willen auf sich nahmen und nehmen! Wenn treuer Glaube und großzügiges Geben eine Garantie für Reichtum und Gesundheit wären, kommen wir bei den Schwierigkeiten, der Armut und den Märtyrertoden, die die ersten Jünger erleiden mussten, in ziemlich große Erklärungsnot!

Wenn treuer Glaube und großzügiges Geben eine Garantie für Reichtum und Gesundheit wären, kommen wir bei den Schwierigkeiten, der Armut und den Märtyrertoden, die die ersten Jünger erleiden mussten, in ziemlich große Erklärungsnot!

Aber der Missbrauch des Evangeliums für Ziele, die nichts mit Jesus zu tun haben, ist nicht das einzige Problem in den Entwicklungsländern. Bei der letzten Konferenz aller anglikanischer Bischöfe in Canterbury (2008, die sogenannte Lambeth-Konferenz) kam der Erzbischof von Canterbury, Rowan Williams, in eine schwierige Lage, weil die Bischöfe der südlichen Hemisphäre es für absolut unannehmbar hielten, dass Frauen Priester werden könnten, geschweige denn Bischöfe. Die Vertreter der anglikanischen Kirche der südlichen Hemisphäre haben noch eine sehr archaische Sicht von der Rolle der Frau, die sich eindeutig der männlichen Führung unterordnen soll. Wir müssen die Kirche auf der südlichen Halbkugel für ihren missionarischen Eifer respektieren, doch sie sollte auch auf uns hören, wenn es um die Rolle der Frau geht.

Wir müssen die Kirche auf der südlichen Halbkugel für ihren missionarischen Eifer respektieren, doch sie sollte auch auf uns hören, wenn es um die Rolle der Frau geht.

Ähnliches betrifft die Aversion vieler afrikanischer Gemeinden gegen alles, was mit Homosexualität zu tun haben könnte. In Uganda haben zum Beispiel christliche Leiter großen Einfluss auf die ugandische Regierung und dann doch tatsächlich versucht, ein Gesetz durchzubringen, nach dem Homosexuelle einfach hingerichtet oder auf Lebenszeit eingesperrt werden sollen. Ein weiterer Versuch dieser „Christen“ war es, dass per Gesetz jeder mit Gefängnis bestraft werden soll, der einen Homosexuellen kennt und nicht umgehend bei der Polizei anzeigt. Um alles in der Welt: Was für ein Christsein ist denn das?!

Da besteht dringender Lernbedarf! Wir als weltweite Kirche brauchen die gegenseitige Ergänzung und Korrektur, wenn wir Jesus ähnlicher werden wollen. Jesus selbst hat uns gesagt, wir sollten das Unkraut mitten im Weizen wachsen lassen (vgl. Matthäus 13) und ihm das Ernten und Sortieren überlassen. Gute und schlechte Saat geht in allen Gemeinden überall auf der Welt gleichzeitig auf.

Weltweit kommen sich Katholiken und Protestanten immer näher. Weder der Katholizismus noch der Protestantismus bringt uns die Erlösung, sondern die alles verändernde persönliche Beziehung zu Jesus Christus. Das macht letztlich jede verwirrende Diskussion darüber, welcher Zweig des Christentums nun der „Richtige“ ist, völlig überflüssig. Als Nachfolger Jesu müssen wir lernen, die jahrhundertealte Trennung zwischen katholisch und evangelisch langsam aus unseren Köpfen herauszubekommen. Egal, wie fest sie darin verankert ist. Wir konzentrieren uns darauf, nach dem zu fragen, was Jesus gesagt hat, und versuchen ihm zu folgen.

Weder der Katholizismus noch der Protestantismus bringt uns die Erlösung, sondern die alles verändernde persönliche Beziehung zu Jesus Christus.

Wir alle müssen uns klarmachen, dass auch schon einige Jahrhunderte vor der Reformation Christsein vollen Herzens gelebt wurde. Die Reformer taten ihr Möglichstes, um die falsche Theologie zu korrigieren, die Menschen unter den Druck brachte, sich ihr Heil verdienen zu müssen. Luther, Calvin und Zwingli hatten erkannt, wie unverzichtbar wichtig es war, dass wir durch Gnade und Vertrauen gerettet werden (vgl. Epheser 2,8 f.). Vermutlich war die Reformation geschichtlich gesehen gar nicht anders möglich, als außerhalb der katholischen Kirche einen neuen Weg einzuschlagen. Aber leider ist dabei im Laufe der Zeit auch viel von dem verloren gegangen, was die katholische Kirche an geistlichen, biblisch fundierten Erfahrungen gemacht hat, die einen Schatz für die gesamte Christenheit darstellen.

Shane: Das bezweifelt kaum einer, aber viele fragen: „Beten die Katholiken nicht Maria und die Heiligen an?" Aber Katholiken beten nicht zu den Heiligen, sie beten *mit* ihnen. Ich habe vor ein paar Jahren einen meiner katholischen Freunde gefragt: „Warum bittet ihr die Heiligen, für euch zu beten?" Darauf gab er mir folgende Antwort: „Bittest du denn nicht auch deine Freunde, für dich zu beten?" Das ist gelebter Glaube an die Auferstehung. Sie sind fest davon überzeugt, dass weder Zeit noch Raum noch Tod uns von denjenigen trennen, die bei Jesus sind. Wenn wir also Freunde bitten, für uns zu beten – was ist daran falsch, sie auch noch darum zu bitten, wenn sie jenseits des Todes sind? Schon die ersten Christen ritzten in die Särge ihrer Toten (oft waren es Märtyrer) die einfachen Worte „Ora pro nobis" (Bitte für uns). Sie leben und feuern uns an – dass sie auf der anderen Seite der Ewigkeit sind, bedeutet nicht, dass wir nicht miteinander verbunden sind.

Katholiken beten nicht zu den Heiligen, sie beten *mit* ihnen.

Ich gebe zu, dass ich mit einigen Punkten in der katholischen Theologie so meine Schwierigkeiten habe, aber das geht mir mit der evangelischen Theologie nicht anders. Wir sollten die Schwachpunkte unserer jeweiligen Denomination anerkennen und gleichzeitig nach dem Guten im theologischen Erbe der anderen Ausschau halten.

Wir sollten die Schwachpunkte unserer jeweiligen Denomination anerkennen und gleichzeitig nach dem Guten im theologischen Erbe der anderen Ausschau halten.

Ohne jeden Zweifel wird die Kirche in Zukunft davon beeinflusst werden, wie gut sie sich an die Vergangenheit erinnert. Wir müssen zurückschauen, damit wir uns nach vorne bewegen können. Was man der Reformation vorwerfen könnte ist vielleicht, dass sie nicht weit genug zurückgeschaut hat. Viele haben den Niedergang der Kirche am Papsttum festgemacht statt an Konstantin. Ohne die Vision der Urgemeinde aus der Apostelgeschichte war die Reformation sehr stark davon geprägt, „dagegen" zu sein (daher auch *Protest*ant), statt eine Idee zu entwickeln, *wofür* sie in Zukunft stehen sollte.

Wenn wir zurückschauen, können wir erkennen, wie Gott in der Reformation ebenso am Werk war wie in allen Erweckungsbewegungen, die es zu allen Zeiten gegeben hat. Jede Generation braucht eine neue Reformation.

Aber man kann nicht etwas umstrukturieren, was noch nicht einmal aufgebaut wurde. Und genau das ist eine Gefahr für die postmoderne, post-christliche, post-evangelikale Generation. Manche hätten am liebsten eine Kirche ohne Kirche, doch die ersten Christen waren sich einig: Wenn du Gott als deinen Vater haben willst, dann musst du die Kirche als deine Mutter akzeptieren, selbst wenn sie manchmal eine wirklich miese Mama ist.

Wenn du Gott als deinen Vater haben willst, dann musst du die Kirche als deine Mutter akzeptieren, selbst wenn sie manchmal eine wirklich miese Mama ist.

6. Versöhnung

„Ich wünsche mir so sehr, dass sie untereinander eins sind;
so wie du, Vater, in mir bist und ich in dir,
so innig sollen auch sie mit uns verbunden sein.
Dann wird die Welt glauben, dass du es warst,
Vater, der mich gesandt hat."

Johannes 17,23

Shane: Es setzt riesige Kräfte frei, wenn man Mauern niederreißt und Menschen von Angesicht zu Angesicht kennenlernt. So ist zum Beispiel aus meiner letzten Reise in den Irak eine neue Bewegung entstanden, die sich „Freunde ohne Grenzen" nennt.

„Freunde ohne Grenzen" ist die einfache Vision, ein Netz aus Freundschaften über die Mauern von Konflikten und Kriegen hinweg zu knüpfen. Wir fingen mit einer Website an: www.friendswithoutborders.net. Andere nannten unsere Bewegung *„eine Art Facebook für den Frieden"*. Es gibt eine kleine Übereinkunft, die jeder akzeptiert, der sich anmeldet. Mittlerweile haben wir Leute rund um den Globus, die sich auf diese Weise kennenlernen. Letzte Woche erst haben wir eine internationale Telefonkonferenz abgehalten, bei der Leute vom Gazastreifen bis Syrien, von Kanada bis zum Sudan sich einfach gegenseitig erzählen konnten, was jeder erlebt hat. Und ich war begeistert, dass so viele Christen und sogar Evangelikale bei dieser Bewegung mitmachen, aber auch Anhänger anderer Glaubensrichtungen und sogar Leute, die an gar nichts glauben. Die Idee dahinter ist vor allem die: Wir brauchen keine Angst voreinander zu haben.

Wir brauchen keine Angst voreinander zu haben.

Es ist nur ein kleines Werkzeug, das versucht, Brücken statt Mauern zu bauen. Unsere Hoffnung dabei ist, dass wir virtuelle Anlaufstellen schaffen, die dann zu echten Freundschaften führen. Und das passiert wirklich! Es geht ziemlich locker zu. Wir hatten schon Delegationen in den Irak und nach Afghanistan geschickt, so ähnlich wie bei den Aktionen, bei denen ich dabei war. Grundschulen haben Brieffreundschaften zwischen Schulklassen in den Vereinigten Staaten und in Afghanistan lanciert.

Zu Beginn des neuen Jahres haben wir einen 24-Stunden-Skype-Marathon mit Kindern aus meiner Nachbarschaft und Kindern in Afghanistan zustande gebracht. Die Kids konnten sich gegenseitig sehen und hören und so das neue Jahr zusammen einläuten. Unsere Kinder hörten zu, als die afghanischen davon erzählten, wie sie miterleben mussten, dass ihre Freunde erschossen wurden, und sie schilderten ihren Traum von einer Welt mit weniger Gewalt. Das waren bewegende Momente. Gleichzeitig merkten unsere Kinder, dass sie und die afghanischen Kids sich viel ähnlicher waren, als sie gedacht hatten.

Ich bin überzeugt, dass aus echter Freundschaft nichts Schlechtes entstehen kann. Man kann sich mit einem Moslem oder einem Hindu anfreunden, jemand, der einen völlig anderen Glauben hat, und von ihm lernen. Was gibt es da zu befürchten?

Ich bin überzeugt, dass aus echter Freundschaft nichts Schlechtes entstehen kann. Wenn also jemand nach Palästina oder in den Irak reist, um andere Christen kennenzulernen, dann ist das prima. Man kann sich aber auch mit einem Moslem oder einem Hindu anfreunden, jemand, der einen völlig anderen Glauben hat, und von ihm lernen. Was gibt es da zu befürchten?

Tony: Paulus sagt deutlich, dass Gott uns den „Dienst der Versöhnung" aufgetragen hat (vgl. 2 Korinther 5,18), was konkret heißt, verschiedene Menschen aus unterschiedlichen ethnischen Gruppen und Religionen zusammenzubringen und gemeinsam eine geeinte Haltung des Friedens zu erarbeiten. Dabei muss ein Christ nicht irgendwelche Kompromisse eingehen, die sich mit seiner Beziehung zu Jesus nicht vereinbaren lassen. Ein solcher Versöhnungsdienst mindert in keinster Weise unsere Loyalität gegenüber unserem Herrn, sondern ist ein Weg, die Wahrheit des Evangeliums zu leben. Dieser Jesus, den wir lieben, hat uns aufgetragen, alle Menschen in allen Ländern mit seiner Liebe zu erreichen. Gerade in dieser Zeit der wachsenden Spannungen zwischen den westlichen Nationen und der islamischen Welt ist eine solche Versöhnungsarbeit nicht nur nett und wünschenswert, sondern überlebenswichtig für uns alle.

Samuel Huntington, Professor für Politikwissenschaft an der Harvard-Universität, behauptet in seinem Buch „The Clash of Civilisations and the Remaking of World Order“ (Der Zusammenprall der Zivilisationen und die Neuerschaffung der Weltordnung), dass wir in den nächsten Jahrzehnten – wenn nicht etwas Unvorhergesehenes dazwischenkommt – einen gigantischen Religionskrieg zwischen der islamischen Welt und uns im Westen erwarten müssen. Wenn er mit seiner Befürchtung recht hat, dann müssen wir alles nur Erdenkliche tun, um das zu verhindern. Wir könnten zum Beispiel Menschen aus beiden Lagern zusammenbringen, die aufgeschlossen und versöhnungsbereit sind. Darum ist so eine Bewegung wie „Freunde ohne Grenzen“ so wichtig. Sie ist ein Teil des Versöhnungsprozesses, den uns Gott durch Paulus aufgetragen hat. Wenn wir nicht noch viel mehr in dieser Richtung unternehmen, ist die Zukunft der Menschheit ernsthaft in Gefahr.

Wir können Menschen, die ihren eigenen Glauben verteidigen oder propagieren wollen – und das womöglich mit militärischer Gewalt –, nicht die Entscheidung darüber überlassen, was in der Welt geschieht.

Wir können es uns nicht leisten zuzulassen, dass radikale Fundamentalisten in der muslimischen Gemeinschaft die Kontrolle über ihre Länder übernehmen; genauso wenig können wir erlauben, dass radikale Fundamentalisten in der (noch) christlich geprägten Gesellschaft uns in Richtung eines Dritten Weltkriegs drängen. Wir können Menschen, die ihren eigenen Glauben verteidigen oder propagieren wollen – und das womöglich mit militärischer Gewalt –, nicht die Entscheidung darüber überlassen, was in der Welt geschieht. Als Nachfolger Jesu sollten wir das Gute beim Namen nennen, das wir bei denen finden, die in unserer Gesellschaft immer mehr als Feinde abgestempelt werden. Das ist wichtig in einer Gesellschaft, in der die Angst vor dem Islam immer mehr wächst.

Eines der Dinge, die ich meinen Studenten einschärfe, bezieht sich auf eine Stelle in der Apostelgeschichte 10, die ganz klar herausstellt, dass Gott sich allen ethnischen Gruppen und allen Nationen dieser Welt geoffenbart hat. Als Konsequenz daraus versuchte ich den Studenten klarzumachen, dass sie, wenn sie in einem anderen Land mit ihrer Arbeit beginnen wollen, nicht einfach mit ihren persönlichen Überzeugungen loslegen dürfen. Nein, ein Missionar sollte zuallererst einmal den Einheimischen zuhören, um herauszufinden, was Gott ihnen schon von sich gezeigt hat. Man kann wie überall davon ausgehen, dass Gott *schon da ist.* Wenn man herausgefunden hat, wie Gott sich dort schon vorgestellt hat, dann kann man über Jesus reden und erklären, inwiefern der Sohn Gottes die Erfüllung aller Hoffnungen ihrer eigenen Religion ist. Ein Missionar bringt Gott nicht an einen Ort, an dem er nicht ist, sondern er beginnt an dem teilzunehmen, was Gott schon längst an diesem Ort tut.

Ein Missionar bringt Gott nicht an einen Ort, an dem er nicht ist, sondern er beginnt an dem teilzunehmen, was Gott schon längst an diesem Ort tut.

Mir lag viel daran, meinen Studenten zu vermitteln, dass es keinen Menschen auf dieser Erde gibt, der nichts von Gott weiß. Paulus sagt (vgl. Römer 2,12–16), dass es für ihn durchaus denkbar ist, dass Gott in seinem Reich Raum hat für Menschen, die das Gesetz oder das Evangelium nicht kennen. Er spricht davon, dass die göttlichen Gebote sozusagen in ihre Herzen geschrieben wurden. Von wem anders als von Gott selbst? Darum sind wir auch aufgefordert, in allen Menschen und an allen Orten nach Gott zu suchen, wo wir vielleicht niemals erwarten würden, ihn zu finden.

Darum sind wir auch aufgefordert, in allen Menschen und an allen Orten nach Gott zu suchen, wo wir vielleicht niemals erwarten würden, ihn zu finden.

Noch etwas, was ich meinen Studenten immer beizubringen versucht habe und was nicht nur für die Mission gilt, sondern überall dort, wo Menschen inmitten einer fremden Kultur leben (was mittlerweile ja auch in unseren Heimatländern immer häufiger der Fall ist): Wenn man mit Menschen, die in einer völlig anderen Kultur leben, über Jesus reden will, braucht man Sensibilität und den Mut, um Worte und Bilder zu finden, mit denen der andere auch etwas anfangen kann. Ebenso wie dann auch später das Christsein dieser Person in ihren kulturellen Kontext eingebettet sein sollte.

Einen Monat, bevor ich nach Neuseeland reiste, hatte der evangelikale Aktivist John Perkins dort eine Vortragsreise absolviert. Was er den Gemeindeleitern und Evangelisten dort empfohlen hat, hat mich fasziniert. Zuerst ermunterte er die Leiter, sich für die guten Aspekte der Maori-Kultur zu öffnen (die Maori sind die Ureinwohner Neuseelands). Dann machte er den konkreten Vorschlag, dass die Maori, die sich für ein Leben mit Jesus entscheiden, ihre Kunst und ihre Musik einbringen sollten, um ihren ganz eigenen Lobpreisstil zu entwickeln. Außerdem forderte er die Leiter auf, in ihrer Lehre zunächst einmal auf die speziellen Fragen einzugehen, die das Weltbild und die Kultur der Maori im Hinblick auf den Glauben aufwarfen. Er versuchte die Anwesenden für seine Vision zu begeistern, dass die Maori ihre gewachsene Kultur zu einer ganz neuen Form der Anbetung Jesu nutzen könnten.

Nach seinem Appell an die versammelten Gemeindeleiter meldete sich einer von ihnen zu Wort: „Was Sie offenbar nicht wissen, Dr. Perkins, ist, dass die gesamte Kultur der Maori dämonisch durchdrungen ist. Darum können wir nichts davon übernehmen oder den bekehrten Maori gestatten, ihre Traditionen in den Gottesdienst einzubringen, denn es ist einfach alles von Satan beeinflusst."

Und wenn Sie alle dämonischen Einflüsse in Ihrer eigenen Kultur entfernt haben, können Sie anfangen, sich damit zu befassen, was davon bei den Maori zu finden ist.

Darauf gab ihm John zur Antwort: „Wahrscheinlich haben Sie sogar recht. Aber bevor wir auf dämonische Einflüsse in der Kultur der Maori schauen, sollten wir das Gleiche in der P?keh?-Kultur (dem Lebensstil der weißen Einwanderer) tun. Und wenn Sie alle dämonischen Einflüsse in Ihrer eigenen Kultur entfernt haben, können Sie anfangen, sich damit zu befassen, was davon bei den Maori zu finden ist."

Berichte über diesen Vortrag verbreiteten sich wie ein Lauffeuer über beide Inseln von Neuseeland; als ich einen Monat später ankam, hatten die Worte von John die reinste Kontinentalverschiebung bewirkt und vieles verändert. Das betraf das Denken der P?keh? genauso wie die Eigenwahrnehmung der Maori. Für viele christliche Maori war es wie eine große Befreiung, dass sie nun Jesus auf eine Art und Weise anbeten konnten, die ihre gewachsene Kultur nicht herabwürdigte, sondern mit einbezog.

An der Stelle in der Offenbarung, die den neuen Himmel und die neue Erde beschreibt, wird gesagt, dass eine riesige Menge vor Gottes Thron stehen wird, so viele, dass man sie nicht zählen kann, aus allen Nationen und Stämmen, Völkern und Sprachen (vgl. Offenbarung 7,9). Das griechische Wort, das hier benutzt wird, ist „ethnos". Im Himmel werden einmal alle ethnischen Gruppen sein. Und sie alle werden ganz sicher Gott auf ihre ganz spezielle, eigene Art loben und anbeten.

Hier in Philadelphia gibt es einen Tag im Oktober, den wir den „Super-Sonntag" nennen. Ein buntes Völkchen aus allen möglichen ethnischen Gruppen veranstaltet ein Festival auf dem Benjamin Franklin-Parkway. Da machen Polen mit, Italiener, Deutsche, Skandinavier, Iren und alle möglichen anderen. Alle bauen Tische mit leckerem Essen auf; man kann schwedische oder italienische Häppchen probieren, da steht ein jüdischer Tisch neben einem Palästinenser mit seinen Speisen, wieder ein Stück weiter findet man Türkisches oder französische Küche. Dazu sorgt jede Gruppe für die passende Musik und die jungen Leute zeigen die traditionellen Tänze aus ihren Ursprungsländern. Es ist jedes Mal ein wunderbarer Tag, an dem die Einwohner von Philadelphia das genießen können, was jede der ethnischen Gruppen zur Gemeinschaft beizutragen hat.

Ich habe meinen Studenten schon oft gesagt, dass dieser Tag ein Vorgeschmack auf den Himmel ist, wo einmal alle Völker auf ihre ganz eigene Art ihre Freude über Gott ausdrücken und ihre guten Traditionen mit einbringen werden. Eine Ahnung davon bekomme ich auch immer bei den Abschlussveranstaltungen der Olympischen Spiele, bei denen alle teilnehmenden Nationen ins Stadion einmarschieren, jeder in seinen Landesfarben und mit der jeweiligen Fahne. Irgendwann lösen sich die Formationen dann auf, und alle singen, tanzen und feiern gemeinsam – ein wunderschönes Bild der Einheit, bei der jeder dennoch seine Identität behält. Das ist eine würdige Vision vom Himmel, und ich bin sicher, dass wir schon hier und jetzt an der Verwirklichung dieser Vision arbeiten sollen.

Shane: Wir kennen alle die Ereignisse, die fünfzig Tage nach Ostern aus einer verängstigten Gruppe von Nachfolgern Jesu die erste Gemeinde formten. Pfingsten war in jeder Hinsicht ein mehrfaches Wunder. Zum einen drängte die vorher so verwirrte Gruppe an die Öffentlichkeit. Zum anderen verstanden sich plötzlich Menschen, die sich von ihrer Herkunft her gar nicht hätten verstehen können. Als der Geist Gottes auf die Menschen herabkam, geschah ein Wunder des Verstehens: Alles Trennende wurde überwunden. Man könnte sagen, dass dadurch eine tiefe Basis für Versöhnung geschaffen wurde (vgl. Apostelgeschichte 2,6 ff.). Was hat unsere Zeit nötiger als eine solche Ebene der Verständigung!

Zu diesem „Verstehenswunder" bietet die alttestamentliche Erzählung vom Turmbau zu Babel einen großartigen Hintergrund. Die Geschichte besagt, dass die Menschen versucht hatten, den Himmel mit eigener Kraft zu erreichen (nicht zuletzt um sich einen großen Namen unter den Völkern zu machen). Doch dieser Versuch scheiterte kläglich im Chaos der Sprachverwirrung. Leute, die sich eigentlich hätten verstehen müssen, verstanden sich mit einem Mal nicht mehr.

Wenn der Mensch versucht, mit eigener Leistung göttlichen Status zu erreichen, wird er die Fähigkeit verlieren, andere zu verstehen.

Schaut man sich nun beide Ereignisse an, dann ist die Lehre aus ihnen ebenso genial wie lebenswichtig – bis heute: Wenn der Mensch versucht, mit eigener Leistung göttlichen Status zu erreichen, wird er die Fähigkeit verlieren, andere zu verstehen. Wenn Gott jedoch zu den Menschen kommt, geschieht Versöhnung und Verständnis selbst unter Menschen, die verschiedene Sprachen sprechen und unterschiedlichster Herkunft sind.

Im Pfingstbericht in der Bibel ist davon die Rede, dass viele Menschen aus verschiedenen Ländern und Volksgruppen anwesend waren. Als der Geist über sie kam, konnte jeder jeden verstehen. Im Text heißt es, dass die meisten der Sprecher „Galiläer" waren, doch jeder der Anwesenden hörte sie in seiner eigenen Sprache sprechen (Apostelgeschichte 2,6).

Bibelforscher berichten, dass die Galiläer damals als Hinterwäldler angesehen wurden, die Dialekt sprachen, was mich als „Hillbilly" aus Tennessee immer gefreut hat. Niemand hielt viel von den Galiläern, sie galten als einfältig, ungebildet und unzivilisiert. Deshalb waren die Leute auch so perplex darüber, dass Jesus aus Galiläa kam, von wo der allgemeinen Meinung nach nichts Gutes kommen konnte (vgl. Johannes 1,46).

Bibelforscher berichten, dass die Galiläer damals als Hinterwäldler angesehen wurden, die Dialekt sprachen. Deshalb waren die Leute auch so perplex darüber, dass Jesus aus Galiläa kam.

Egal, ob die Jünger nun Dialekt sprachen oder sich gepflegt ausdrückten: Alle haben verstanden, was sie gesagt haben, als wäre es ihre eigene Sprache. Niemand verlor seine Identität; alle Sprachen blieben erhalten. Der exakte Gegenentwurf zum Turmbau von Babel! Eine Gemeinschaft entstand, die nicht durch eigenes Bemühen oder eine gemeinsame Sprache erwachsen war, sondern durch den Geist Gottes. Diese Gemeinschaft war ein besonderes Zeichen Gottes, so vielschichtig wie die Schöpfung selbst, so einzigartig wie unsere Fingerabdrücke oder unsere DNA. In dieser Gemeinschaft verstand jeder jeden in seiner Unterschiedlichkeit, weil alle Kinder Gottes waren. Einheit heißt nicht Einheitlichkeit. Es bedeutet nicht, dass wir alle gleich sein müssen, sondern dass wir lernen, unsere Verschiedenartigkeit zu feiern. Ich möchte nicht farbenblind sein; ich möchte all die bunten Farben sehen. Ich möchte Menschen mit ihrer Geschichte und ihrer Kultur kennenlernen.

Einheit heißt nicht Einheitlichkeit. Es bedeutet nicht, dass wir alle gleich sein müssen, sondern dass wir lernen, unsere Verschiedenartigkeit zu feiern.

7. Mission

„Geht hinaus zu allen Völkern, und tut alles dafür, dass die Menschen mir nachfolgen. Tauft sie auf den Namen des Vater, des Sohnes und des Heiligen Geistes.
Lehrt sie alles, was ihr von mir erfahren habt und was ich euch aufgetragen habe.
Aber vor allem vergesst eines nie: Ich bin bei euch alle Tage bis zum Ende der Welt.“
Matthäus 28,18–20

Tony: Es gibt wunderbar viele Christen, die ihr ganzes Leben für die Armen der Welt einsetzen. Das ist wirklich großartig, und dieser Einsatz wird in keiner Weise infrage gestellt, wenn wir uns jetzt das Thema Mission einmal kritisch ansehen wollen.

Das Erdbeben in Haiti 2009 zog sofort eine große Anzahl von Christen an, die dorthin eilten, um in dem geschundenen Land zu helfen. Das brachte einige Dinge zutage, die wir als Menschen, die in bester Absicht helfen wollen, nicht genügend beachtet haben. Unser großer Fehler war, dass wir Dinge für die Haitianer getan haben, die sie durchaus auch selbst hätten tun können. Wenn ein Waisenhaus gebraucht wurde, konnten die Haitianer damit rechnen, dass irgendwelche Gruppen aus Amerika oder Europa kommen würden und eins bauen würden. Wenn es um eine Schule ging oder eine Kirche: Immer gab es jemand aus dem Ausland, der mit vollem Einsatz ein solches Gebäude errichtete. Ich vermag nicht ein-

Unser großer Fehler war, dass wir Dinge für die Haitianer getan haben, die sie durchaus auch selbst hätten tun können.

zuschätzen, wie viele Kirchen, Schulen und Waisenhäuser in Haiti von christlichen Gruppen errichtet wurden, aber die Frage ist: Hätten die Haitianer diese Schulen, Kirchen und Waisenhäuser nicht auch selber bauen können? Natürlich hätten sie das.

Zugegeben, die Armen hätten dazu nicht das Baumaterial oder das Geld gehabt, welches zu kaufen. Aber man hätte mit einem Drittel des Geldes, das dafür ausgegeben wurde, die Einsatzgruppen nach Haiti zu schaffen, das gesamte Baumaterial und einen Haufen haitianische Bauarbeiter bestens bezahlen können. Vielleicht wäre es hilfreich gewesen, technischen Beistand von Architekten zu bekommen, die erdbebensichere Gebäude errichten können. Aber wir hätten die Haitianer das tun lassen sollen, was sie tun können. Man muss sich nur mal vorstellen, wie viele haitianische Arbeiter froh gewesen wären, wenn sie einen Auftrag bekommen hätten, und das noch für einen guten Lohn. Bei dem Versuch, den Haitianern nach unseren Vorstellungen zu helfen, haben wir ihnen vielleicht einen Bärendienst erwiesen.

Bei dem Versuch, den Haitianern nach unseren Vorstellungen zu helfen, haben wir ihnen vielleicht einen Bärendienst erwiesen.

Es gibt immer mehr kritische Stimmen, die anmerken, dass die wohlgemeinten Hilfseinsätze von Gruppen meist junger Leute letztlich die einheimische Bevölkerung geschwächt und ihre Fähigkeit herabgesetzt haben, ihre Probleme selbst anzugehen. Als ich als Mitglied der „Clinton Global Initiative“ nach Haiti kam, hörte ich von Dr. Paul Farmer, der dort schon seit Langem eine bewundernswerte Arbeit leistet, indem er die medizinische Versorgung sicherstellt, Kliniken und Hospitäler baut und einheimische Ärzte schult, eine verblüffende Geschichte. Dr. Farmer wurde gebeten, eine Liste aller NGOs (nichtstaatliche Hilfsorganisationen) zu erstellen, die in Haiti tätig waren und von denen die meisten einen christlichen Hintergrund hatten. Das war im September 2010. Bei 9.943 hörte er auf zu zählen. Und das waren nur die, die offiziell registriert waren!

Also, in einem Land mit neun Millionen Einwohnern gibt es 9.943 aktive Hilfsorganisationen! In den meisten Fällen muss man sagen, dass diese geballte „Hilfskraft“ die Haitianer nicht gestärkt hat, sodass sie die Probleme ihres Landes anpacken konnten, sondern sie hat tatsächlich Haiti Schaden zugefügt, indem sie jede Eigeninitiative lähmte.

Ivan Illich, ein Missionswissenschaftler, der in Brasilien arbeitet, zieht die Quintessenz: „Behaltet eure Gemeindegruppen zu Hause. Wir wollen sie nicht. Wenn ihr kommt, dann kommt bitte und erfreut euch an der Kultur des Landes, versucht, die Menschen kennenzulernen, betet mit ihnen, hört ihnen zu, lernt von ihnen. Aber hört endlich auf, das für sie zu tun, was sie selber hinkriegen können und sollen. Hört auf, die Leute unselbstständig zu machen!“

Eines kann man in dieser Hinsicht ganz sicher von Jesus lernen: Er tut nichts für uns, was wir selbst tun könnten.

Eines kann man in dieser Hinsicht ganz sicher von Jesus lernen: Er tut nichts für uns, was wir selbst tun könnten. Im Gegenteil, er mutet uns zu, dass wir alles, was er getan hat, auch tun sollen, ja sogar noch Größeres, weil er uns die Kraft dazu gibt (vgl. Johannes 14,12). Die Befähigung und Ermutigung von Menschen in ärmeren Ländern muss eine Priorität in der Missionsarbeit der Zukunft werden. Der alte Weg hat sich in vielerlei Hinsicht als kontraproduktiv erwiesen.

Shane: Jesus hat übrigens die Worte „Mission“ oder „Missionar“ nie benutzt. Er hat den „Missionsauftrag“ nicht auf besondere Menschen oder Einsätze eingegrenzt. Wir alle sind Missionare, immer und überall, wo wir sind. Wenn es also um das Thema Mission geht, dann kann ich nur sagen: ganz oder gar nicht. Entweder müssen wir aufhören, dieses Wort zu benutzen – oder wir beginnen, jeden als Missionar zu betrachten: Krankenschwestern, Zimmerleute, Taxifahrer, Lehrer, Ingenieure und den Mann, der im Zoo die Elefantenhaufen wegschippt. Wir sind alle Jünger mit einer Mission. Jeder Christ ist ein Geistlicher und ein Missionar und jeder ist berufen, Gottes Liebe mit anderen zu teilen und so die Welt zu verändern!

Jesus hat übrigens die Worte „Mission“ oder „Missionar“ nie benutzt.

Unser Freund John Perkins, ein flammender Bürgerrechtsaktivist, zitiert immer wieder diesen Satz: „Geht zu den Leuten. Lebt unter ihnen. Lernt von ihnen. Liebt sie. Fangt mit dem an, was sie kennen. Baut auf dem auf, was sie haben. Schlussendlich sollen die Leute sagen können: ‚Das haben wir selber geschafft!'"

Wohltätigkeit ist ein guter Ausgangspunkt, aber kein guter Abschluss. Wohltätigkeit muss zur Gerechtigkeit führen. Das muss das Ziel jedes ganzheitlichen Missionsansatzes sein. Menschen zum Glauben an Jesus zu führen ist ein wichtiger Teil davon, aber ebenso notwendig ist es, dass Familien sich selbst ernähren können, medizinisch versorgt sind und die Kinder eine solide Ausbildung erhalten.

Wohltätigkeit ist ein guter Ausgangspunkt, aber kein guter Abschluss. Wohltätigkeit muss zur Gerechtigkeit führen. Das muss das Ziel jedes ganzheitlichen Missionsansatzes sein.

Das ist etwas, was wir nur zusammen schaffen können. Wirkliche Veränderung braucht Zeit. Sie verlangt von uns, dass wir von den Menschen lernen und ihre Schmerzen und Probleme zu unseren eigenen machen. Wir müssen uns das Recht verdienen, in ihr Leben hineinzusprechen.

Jeder hat etwas beizutragen. Jeder kann anderen etwas beibringen und von anderen lernen. In der Vereinigung für christliche Gemeinschaftsentwicklung (Christian Community Development Association), die sich mit Verbesserungen in unseren heruntergekommenen Stadtvierteln befasst, haben wir drei Gruppen von „Reformträgern" ausgemacht: Die ersten sind „Bleiber", also Menschen, die absichtlich in ihrem Viertel wohnen bleiben, obwohl sie die Möglichkeit hätten wegzuziehen, weil sie ein Teil des Wiederherstellungsprozesses sein wollen. Die zweiten sind die „Rückkehrer", die fort waren, um eine Ausbildung zu machen und dann zurückkehren, um ihre erworbenen Fähigkeiten für das Wohl der Allgemeinheit einzubringen. Und schließlich gibt es auch noch die sogenannten „Zugezogenen", die ganz bewusst und mit missionarischer Motivation in solche Viertel ziehen, um den Veränderungsprozess zu begleiten. Der Einsatz aller drei Gruppen ist bewundernswert. Aber den „Zugezogenen" wird oft die meiste Aufmerksamkeit geschenkt, weil sie ihr gutes, bequemes Leben aufgegeben haben, um in Gettos oder Slums zu leben. Leider erweckt das wieder den Eindruck, dass man irgendwohin gehen muss, um missionarisch aktiv zu werden.

Einer meiner engen Freunde, der in einer heruntergekommenen Gegend von Philadelphia wohnt, hat meine Wahrnehmung durch eine Äußerung ziemlich beeinflusst. Er sagte: „Wenn Leute wie du in unser Gebiet ziehen, dann denken alle deine Bekannten, dass du ein Held bist. Wenn Leute wie ich einfach hier bleiben, statt in eine bessere Gegen zu ziehen, dann denkt meine Umgebung: Der hat es ja nicht weit gebracht." Das ist die Wirklichkeit, mit der wir es zu tun haben. Wir müssen gegen die sentimentale Vorstellung angehen, dass Missionare immer heldenhafte Leute sind, die in ein fremdes Land ziehen. Und auch gegen den Druck, aus einer nicht so schönen Gegend wegzuziehen und komplett zu vergessen, wo man hergekommen ist.

Wir müssen gegen die sentimentale Vorstellung angehen, dass Missionare immer heldenhafte Leute sind, die in ein fremdes Land ziehen.

Jeder kann etwas beitragen, egal, wo er wohnt. Jeder kann lernen und jeder kann lehren. Das gilt übrigens auch für das Bibelstudium und die Lehre. Nicht nur Bibelschul-Absolventen oder theologisch Gebildete können anderen etwas über Gott beibringen, sondern jeder Christ ist sowohl Lehrer als auch Schüler. Weisheit, die auf der Straße erworben wurde, ist mindestens so wertvoll wie die, die aus Büchern kommt.

Wir haben eine kleine Einrichtung in Philadelphia, die sich „Alternatives Seminar" nennt. Das Konzept ist denkbar einfach: Jeder lehrt und jeder lernt. Manche Kurse gehen über ein paar Wochen, andere ein ganzes Jahr. Man bekommt keine Urkunden oder Zeugnisse, und die Klassen sind klein und sehr bunt. Da kann es passieren, dass ein Obdachloser neben einem Topmanager sitzt oder ein Legastheniker neben einem Bestsellerautor, der die Bibel in Hebräisch und Griechisch liest. Das führt zu ganz neuen, tiefen Lernerfahrungen. Einen solchen Kurs hielten wir in einem heruntergekommenen Haus, das wir gerade renovierten. Es ging um die Ökonomie Gottes, und es war ein besonderes Erlebnis, die Geschichte vom reichen Mann und Lazarus in so einem Umfeld mit Menschen zu lesen, die reich waren, und solchen, die Bettler waren. Man sieht und hört alles mit neuen Augen, denen des anderen.

Das ist natürlich ein etwas anderes Bildungsmodell. Und ein anderes Modell von Mission. Wir mögen losziehen, um Menschen mit Gott bekannt zu machen, aber wir müssen immer bereit sein, von diesen Leuten auch zu lernen. Auch sollten wir bei allem, was wir organisieren (zum Beispiel Glaubensgrundkurse) im Auge behalten, dass Menschen, die nicht sonderlich gebildet sind oder vielleicht überhaupt nicht lesen können, sich angenommen fühlen und aktiv mitmachen können.

Wir mögen losziehen, um Menschen mit Gott bekannt zu machen, aber wir müssen immer bereit sein, von diesen Leuten auch zu lernen.

Tony: Das möchte ich durch ein Beispiel unterstreichen, dass ich erst vor Kurzem auf Haiti erlebt habe. Dort haben bereits einige Missionsorganisationen ihre Arbeitsweise grundlegend geändert. Auf Haiti ist vor allem die Schuldbildung ein riesengroßes Problem. Bisher hat man Lehrer aus Amerika oder Europa herangeschafft, um der Not zu begegnen. Doch nun haben einige Christen damit begonnen, intensive Schulungen für haitianische Lehrer durchzuführen. Statt zu beklagen, dass die haitianischen Lehrer zu wenig pädagogisches Wissen haben und zum Teil nicht einmal selbst vernünftig lesen und schreiben können, helfen sie ihnen, besser zu werden und vermitteln ihnen pädagogische Erkenntnisse, damit sie ihren Beruf mit mehr Erfolg ausüben können. Die Reaktion auf diese Initiative war gewaltig: Hunderte und Aberhunderte von Lehrern durchlaufen dieses Trainingsprogramm, das Hilfe zur Selbsthilfe vermittelt.

Hier an der Eastern University bieten wir ein Trainingsprogramm für Studenten an, die in Entwicklungsländer, aber auch in die heruntergekommenen Viertel von Amerikas Städten gehen. Dort sollen sie die Menschen dabei beraten und unterstützen, Kleinunternehmen und Heimarbeitsprojekte aufzubauen und zu managen. Unsere Absolventen sollen solche Kleinstbetriebe nicht selbst besitzen, ja nicht einmal selbst anfangen, sondern den ansässigen Leuten einfach nur dabei helfen, so etwas zu organisieren und eigenverantwortlich zu führen. Man muss nicht in Drittweltländer gehen, um so etwas zu machen – ganz ähnliche Bedingungen herrschen in genügend Gegenden Europas und Amerikas. Unsere jungen Leute bekommen alles vermittelt, was sie über Mikrokredite, Finanzplanung und Papierkram wissen müssen, und dann gehen sie hin und schauen, welche Fähigkeiten und Talente die Menschen vor Ort mitbringen und was man daraus machen könnte. Dabei sind sie bestens darin geschult, nicht lauter Antworten parat zu haben, sondern die richtigen Fragen zu stellen. Die künftigen Kleinunternehmer sollen sagen können: „Das ist *unsere* Geschäftsidee. *Wir* haben das geschafft!“

Die künftigen Kleinunternehmer sollen sagen können: „Das ist *unsere* Geschäftsidee. *Wir* haben das geschafft!

Shane, du hast von den Fähigkeiten gesprochen, die Menschen in deinem Viertel haben und die einfach nicht genutzt werden. Mir scheint, dass man daran sieht, was im System nicht stimmt. Auf die Dauer lösen wir das Problem der Armut nur dadurch, indem man neue Jobs kreiert – allerdings nicht so, dass die Menschen auf dem Weg dorthin vorher völlig ihrer Eigeninitiative beraubt werden. Unser Auftrag wird es mehr und mehr sein, Leute zu inspirieren, ihre eigenen Kräfte und Fähigkeiten zu entdecken und zu gebrauchen.

Shane: Weißt du, was ich am liebsten sehen würde? Dass die Professoren für Wirtschaftswissenschaft von den guten Schulen wie der Eastern University sich hin und wieder mit den Drogendealern dieser Stadt treffen würden. Ich könnte mir vorstellen, dass das eine sehr wirkungsvolle Begegnung wäre. Studien haben gezeigt, dass der Drogenhandel der größte Wirtschaftsfaktor in der Innenstadt von Philadelphia ist, der dazu noch als der stabilste und innovativste angesehen werden kann. Kein Zweifel, dass Drogenhandel eine üble und zerstörerische Sache ist, aber viele der Dealer sind unglaublich begabt und einfallsreich. Kannst du dir vorstellen, was solche Leute bewegen könnten, wenn ihre Begabungen in sinnvolle Bahnen gelenkt würden? Ich habe einen der Dealer kennengelernt, den ein Freund von mir unter seine Fittiche genommen hat. Er hat die Möglichkeiten dieses Mannes erkannt. Es dauerte nicht lange, und sie zogen gemeinsam ein (natürlich drogenfreies!) Geschäft auf, das mittlerweile -zigtausende von Dollars umsetzt.

Auch das „Mauerkunst-Projekt" in Philadelphia hat gezeigt, was passiert, wenn man Graffiti-Künstlern eine legale Möglichkeit gibt, ihr Können unter Beweis zu stellen. Heute gehören die Wandmalereien von Philadelphia zu den bekanntesten Kunstinstallationen des Landes. Es gibt sogar richtige Sightseeing-Touren zu den schönsten Wänden! Genau das ist es, wonach wir die Augen offen halten sollten: Wie kann Menschen dazu verholfen werden, dass sie ihre Gaben einsetzen und damit etwas Kreatives oder Nützliches schaffen?

Weißt du, was ich am liebsten sehen würde? Dass die Professoren für Wirtschaftswissenschaft von den guten Schulen wie der Eastern University sich hin und wieder mit den Drogendealern dieser Stadt treffen würden.

Tony: Ich weiß von einer T-Shirt-Fabrik, die von jungen Leuten aus einem elenden Viertel in Camden, New Jersey, gegründet wurde. Sie entwarfen zum Beispiel ein T-Shirt, das gern von Antikriegsaktivisten getragen wird. Auf der Vorderseite kann man lesen: „Alte Soldaten sterben nicht." Diese jungen Leute haben nicht nur ein gut laufendes Geschäft aufgebaut und viele Arbeitsplätze geschaffen, sondern auch noch eine Botschaft unter die Leute gebracht, die die schrecklichen Folgen des Krieges beleuchtet und zum Nachdenken anregt.

Jesus hat seinen Geist geschickt, um Menschen stark zu machen und ihr inneres Potenzial zutage zu fördern (vgl. Apostelgeschichte 1,8). Das sollte unsere Vorlage sein. Wo auch immer wir auf Not treffen, egal, ob

Wo auch immer wir auf Not treffen, egal, ob in einem Entwicklungsland oder in unseren eigenen Städten, unser Ziel muss es sein, Menschen zu befähigen und herauszufordern, ihre Gaben zu gebrauchen und ihr Potenzial einzusetzen.

in einem Entwicklungsland oder in unseren eigenen Städten, unser Ziel muss es sein, Menschen zu befähigen und herauszufordern, ihre Gaben zu gebrauchen und ihr Potenzial einzusetzen. Unser Ziel muss sein, dass sie, wenn sie Erfolg haben, sagen können: „Das haben wir selbst hinbekommen!“

8. Das Leben nach dem Tod

„Ich bin die Auferstehung und das Leben."
Johannes 11,25

Shane: Bei der Vision vom neuen himmlischen Jerusalem geht es um unsere Auferstehung. Die Zerbrochenheit unserer Städte wird geheilt werden. Es wird keine Rückkehr in den Garten Eden sein. Es ist eher die Vision, dass der Garten Eden in die Stadt einzieht. Die Stadt fängt wieder zu leben an. Der Garten überwuchert den Beton.

Mir gefällt, was der Theologe Ray Bakke sagt: „Die Geschichte unserer Erlösung beginnt in einem Garten und endet in einer Stadt."[59] Die Geschichte wird mit der Heilung der Schöpfung und der Heilung der Zivilisation beschlossen. Der Fluss des Lebens strömt mitten durch das Neue Jerusalem. Und ich bin mir ziemlich sicher, dass man die Fische aus diesem Fluss essen kann und auch selbst ohne Gefahr darin schwimmen kann – ziemlich das Gegenteil von dem, was beim Delaware-River hier in Philadelphia der Fall ist. Die Offenbarung sagt, dass die Tore der Stadt niemals geschlossen werden (vgl. Offenbarung 21,25). Das heißt: Wir können ohne Furcht leben und niemand wird ausgeschlossen oder ist ein illegaler Eindringling. Ach ja, und das ist auch noch ein interessanter Vers: „In der Stadt konnte ich allerdings keinen Tempel entdecken" (Offenbarung 21,22). Da kann man fast noch das Echo von dem Geräusch hören, als der Vorhang des Tempels von oben bis unten zerriss. Im Neuen Jerusalem wird kein Tempel mehr gebraucht. Gott wird mitten unter uns sein, wie er es zu Beginn im Garten war. Kein Kirchengebäude ist

„Die Geschichte unserer Erlösung beginnt in einem Garten und endet in einer Stadt."

mehr nötig, weil Gott auf den Straßen des Neuen Jerusalem zu finden ist.

Tony: Es gibt viele, die davon überzeugt sind, dass am Ende der Geschichte die ganze Welt in einem großen Feuerball verglühen wird. Wir leben in einer Zeit, in der zwei Weltuntergangsszenarien durch die Köpfe der Menschen geistern. Auf der einen Seite gibt es die Religiösen, die entsprechend ihrer Theologie damit rechnen, dass die Welt aufgrund der Sünde am Ende zerstört wird. Sie glauben fest daran, dass die Schlechtigkeit der Menschen immer weiter wachsen wird, bis der Herr wiederkommen und alledem ein Ende bereiten wird. Auf der anderen Seite stehen die Nichtreligiösen und die New Ager, die überzeugt sind, dass wir Menschen selbst die Erde zerstören werden, sei es durch Umweltzerstörung oder einen Nuklearkrieg. An Weltuntergangspropheten fehlt es uns nicht.

Shane: Im Prinzip gibt es zwei Möglichkeiten, die Endzeit zu sehen: Die eine ist eine Geschichte des Todes, die andere eine der Auferstehung. Die eine endet mit Feuer, die andere mit einem Fest. Die Offenbarung des Johannes, aber auch die Worte Jesu selbst sagen uns, dass alles wiederhergestellt wird. Eine Theologie der Auferstehung verkündet, dass Gott nicht nur die Menschheit wiederherstellt, sondern alles, was jemals geschaffen wurde.

Im Prinzip gibt es zwei Möglichkeiten, die Endzeit zu sehen: Die eine ist eine Geschichte des Todes, die andere eine der Auferstehung. Die eine endet mit Feuer, die andere mit einem Fest.

Tony: Als ich noch jünger war, glaubte ich, dass wir als Christen nach dem Tod in den Himmel kommen, wo alle Kinder Gottes in Liebe und Harmonie zusammenleben. Doch da gibt es nun sehr ernst zu nehmende Leute, Evangelikale und Bibelgläubige, die behaupten, dass es auch anders kommen könnte. Diese Christen leben in der Überzeugung, dass es einen neuen Himmel und eine neue Erde geben wird. Wenn Christus wiederkommt, so sagen sie, wird die Welt neu gemacht und die Harmonie in der Natur wird wiederhergestellt. Der Löwe und das Lamm werden zusammenliegen und die Prinzipien von „Fressen oder Gefressenwerden" und dem „Überleben des Stärkeren", die jetzt die Natur beherrschen, wird es nicht mehr geben (vgl. Jesaja 65,25). Sie glauben, wenn Christus wiederkommt, werden alle, die zu Gott gehören, auferstehen und in alle Ewigkeit in einer liebevollen Gemeinschaft *hier auf Erden* leben. Nicht im Himmel.

Das ist eine gute Nachricht für die Zukunft unserer Erde! Und diese Endzeitsicht scheint sich in den evangelikalen Gemeinden immer mehr durchzusetzen. Immer mehr Christen glauben daran, dass bei der Wiederkunft Jesu die Welt wiederhergestellt wird und Gott eine neue Gesellschaft ins Leben ruft, die in Liebe und Gerechtigkeit auf diesem Planeten leben wird – so, wie es von Anfang an gedacht gewesen ist.

Immer mehr Christen glauben daran, dass bei der Wiederkunft Jesu die Welt wiederhergestellt wird und Gott eine neue Gesellschaft ins Leben ruft, die in Liebe und Gerechtigkeit auf diesem Planeten leben wird.

Shane: Wenn Glaube bedeutet, mit dem zu rechnen, was wir noch nicht sehen, und wenn wir wirklich an dieses Neue Jerusalem und die Gemeinschaft mit Gott dort glauben, dann hat das auch Auswirkungen auf die Art und Weise, wie wir heute leben. Unser Freund Jim Wallis sagt: „Wir glauben noch gegen das an, was offensichtlich ist, aber wir sehen schon, wie sich das Offensichtliche ändert." Wir kennen schon das Ende der Geschichte, darum leben wir darauf hin und lassen es dadurch real werden. Wenn wir wissen, dass einmal Schwerter zu Pflugscharen umgeschmiedet werden, dann macht es wenig Sinn, jetzt noch Energie in die Herstellung neuer Schwerter zu stecken. Wenn wir wissen, dass einmal die ganze Welt

Wenn wir wissen, dass einmal Schwerter zu Pflugscharen umgeschmiedet werden, dann macht es wenig Sinn, jetzt noch Energie in die Herstellung neuer Schwerter zu stecken.

geheilt wird, dann sollten wir ihr keine neuen Wunden schlagen. Dein Reich komme. Heute. Heute ist der Tag der Erlösung. Das Reich Gottes ist hier und jetzt (vgl. 2 Korinther 6,2).

Wir müssen nicht warten. Wir können jetzt schon anfangen, in diese Vision hineinzuleben und Menschen sein, die die Auferstehung praktizieren. Robert Kennedy hat es so ausgedrückt: „Manche Menschen sehen die Dinge, wie sie sind, und fragen: Warum? Ich träume von Dingen, die noch nicht sind, und frage mich: Warum nicht?“[60]

Tony: Im Brief an die Philipper (1,6) steht: „Ich bin ganz sicher, dass der, der mit euch diesen wunderbaren Weg des Glaubens begonnen hat, ihn auch mit euch bis zum Tag Jesu Christi vollenden wird.“ Das unterstreicht die Vorstellung, dass Gott jetzt schon gemeinsam mit den Menschen, die Jesus nachfolgen, dabei ist, die Natur zu retten, den Planeten zu heilen, soziale Gerechtigkeit zu schaffen und das Leid der Armen und Unterdrückten zu verringern. Wir wissen, dass wir mit Gott zusammen an diesem Großprojekt arbeiten, das dann vollendet wird, wenn die Posaunen erschallen und Jesus wiederkommt. Das macht uns zu Hoffnungsträgern, während wir uns darum bemühen, die Verlorenen zu suchen und die Welt zu verändern.

Ich bin keiner von denen, die glauben, aus eigener Kraft das Reich Gottes herbeiführen zu können. Aber ich zähle mich auch nicht zu denen, die meinen, wir könnten ohnehin nichts Dauerhaftes bewirken. Stattdessen stehen wir „Red Letter“-Christen für die Überzeugung, dass Gott bereits dabei ist, durch uns die Welt zu verändern, doch die Vollendung dessen, zu dem wir berufen sind, wird erst dann eintreten, wenn Jesus wiederkommt.

Um zu illustrieren, was wir in Erwartung des Kommens Christi jetzt schon tun können, benutze ich oft die französische Untergrundbewegung im Zweiten Weltkrieg. Die Widerständler hätte man damals auch fragen können, was sie sich mit ihrer Handvoll Leute und begrenzten Mitteln zu erreichen erhofften. Vermutlich hätten sie gesagt: „Das ist doch offensichtlich! Wir versuchen, die Nazis abzuwehren, die unser Land besetzen wollen!“

„Aber ihr stellt euch gegen die größte Militärmaschinerie, die es in der Geschichte je gegeben hat! Ihr habt keine Chance gegen sie!"

Ganz sicher hätten sie gerufen: „Aber wir machen weiter! Wir wissen, dass es jetzt noch nicht danach aussieht, aber jetzt gerade sammelt sich hinter dem Ozean schon ein gewaltiges Invasionsheer. Und wenn das Signal ertönt, wird dieses Heer kommen und sich mit uns verbinden, und gemeinsam werden wir den Sieg erringen!" (siehe Offenbarung 21,5).

Und so wird es auch bei uns sein. Wir sind Gottes kleine Untergrundarmee, und wenn Jesus ein zweites Mal in die Geschichte der Menschheit eintritt, wird er alles neu machen. Was für eine Vision für die Zukunft!

Wir sind Gottes kleine Untergrundarmee, und wenn Jesus ein zweites Mal in die Geschichte der Menschheit eintritt, wird er alles neu machen. Was für eine Vision für die Zukunft!

Aber sieht es nicht in der Welt von heute ganz anders aus? Scheint nicht das Böse immer mehr die Oberhand zu gewinnen? Sollte man es nicht massiver bekämpfen? Jesus gibt uns in einem Gleichnis eine geniale Antwort auf alle diese Fragen. Er erzählt von einem Bauern (Matthäus 13), der Weizen einsät. Als der Weizen heranwächst, stellen seine Knechte mit Schrecken fest, dass zwischen dem Weizen Unkraut wächst, das dem Weizen ziemlich ähnlich sieht, aber giftig ist (Taumellolch). Sie fragten den Bauern, was sie tun sollten. Der rät ihnen, erst nach der Ernte das Unkraut vom Weizen zu trennen, um nicht beim vorzeitigen Jäten die guten Pflanzen mit auszureißen. Auf die Frage, wie das Unkraut überhaupt auf das Weizenfeld gelangen konnte, sagt der Bauer, dass dies das Werk seines Widersachers gewesen sei.

Was Jesus in diesem Gleichnis auch deutlich macht, ist, dass das Königreich des Bösen (das Unkraut) immer stärker hervortritt, je mehr sich das Reich Gottes auf Erden entfaltet. Das ist sehr offensichtlich, wenn man sich einfach nur die Nachrichten ansieht. Aber auch das Reich Gottes (der Weizen) wächst immer mehr und zeigt sich deutlicher in unseren Tagen.

Einmal abgesehen von dem unglaublichen Wachstum des Christentums in Asien, Afrika und Lateinamerika ist auch der Fortschritt, den Christen im Kampf gegen Krankheit und Armut in der Welt bewirkt haben, nicht mehr zu übersehen. Nach einem Bericht der Universität von Connecticut ist die extreme Armut in den Entwicklungsländern seit 1980 um die Hälfte reduziert worden. Während der letzten 100 Jahre hat sich die Lebenserwartung weltweit verdoppelt. In nur drei Jahrzehnten stieg die Zahl derer, die lesen und schreiben können, von 25 Prozent auf über 80 Prozent der Weltbevölkerung und die Prozentzahl derer, die unter Hunger leiden, sank seit 1970 von 38 auf 18 Prozent im Jahr 2001. Die Liste der positiven Veränderungen ließe sich noch um einiges erweitern, und bei fast allen diesen Verbesserungen haben Christen eine bedeutende Rolle gespielt.

> Vor jeder Revolution scheint es so, als ob das Ziel unmöglich zu erreichen sei; und nach jeder Revolution ist jedem klar, dass sie unvermeidlich war.

Shane: Vor jeder Revolution scheint es so, als ob das Ziel unmöglich zu erreichen sei; und nach jeder Revolution ist jedem klar, dass sie unvermeidlich war. Vielleicht fragt uns Jesus heute: „Hast du die Augen, es zu sehen? Hast du die Ohren, es zu hören? Hast du die Vorstellungskraft, es zu schaffen?“

> „Eine neue Welt ist nicht nur möglich, sie ist schon im Entstehen. Vielleicht werden viele von uns nicht mehr da sein, um sie zu begrüßen, aber an ganz bestimmten Tagen, wenn ich besonders aufmerksam hinhöre, kann ich sie atmen hören.“

Ich fühle mich an die Textstelle im Römerbrief erinnert, in der Paulus sagt, dass die gesamte Schöpfung wie in Wehen liegt (vgl. Römer 8,22). Es ist ein Bild voller Seufzen, Stöhnen und Sehnsucht. Unser Warten ist nicht passiv, wir sind voller Erwartung, so wie eine gebärende Mutter auf die Ankunft ihres Babys hinarbeitet. Sie muss sich darauf vorbereiten, Übungen machen, richtiges Atmen lernen und für vieles andere Vorsorge treffen. Wehen sind ein sehr zutreffendes Bild, weil sie einerseits einfach über einen kommen, andererseits die

Frau auch aktiv mitarbeiten muss. Diese Welt ist schwanger mit einer anderen Welt. Und wir sind sozusagen die Hebammen.

Die indische Schriftstellerin und Politaktivistin Arundhati Roy sagt: „Eine neue Welt ist nicht nur möglich, sie ist schon im Entstehen. Vielleicht werden viele von uns nicht mehr da sein, um sie zu begrüßen, aber an ganz bestimmten Tagen, wenn ich besonders aufmerksam hinhöre, kann ich sie atmen hören."[61]

Tony: Meine Mutter hat mir einmal gesagt, dass der ganz Klang der Schöpfung bei der Wiederkehr Jesu von Moll zu Dur transponiert werden wird. Der Gedanke, dass die Schöpfung von ihrem von Leid und Tod gezeichneten Dasein zu einer einzigen Ode an die Freude verwandelt wird, ist wirklich eine aufregende Hoffnung für die Zukunft. Es wird kein Seufzen und Stöhnen mehr geben, nur noch Jubel (Psalm 148).

Shane: Ich denke gerade an einen alten katholischen Aktivisten, der unermüdlichen Einsatz gezeigt hat. Er ist ins Gefängnis gegangen, hat Protestmärsche angeleitet, Gemeinschaften aufgebaut. Einmal hat jemand zu ihm gesagt: „Willst du nicht manchmal aufgeben, wenn du all den Schmerz siehst? Wie kannst du immer weitermachen?" Er gab darauf eine wunderbare Antwort: „Jeden Morgen wache ich als kleiner Knoten voller Angst und Verzweiflung auf. Dann krieche ich in die Arme von Jesus und höre ihn flüstern, wie sehr er mich liebt." Das ist wohl die stärkste Motivation für uns. Wenn man die Bibel liest und vor allen Dingen das, was Jesus gesagt hat, dann bekommen wir ein Gespür dafür, dass Gott uns wirklich liebt, dass er die ganze Welt genug liebt, um seinen Sohn zu schicken und ihn und uns vom Tod aufzuerwecken.

Tony: Eigentlich fasst Johannes 3,16 alles zusammen, über was wir gesprochen haben. Wenn wir lesen: „Denn Gott hat die Welt so sehr geliebt", ist es wichtig zu wissen, was im griechischen Urtext für „Welt“ steht, nämlich „Kosmos“. Das wiederum heißt, dass er buchstäblich *alles* liebt, was im Universum ist. Gottes Heil gilt nicht nur für einzelne Individuen. Seine Erlösung gilt allem in dieser Welt – allem im Universum. Gott liebt Hühner, er liebt Bäume, er liebt Berge. Er schaut alles an, was er gemacht hat, und sagt: „Es ist gut!“ Er erklärt: „Ich liebe diese Welt, und alles, was in der Welt ist, die ich geschaffen habe.“ Diese Welt, die Gott liebt, wird nicht zerstört werden! Stattdessen wird sie neu gemacht werden und das Volk Gottes wird auferstehen, um in dieser neuen Welt zu leben.

Gott liebt Hühner, er liebt Bäume, er liebt Berge. Er schaut alles an, was er gemacht hat, und sagt: „Es ist gut!“ Er erklärt: „Ich liebe diese Welt, und alles, was in der Welt ist, die ich geschaffen habe.“ Diese Welt, die Gott liebt, wird nicht zerstört werden!

Ein abschließendes Wort

Um ein Buch wie dieses zusammenzubinden, müssen wir uns ein paar Gedanken darüber machen, wie die Zukunft der „Red Letter"-Bewegung aussehen könnte. Was erwartet die, die Jesus ernst nehmen und wirklich versuchen wollen, seine Wünsche für uns auszuleben?

Ganz offensichtlich besteht ein großer Hunger nach dieser Art Christentum. In dem Magazin „Newsweek" las ich neulich einen Artikel, in dem unter anderem Folgendes stand: Viele Menschen sind die ewigen Diskussionen über Homoehen oder Abtreibung leid (so wichtig für Shane und mich diese Auseinandersetzungen auch sind), und sie sehnen sich danach, dass man sich wieder mehr auf das konzentriert, was Jesus gesagt hat. Der Autor des Artikels ging dann auf Franz von Assisi ein als einen Menschen, den mehr und mehr Christen der unterschiedlichsten Denominationen als Vorbild betrachten, dem man nacheifern sollte. Die Einfachheit des Glaubens dieses mittelalterlichen Heiligen und dessen Umsetzung in die Praxis werden immer mehr als wohltuender Kontrast zu der theologischen Kompliziertheit heutiger Leiter gesehen. Franziskus hat einfach versucht, die Lehren Jesu, wie sie in der Bergpredigt (vgl. Matthäus 5 u. 6) zusammengefasst sind, zu leben. In vieler Hinsicht ist das genau das Gegenteil von dem, was die Menschen heute erleben: Statt der Bekämpfung der Armut erste Priorität einzuräumen, stecken wir Unsummen in teure Gebäude zu Ehren des Einen, der gesagt hat, dass er sich nicht in menschengemachten Gebäuden aufhält (vgl. Jesaja 17,8).

Die Anziehungskraft des Bettelmönchs aus einer anderen Ära wächst, vor allem unter Christen, die die bürokratisierte und institutionalisierte Religion zunehmend als irrelevant erleben. Die

Authentizität des Lebens von Franziskus zieht eine wachsende Menge junger Christen an.

Ich bin überzeugt, dass junge „Red Letter"-Christen immer mehr zu Kämpfern für soziale Gerechtigkeit werden. Weil sie Jesus beim Wort nehmen, werden sie Beziehungen mit Menschen aufbauen, die unter Armut leiden oder unterdrückt werden. Dabei werden sie nicht nur konkret auf die Nöte Einzelner reagieren, sondern sich auch sozialen Bewegungen anschließen, die darauf hinarbeiten, dass ungerechte Strukturen, die Armut und entwürdigende Abhängigkeit hervorbringen, radikal verändert werden.

Während sie dafür sorgen, dass die Obdachlosen in den Großstädten Nahrung und Kleidung haben, kommen sie unvermeidlich mit anderen zusammen, die das politische und ökonomische System zu verändern versuchen, das im Hinblick auf die Armen und Obdachlosen schlichtweg versagt hat. Der Kontakt mit christlichen Palästinensern wird sie mit den Augen derer sehen lassen, die für ein Ende der illegalen Besetzung des Landes durch die Israelis eintreten. Dabei werden sie sich nicht weniger dafür einsetzen, dass Israel feste und sichere Grenzen hat. Freundschaften mit Leuten, die homosexuell empfinden oder sonst irgendwie anders ihre Sexualität verstehen und leben, werden ihre innere Haltung zu diesen Themen verändern und sie werden nicht mehr zu denen gehören, die alles „Nichtnormale" am liebsten unter Strafe stellen würden.

Je mehr die körperlichen und seelischen Leiden bekannt werden, die Soldaten aus dem Krieg mitbringen, desto stärker wird ihre Antipathie gegen den Krieg generell werden und mit ihr der Einsatz für den Frieden. Junge Menschen, die auf dem Weg mit Jesus verstanden haben, wie sehr unser rücksichtsloser Umgang mit unserer Welt alles schon jetzt beeinträchtigt und kommenden Generationen ein Desaster vererben wird, werden sich verstärkt für den Umweltschutz einsetzen.

Zweifellos wird der Einsatz solcher junger Christen im Kleinen auch viele von ihnen dazu bringen, sich für eine Veränderung der sozialen Strukturen auch auf hoher oder sogar höchster Ebene einzusetzen.

Nicht zuletzt gehe ich davon aus, dass Menschen, die sich ernsthaft nach den Worten Jesu ausrichten, sich intensiver um geistliches Wachstum bemühen. Wer als Evangelikaler dazu neigte, katholische Praktiken zu hinterfragen, wird mit echter Begeisterung geistliche Übungen wie die von Ignatius von Loyola für sich entdecken oder aus den Erfahrungen einer Katharina von Siena oder eines Johannes vom Kreuz lernen. Mich wundert es nicht, dass das schon erwähnte Buch „Common Prayer“, das Shane zusammen mit Wilson-Hartgrove und Enuma Okoro geschrieben hat, bei recht(s)gläubigen Evangelikalen auf keine große Gegenliebe stößt, weil sie es „zu katholisch“ finden. Dennoch finden Nachfolger Jesu in der intensiven Spiritualität der katholischen Mystiker genau so wertvolle Anregungen wie im deutschen Pietismus oder in der pfingstlich-charismatischen Erweckungsbewegung.

Ich glaube nicht, dass die „Red Letter“-Bewegung zukünftig eine dominierende Rolle im religiösen Leben spielen wird. Aber sie wird in der einen oder anderen Form eine positive Irritation in einer Kirche bewirken, die dazu neigt, sich selbstgefällig in den Werten der sie umgebenden Kultur einzunisten. Shane und ich hoffen, dass dieses Buch zu einer solch heiligen Irritation beiträgt. Wir laden alle Leser, junge wie alte, ein, sich auf eine neue Begegnung mit Jesus einzulassen. Vielleicht warten im deutschsprachigen Raum schon Menschen darauf, dass eine solche Bewegung anfängt und ein Gesicht bekommt. Wie das in Amerika aussieht, kann man sich hier anschauen: www.redletterchristians.org. Wir freuen uns auf alle, die Mitstreiter werden wollen!

Ich glaube nicht, dass die „Red Letter“-Bewegung zukünftig eine dominierende Rolle im religiösen Leben spielen wird. Aber sie wird in der einen oder anderen Form eine positive Irritation in einer Kirche bewirken, die dazu neigt, sich selbstgefällig in den Werten der sie umgebenden Kultur einzunisten.

Anmerkungen

1 Brunnen Verlag Gießen 2007
2 Søren Kierkegard: Provocations: Spiritual Writings of Søren Kierkegaard, ed. Charles E. Moore (Farmington, PA: Plough, 2002
3 Hawkins/Parkinson: Prüfen: Aufrüttelnde Erkenntnisse der REVEAL-Studie. Die harte Wahrheit über Gemeindeleben und geistliches Wachstum. Gerth Medien, Asslar 2009
4 Hier einmal zur Illustration ein paar Dinge, die Willow Creek allein in einem einzigen Jahr auf die Beine gestellt hat: Sie haben 1.4 Millionen (!) Kilo kostenlose Nahrungsmittel für Menschen mit finanziellen Problemen in ihrem Einzugsgebiet zur Verfügung gestellt, 11 Krankenhäuser in Lateinamerika aufgebaut, 28 solarbetriebene Bewässerungssysteme und 106 Brunnen in Afrika installiert, mit denen die Wasserversorgung von über 200 000 Menschen sichergestellt wurde, eine der größten Fair-Trade-Messen der USA abgehalten, 16 000 Freiwillige zum Sortieren von Saatgut für Farmprojekte in Simbabwe mobilisiert, weitere 16 000 Freiwillige 3,6 Millionen Essenpakete für Kinder in Afrika packen lassen, 18 Großraumcontainer mit Hilfsgütern für die schlimmsten Krisengebiete der Erde befüllt, eine kostenlose Rechtsberatung für fast 1000 Menschen durch Anwälte durchgeführt, 5000 Gefängnisinsassen in 8 Anstalten besucht und 10 728 Wintermäntel an Bedürftige in Chicago verteilt, die sonst gefroren hätten. Über 35 000 Menschen haben sich allein im Jahr 2010 in Willow Creek unentgeltlich sozial engagiert. Ein umwerfendes Beispiel für leidenschaftlichen Einsatz!
5 Viktor Frankl: Das Leiden am sinnlosen Leben, Herder 2013
6 Karl Barth: Vorlesung „Evangelikale Theologie“, Princeton Theological Seminary, Princeton, NJ, 2.–4. Mai 1962
7 Billy Graham in „Larry King Live“, CNN, 16. Juni 2005
8 Anne Lamott: Bird by Bird – Wort für Wort, Autorenhaus-Verlag 2004, S. 22
9 Jitsuo Morikawa: My Spiritual Pilgrimage, Vortrag vor dem *Ministers and Missionaries Benefit Board*, American Bapitst Churches, Lincoln, 23. Mai 1973
10 Shane Claiborne: Iraq Journal 2003, Doulous Christo Press 2006
11 frei nach C. S. Lewis: Mere Christianity, HarperCollins 2001, S. 2008-2009
12 Leo Maasburg/Michael J. Miller: Mother Teresa of Calcutta: A Personal Portrait, San Francisco: Ignatius Press 2010, S. 36
13 Eberhard Arnold: The Early Christians in Their Own Words, Rifton, NY: Plough Publishing 1997
14 aus: The Works of John Wesley, Vol. 11, An Earnest Appeal to Men of Reason and Religion, Nashville: Abington Press 1987, S. 31
15 Luther, Quelle unbekannt

16 Spurgeon, Quelle unbekannt

17 Zum Beispiel die Studie „Religion Among the Millenials", 17. Februar 2010, http://www.pewforum.org/2010/02/17/religion-among-the-millennials/ (Die Website enthält noch viele andere interessante Statistiken und Erhebungen)

18 siehe: Cyprian von Karthago: *De ecclesiae catholicae unitate* (Über die Einheit der katholischen Kirche): Hauptwerk Cyprians (geschrieben 251 zur Zeit der Synode von Karthago).

19 siehe Paul Sabatier: Life of St. Francis of Assisi, London: C Scribner's Sons, 1917, S. 317

20 Shane Claiborne, Jonathan Wilson-Hartgrove, Enuma Okora: Common Prayer, Grand Rapids, Zondervan 2010

21 aus Mutter Teresas Rede beim National Prayer Dinner, Washington, D.C. am 3. Februar 1994

22 Émile Durkheim: The Elementary Forms of Religious Life, New York, The Free Press 1947

23 Siehe www.haitipartners.org

24 Adolf Holl: The Last Christian, Garden City, Doubleday 1980

25 G.K. Chesterton: St. Francis of Assisi, George H. Doran 1924

26 A.a.o.

27 Quelle unbekannt

28 aus: *Wer nur den lieben Gott lässt walten*, von Georg Neumark um 1641.

29 Joseph Kardinal Bernardin: A Consistent Ethic of Life, Vorlesung im Rahmen der *William Wade Lecture Series*, St. Louis University, St. Louis, 11. März 1984

30 Jörg Dreweke und Rebecca Wind: „Expanding Access to Contraception Through Medicaid Could Prevent Nearly 500000 Unwanted Pregnancies", Guttmacher Institute 2000 (www.guttmacher.org/media/nr/2006/08/16/index.html)

31 Eric Reece, Wendell Berry, John C. Cox: Lost Mountain. A Year in the Vanishing Wilderness, New York, Riverhead Books 2006, S. 227

32 Zitiert in Zoe Moss: Sisterhood Is Powerful, Vintage Books 1970, 170ff.

33 Billy Graham, zitiert in Andrew Marin: Love Is an Orientation, IVP Books 2009, S. 108

34 S.T. Russell und K. Joyner: Adolescent Sexual Orientation and Suicide Risk, *American Journal of Public Health* 2001, 1276-81

35 https://www.barna.org/barna-update/teens-nextgen/94-a-new-generation-expresses-its-skepticism-and-frustration-with-christianity

36 www.sanctuaryphiladelphia.org/

37 Elaine Pagels: Revelations, Viking Press 2012, Kap. 4

38 John Howard Yoder: The Politics of Jesus, 2. Ausgabe, Eerdmans 1994, S. 162

39 Martin Luther King Jr: A Testament of Hope, HarperOne 1990, 256–257

40 Kierkegaard, Quelle unbekannt

41 Ray Mayhew: Embezzlement: The Sin of the Contemporary Church, Relational Tithe Website, 29. März 2012, http://nextreformation.com/wp-admin/resources/Embezzlement.pdf

42 http://www.tagesspiegel.de/politik/christen-in-china-zwischen-christentum-und-kommunismus/9252820.html

43 Mutter Teresa (mit Lucinda Verney): A Simple Path, Random House 1995, S. xxxi

44 Armen Keteyian: Suicide Epidemic Among Veterans, CBS News Website, 11. Februar 2009 (http://www.cbsnews.com/news/suicide-epidemic-among-veterans-13-11-2007/ und http://www.cbsnews.com/news/veteran-suicides-how-we-got-the-numbers-13-11-2007/)

45 Walter Wink: The Third Way, Chicago Sunday Evening Club, Sermon Archives (http://www.csec.org/index.php/archives/23-member-archives/485-walter-wink-program-3707)

46 In der jüdischen Kultur wurde mit der rechten Hand geohrfeigt (in manchen jüdischen Gemeinschaften führte ein mit der linken Hand ausgeführter Schlag zum Ausschluss aus der Gemeinschaft für 10 Tage). Wenn man jemanden mit der rechten Hand auf die rechte Wange schlagen will, muss man das mit dem Handrücken tun. Solch eine Ohrfeige verpasste ein gewalttätiger Ehemann einer Frau oder ein Herr seinem Sklaven. Es ist ein Schlag, der beleidigen, degradieren und demütigen sollte, keine Handgreiflichkeit zwischen Gleichgestellten. Indem er die andere Wange hinhielt, zwang das Opfer den Angreifer dazu, ihm in die Augen zu sehen und ihn auf Augenhöhe zu schlagen wie einen Gleichgestellten. Damit sagt er: „Ich bin ein Mensch, dessen Würde ihm von Gott verliehen wurde, und das kannst du nicht zerstören."

47 Walter Wink: The Powers That Be, Doubleday 1998, S. 111

48 Ron Sider, Quelle unbekannt

49 Mark J. Penn. The Pessimism Index, Time, 30. Juni 2011. Siehe auch www.time.com/time/nation/article/0,8599,2080607,00.html

50 Hans Blommestein und Perla Ibarlucea Flores: OECD Statistical Yearbook on African Central Government Debt, OECD Journal 2011, Ausgabe 1, Seiten 1–4

51 www.dowjones.com/djnewswires.asp

52 Charlayne Hunter-Gault: Uganda's Successful Anti-AIDS Program Targets Youth, CNN World Website, 3. September 1999, www.edition.cnn.com/WORLD/africa/9909/03/uganda.aids/

53 Aus: „A Christian Sermon On Peace", 1967

54 Ellyn Ferguspn: House Panel Juggles Competing Interests to Write Farm Bill, USA Today Website, 17. Juli 2007, www.usatoday.com/news/washington/2007-07-15-farm-bill_N.htm

55 Dom Helder Camara: Essential Writings, Orbis Books 2009, Seite 11

56 Siehe www.cia.gov/library/publications/the-world-factbook/geos/we.html

57 Russell Nieli: The Marriage of a One-State and Two-State-Solution", *Tikkum* Juli/August 2009, S. 33

58 Wenn Sie mehr über die Familie Nassar erfahren wollen, schauen Sie hier vorbei: www.tentofnations.org oder sehen Sie die Videos von unserem letzten Besuch an: http://vimeo.com/37434264, http://vimeo.com/37416952 und http://vimeo.com/36911218.

59 Raymond J. Bakke und Jim Hart: The Urban Christian, IVP Academic 1987, S. 78

60 Robert Kennedy, zitiert in Edward Moore Kennedy: True Companion: A Memoir, Hachette 2009

61 Arundhati Roy: War Talk, South End Press 2003, S. 75